Dr. med. Mirriam Prieß

Raus aus der Selbstblockade

Buch

Sie wissen genau, was richtig ist, aber Sie handeln entgegengesetzt? Sie geraten immer wieder an falsche Personen und verharren in leidvollen Situationen, aber Sie schaffen es nicht, sich davon zu lösen? Dr. med. Mirriam Prieß beschreibt, wie wir uns unbewusst von dem abhalten, was wir uns eigentlich wünschen. Auf eindrucksvolle Weise erfährt der Leser, wie uns Prägungen aus der Kindheit unbemerkt in private, berufliche und gesundheitliche Sackgassen führen. Mit diesem Buch können wir uns davon befreien und das eigene Leben kraftvoll in die richtige Richtung steuern.

Autorin

Dr. med. Mirriam Prieß hat an der Universität Hamburg Medizin mit anschließender Promotion im Fachbereich Psychosomatik studiert. Sie war als Ärztin acht Jahre in einer psychosomatischen Fachklinik tätig und unter anderem für die Behandlungsschwerpunkte Ängste, Depressionen und Burn-out verantwortlich. Seit 2005 übernimmt sie beratende Tätigkeiten in der Wirtschaft mit Einzelcoaching von Führungskräften im Bereich Konflikt- und Stressmanagement.

Außerdem von Dr. Mirriam Prieß im Programm

Burn-out kommt nicht nur von Stress
Resilienz

Dr. med. Mirriam Prieß

Raus aus der Selbstblockade

Wie wir unserem Leben eine neue Richtung geben

GOLDMANN

Alle Ratschläge in diesem Buch wurden vom Autor und vom Verlag sorgfältig erwogen und geprüft. Eine Garantie kann dennoch nicht übernommen werden. Eine Haftung des Autors beziehungsweise des Verlags und seiner Beauftragten für Personen-, Sach- und Vermögensschäden ist daher ausgeschlossen.

Penguin Random House Verlagsgruppe FSC® N001967

Dieses Buch ist bereits 2018 unter dem Titel »Zeit für einen Spurwechsel« im Südwest Verlag erschienen.

3. Auflage
Vollständige Taschenbuchausgabe Februar 2022

Umschlag: Uno Werbeagentur, München
Umschlagmotiv: FinePic®, München
Redaktion: Martin Stiefenhofer
CH · IH
Satz: Satzwerk Huber, Germering
Druck und Bindung: GGP Media GmbH, Pößneck
Printed in Germany
ISBN 978-3-442-17876-6

www.goldmann-verlag.de

»Wenn wir erkennen, dass hinter allem die Suche nach Liebe steht, haben wir die Liebe zu suchen – und zwar in uns selbst.«

Inhalt

Vorwort

Es braucht so wenig in den ersten Jahren, *was* wir für ein gesundes und erfülltes Leben benötigen, doch dieses wenige scheint so schwer: *So, wie du bist, bist du gut! Schön, dass du da bist! Ich als deine Mutter und ich als dein Vater, wir als deine Eltern freuen uns, dass es dich gibt.* Von dem Moment an, in dem wir wissen, dass du auf dem Weg zu uns bist, freuen wir uns auf dich und heißen dich willkommen. Wir heißen nicht alles gut, was du tust – aber dich, dich heißen wir gut und wir helfen dir, jeden Tag ein Stück mehr zu dem Menschen zu werden, dessen Wesen du in dir trägst. Zu dem Menschen zu werden, der du bist …

Wir erkennen dich so lange, bist du dich selbst erkennst, und stehen dir so lange zur Seite, bis du alleine für dich und zu dir stehen kannst. So lange, bis du bereit bist, dein Leben zu führen und dir die Heimat aufzubauen, die du in dir trägst.

Wenn dieses wenige in unseren ersten Jahren nicht stattfindet, dann laufen wir unbemerkt Gefahr, eine Spur in unserem Leben einzuschlagen, die am Ende in eine Sackgasse führt – ob beruflich, privat, gesundheitlich oder sozial –, nicht, weil wir es so wollen, sondern weil wir nicht anders können. Nicht, weil wir nicht versuchen, uns dagegen zu wehren, sondern weil wir an der falschen Stelle ansetzen. Wir sind machtlos gegen das Gesetz der Anziehung und Wiederholung – bis wir erkennen, was kindliche Prägung bedeutet und was wir tun können, um uns daraus zu befreien.

In diesem Buch möchte ich Ihnen helfen, sich aus Einbahnstraßen Ihres Lebens zu befreien und einen Weg einzuschlagen, der Sie in ein selbstbestimmtes und erfülltes Leben führt.

Ich werde Ihnen zeigen, warum viele von uns die Verbindung zu sich und ihrer Seele verloren haben und warum wir Dinge tun und Entscheidungen treffen, obwohl wir spüren, dass diese nicht richtig für uns sind. Anhand von Erfahrungen meiner Klienten und Klientinnen möchte ich Ihnen zeigen, dass auch eingefahrene Spuren im Leben lösbar sind, und was Sie tun können, um wieder Verbindung zu sich aufzunehmen und Kraft aus Ihrem Wesen zu schöpfen. Sie werden verstehen, warum Dinge, die Sie sich eigentlich wünschen, bisher nicht gelungen sind, was in Ihnen dazu führt, dass Sie in Ihrem Leben nicht vorankommen, und warum Sie dort festhalten müssen, von dem Sie spüren, dass es nicht mehr stimmt.

In diesem Buch geht es nicht um Anklage, nicht um Schuld und auch nicht um Aufgabe, sondern um die Chance auf echte Veränderung. Sie werden erfahren, wie Ihnen dies gelingen kann, und erkennen, dass Sie die Lösung bereits in sich tragen. Sie selbst sind der Schlüssel zu Ihrem Leben. Sie sind die Quelle Ihrer Kraft. Die Antwort auf Ihre Möglichkeiten.

Denn es ist nicht die Frage, ob Sie gut sind. Es ist nicht die Frage, ob Sie genügen. Es ist nur die Frage: Was hindert Sie daran, Ihre Möglichkeiten zu leben? Was hindert Sie daran, Sie selbst zu sein?

Einleitung

Ich weiß, dass es eher ungewöhnlich ist, doch bevor Sie mit diesem Buch beginnen, möchte ich Sie bitten, sich einen Moment Zeit zu nehmen und in Ruhe folgende Fragen zu beantworten:

Tun Sie Dinge, obwohl Sie wissen, dass diese eigentlich nicht richtig für Sie sind – es gelingt Ihnen jedoch nicht, dies zu ändern? Oder umgekehrt, Ihnen gelingt nicht, das umzusetzen, was Sie sich wünschen?

Befinden Sie sich manchmal in Situationen – beruflich oder privat –, von denen Sie spüren, dass diese Ihnen nicht guttun, Sie schaffen es jedoch nicht, sich davon zu befreien?

Haben Sie den Eindruck, dass Sie immer wieder an die gleichen »falschen« Menschen geraten und Unglückssituationen geradezu magisch anziehen?

Sagen Sie Ja, obwohl Sie innerlich eigentlich Nein meinen?

Hat Ihre Gesundheit Ihnen Grenzen gesetzt, und haben Sie erst dann innehalten können?

Machen Sie möglicherweise schon längere Zeit eine Therapie, befinden sich aber noch immer in der Spur, aus der Sie eigentlich raus wollten?

Wenn mindestens einer der genannten Punkte auf Sie zutrifft, wenden Sie sich bitte der folgenden Zeichnung zu und schauen Sie sich die sechs zentralen Lebensbereiche in unserem Leben an. Beantworten Sie, ohne darüber nachzudenken, spontan aus Ihrem Gefühl heraus einfach nur die Frage: Ist das *Ihr* Leben, das Sie da führen? Notieren Sie sich hinter jedem Bereich entweder ein Ja oder ein Nein.

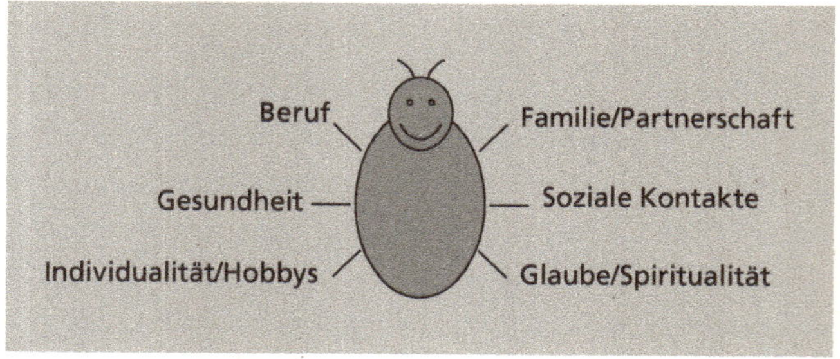

Das Käfermodell der sechs Lebensbereiche: Die Anzahl der Beine entscheidet über Zufriedenheit und Gesundheit im Leben.

Und ein Letztes:

Wie sieht es mit Ihrer Beziehung zu sich selbst aus? Mögen Sie sich? Stehen Sie mit sich selbst, mit Ihrem Wesen in Verbindung? Sind Sie mit sich im inneren Dialog und folgen Sie Ihrer Intuition?

Sackgasse

Wenn wir ehrlich sind, weiß jeder von uns im tiefsten Inneren, ob das, was er tut, richtig ist. Nicht im moralischen Sinne, sondern in seinem Sinne. Ob das Leben, das wir führen, *das eigene* Leben ist, ob das, was wir tun und sagen, wir sind – und wenn wir ehrlich sind, wissen wir ganz genau, wenn es dies nicht ist. Interessanterweise wusste jeder meiner Patienten sogar, zu welchem Zeitpunkt es begonnen hatte, »bergab« zu gehen, an welchem Punkt er hätte die Spur wechseln müssen, um nicht krank zu werden oder zu scheitern – es aber nicht getan hat. Bei einigen lag der Zeitpunkt fünf Jahre zurück, bei manchen zwei und bei anderen wenige Monate. »Wenn du jetzt weitermachst, wirst du krank werden.« – »Trenne dich, solange du noch kannst.« – »Nimm den Auftrag nicht an.« – »Lass dich nicht auf diesen Menschen ein.« So oder ähnlich berichteten die Betroffenen von ihrer inneren Stimme, die sie jedoch – warum auch immer – geflissentlich überhörten und mehr oder weniger bewusst beiseiteschoben. So lange, bis es nicht mehr ging. Wann sind wir bereit, uns zu verändern? Wenn wir feststellen, dass wir unglücklich sind? Wenn wir unseren Job verlieren? Unsere Partnerschaft scheitert? Oder warten wir so lange, bis unsere Gesundheit uns dazu zwingt?

Wann sind wir bereit zu sagen: »*Mir reicht es*!«, und uns von dem zu befreien, was uns in unserem Leben blockiert?

Wann sind wir bereit für einen Spurwechsel?

Leben ist Beziehung

Als ich damals in der Klinik Menschen mit einem Burn-out zu behandeln begann, wurde mir relativ schnell klar, dass es nicht, wie es die gängige Meinung vertrat, die Überlastung an sich war, die in die Erschöpfung geführt hatte, sondern dass die Ursache ganz woanders lag: Jeder der Betroffenen befand sich in konfliktreichen Beziehungen oder hatte keine sozialen Kontakte mehr, und jeder von ihnen hatte die Beziehung zu sich selbst verloren. In dieser Zeit wurde mir deutlich, dass Gesundheit und Krankheit auf einen Grundsatz zurückzuführen sind, und ich erkannte, dass es der Aspekt der Beziehung ist, der darüber entscheidet, ob wir gesund leben oder ob wir krank werden: Wenn Beziehung nicht gelingt – und ich spreche nicht nur von zwischenmenschlicher Beziehung –, dann kann auch das Leben nicht gelingen. Leben ist Beziehung. Wir stehen ständig in Beziehung. Beruflich wie privat. In Beziehung zu uns selbst, zu den Systemen, in denen wir uns befinden, und natürlich auch in Beziehung zum Leben und den Situationen, die es mit sich bringt. Krankheit, Blockade, Scheitern entsteht überall dort, wo Beziehung scheitert. Diese Erfahrung prägt seitdem meine Arbeit und daraus ist folgender Grundsatz entstanden: Leben ist Beziehung. Beziehung ist Begegnung. Begegnung ist Dialog.

»Irgendwo bin ich auf der Strecke geblieben …«

Wenn Menschen feststellen, dass ein Spurwechsel in ihrem Leben notwendig ist, dann erkennen sie es meist erst dann, wenn sie am Ende einer Sackgasse mitten vor der Wand stehen, und daran, dass die Beziehungen, die sie führen, seit Langem nicht mehr gelingen. Rückblickend beschreibt jeder von ihnen das Gefühl, »nicht er/sie selbst gewesen zu sein«, und beschreibt ein Leben, in dem er entweder nur noch funktioniert oder eine Rolle eingenommen hat, die ihm »vom Gefühl eigentlich nicht entspricht«. »Ich lebte und tat im Außen etwas, das ich innerlich nicht war«, »Ich hielt eine Fassade aufrecht, die das Gegenteil von dem ist, wie ich mich innerlich fühlte«, »Ich sagte Ja, obwohl ich innerlich Nein meinte«, »Ich hielt an einer Situation fest, obwohl ich spürte, dass sie nicht richtig war«, ... berichten die Betroffenen.

Vielen war es bewusst, dass sie ein Leben führten, das seit Langem nicht mehr das ihre war, was sie jedoch schnell beiseiteschoben und verdrängten. Ich erinnere mich an einen Mann, der vor einigen Monaten in die Praxis kam und sagte: »Ich habe Jahre an einem Job festgehalten, obwohl alle um mich herum sagten: ›Lass es‹ – erst jetzt, wo ich krank bin und mein Körper mir die Grenze setzt, erst jetzt, wo ich nicht mehr kann – kann ich aufhören.«

Während einigen bewusst war, dass die Ursache für ihre Situation in ihnen lag, bemerkten andere das Unglück zunächst nur im Außen. So berichteten viele, dass von einem bestimmten Zeitpunkt an immer mehr schiefging. Sie fanden sich in wachsenden, für sie nicht nachvollziehbaren Konflikten mit ihrem Umfeld wieder, kamen in ihrem Leben nicht mehr voran und ihnen gelang immer weniger. Aus irgendeinem Grund gerieten sie immer wieder an die falschen Personen, ihnen wurden berufliche Möglichkeiten verwehrt oder vor der Nase weggeschnappt, alles, was sie angingen, scheiterte oder lief mehr schlecht als recht – manchmal nur beruflich, manchmal nur privat und manchmal in jedem Lebensbereich. »Es war, als hätte es das Schicksal auf mich abgesehen«, sagte ein Klient. »Ständig passierten mir Unfälle, bei mir wurde mehrmals eingebrochen, Verhandlungen scheiterten – egal, was ich tat, es ging bergab.«

So unterschiedlich die Betroffenen über ihre Situation berichteten, so litten alle unter folgendem Symptom: Sie alle befanden sich in einem permanenten Widerspruch. Diejenigen, die erkannten, dass sie die Ursache für die Blockade in ihrem Leben waren, beobachteten, dass sie immer wieder das taten, von dem sie wussten, dass es nicht richtig war, oder sie taten nicht das, was sie eigentlich wollten und wonach sie sich sehnten. Die anderen wurden mit einem permanenten Widerspruch um sich herum konfrontiert: Sosehr sie sich auch bemühten, das Leben brachte ihnen das Gegenteil von dem, was sie sich eigentlich wünschten. Sosehr sie sich anstrengten, sie »kamen nicht an« und landeten am Ende dort, wo sie gerade *nicht* hinwollten.

Wie es dazu kommen konnte, war keinem von ihnen klar. Auch nicht, wie wichtig der innere Dialog, die Verbindung mit dem eigenen Selbst, sein könnte.

Die verlorene Beziehung zu sich selbst

»Ob ich mich für mich interessiere? Wie definieren Sie Interesse?«

»Wie ich mich fühle? Das kann ich nicht sagen, können Sie mir nicht einen Tipp geben, wie man sich in so einer Situation wie in meiner fühlen würde?«

»Warum ich nicht auf meine innere Stimme gehört habe? Ich weiß auch nicht. Es ging irgendwie nicht.«

»Was, bitte, hat die Beziehung zu mir selbst mit meinem Leben zu tun?«, fragte ein Unternehmer, der erst nach dem dritten Bandscheibenvorfall innehielt und sich die Frage stellte, was eigentlich nicht stimme.

So selbstverständlich sie eigentlich sein sollte, die Beziehung zu uns selbst, so abstrakt ist sie für die meisten von uns – oder haben Sie sich, wenn Sie ehrlich sind, schon einmal Gedanken über Ihre Beziehung zu sich selbst gemacht? Haben Sie sich schon einmal von sich aus gefragt, wie Sie zu sich stehen? Wie Sie mit sich umgehen? Ob das, was Sie tun und leben, wirklich Sie sind? Nicht nur am Wochenende oder an ein paar Tagen im Monat – sondern in jedem Moment, in jedem der sechs Lebensbereiche? Die meisten von uns halten die Beziehung zu sich selbst so lange für normal und machen sich darüber keine Gedanken, bis sie sich in einer beruflichen, privaten oder gesundheitlichen Sackgasse in ihrem Leben befinden und dadurch erkennen, dass sie sie entweder gar nicht (mehr) haben, nie wirklich gehabt haben – oder dass sie in keiner guten Beziehung zu sich stehen.

Die Beziehung zu uns selbst ist die Grundlage für unser Leben. Unser Wesen ist unsere Kraft und Energiequelle.

Wenn wir ein Leben führen wollen, das uns entspricht, dann können wir das nur, wenn wir wissen, wer wir sind. Wir brauchen die Verbindung zu uns selbst, zu unserem Wesenskern, um gesund und leistungsfähig zu bleiben. Dort liegt unsere Kraft verborgen – dort finden wir Antrieb und Energie – dort liegt die Grundlage für unser Leben und unsere Bestimmung. Fehlt uns diese Verbindung, fehlen uns Maß und Inhalt für das, was wir brauchen und können – und am Ende auch tatsächlich wollen. Wir setzen falsche Grenzen, brennen sukzessive aus und haben nicht die Möglichkeit »nachzuladen«. Wir verlieren die geistige Kraft der Konzentration, die körperliche Kraft durch psychische Erschöpfung, und auf der Verhaltensebene verlieren wir die Kraft zu handeln. Zugleich leben wir ein Leben fern von uns selbst. Es ist die Verbindung zu uns selbst, die uns unser Leben ermöglicht. Sie ist der Dreh- und Angelpunkt für Gesundheit, Wachstum und Erfüllung.

»Gibt es dafür eigentlich eine Benchmark?«, fragte ein Wirtschaftsprüfer während eines Vortrags. »Rational kann ich das alles nachvollziehen, aber das Ganze ist doch sehr ›schwammig‹ – woran erkenne ich, dass ich mit mir in Beziehung bin?« Und als der Vortrag zu Ende war, fragte er mich in einem kurzen Gespräch unter vier Augen: »Und wenn ich vielleicht feststelle, dass ich es nicht bin, wie kann ich das ändern?«

Mit sich in Beziehung zu sein beschreibt die Fähigkeit des inneren Dialogs, die Fähigkeit des inneren Zwiegesprächs, und auf dieser Grundlage so zu handeln, wie es unserem Wesen entspricht. Der innere Dialog ermöglicht uns, unser inneres Gleichgewicht herzustellen und zu halten – und auf dieser Grundlage ein starkes und belastbares Auftreten im Außen. Wir können unserer Umwelt nur im Dialog auf Augenhöhe begegnen, wenn wir mit uns selbst im Dialog sind, und auch nur dann können wir die richtigen Entscheidungen treffen. In unserem Wesenskern ist alles enthalten – vor allem unsere innere Stimme, die uns sagt, was richtig für uns ist. Verleugnen wir diese, werden wir krank, wir schlagen falsche Wege ein, und unser Leben gerät ins Stocken.

So steigt zum Beispiel die Quote der Fehleinschätzungen und Fehlentscheidungen proportional zu dem fehlenden inneren Dialog.

In den letzten Jahren ist der Begriff »Achtsamkeit« immer populärer geworden. Der innere Dialog beinhaltet nicht nur die Achtsamkeit, sondern auch das *Erkennen seines Selbst* und auf dieser Grundlage *das stimmige Handeln im Außen.*

Welche Elemente es für den inneren Dialog gibt, warum diese gleichzeitig Grundlage für Gesundheit und äußeren Erfolg sind, wie man ihn herstellen kann, wenn man erkennt, dass dieser nicht vorhanden ist – und vor allem, *warum wir diesen überhaupt verlieren*, all dies ist ein zentraler Teil dieses Buches. An dieser Stelle möchte ich Ihnen zunächst nur ein erstes Verständnis darüber vermitteln, denn es ist gerade diese Fähigkeit »bei sich zu sein«, dieser innere Dialog, den wir für einen Spurwechsel in unserem Leben brauchen. Sein Fehlen ist einer der beiden Gründe für die Sackgasse und unser Leid in unserem Leben.

So berichtete eine Klientin, sich gegen ihre innere Stimme für ein berufliches Projekt entschieden zu haben. »Obwohl ich nicht wollte«, sagte sie, »habe ich dennoch zugesagt.« Den beginnenden Tinnitus, den sie kurz nach Übernahme des Projekts bekam, versuchte sie zu ignorieren, ebenfalls die Schlafstörungen – erst als sie immer mehr in körperliche Erschöpfung rutschte und eines Nachts mit Herzrhythmusstörungen in die Klinik musste, hielt sie inne. »Am Ende war es mein Körper, der mich dazu zwang, das zu tun, was ich hätte von Beginn an tun sollen«, sagte die Frau.

Ein Mann berichtete Ähnliches – in seinem Fall war es die Entscheidung, sich trotz inneren Wissens nicht zu trennen und an seiner Partnerschaft festzuhalten. Bei ihm brach irgendwann die Panik mit massiver Herzsymptomatik aus, die ihn beruflich scheitern ließ – und die ihn erst dann auf sich hören ließ.

Eine Frau berichtete, dass sie jahrelang in einer beruflichen Situation verharrte, obwohl »alles in ihr« gegen dieses System rebellierte – erst als sie unerklärliche Schmerzen entwickelte, entschied sie sich für einen Spurwechsel.

Obwohl es sich jeder von uns wünscht, authentisch und er selbst zu sein, scheint es für die meisten von uns viel selbstverständlicher, dies nicht zu sein. Es scheint viel selbstverständlicher, sich selbst zu ignorieren und die innere Stimme zu unterdrücken. Ab wann sind wir bereit hinzuhören, innezuhalten und dem, der wir sind – oder auch nicht sind –, Rechnung zu tragen?

Jeder hat das Recht auf ein glückliches Leben

Wer glücklich sein will, der muss sich zunächst von all dem befreien, was ihn an seinem Glück hindert.

Je länger Menschen in ungelösten Situationen verharren, umso häufiger geschieht es, dass sie den Glauben verlieren, sich daraus befreien zu können. »Ich habe das Gefühl, es einfach nicht zu schaffen, etwas in meinem Leben zu ändern«, behauptete eine Frau. »Das Leben ist gegen mich«, sagte ein Mann. »Ich habe aufgehört, daran zu glauben, dass es für mich einmal gut werden wird«, offenbarte eine andere Frau. »Vielleicht gibt es für mich eben kein Glück«, so ein erschöpfter Mann. »Ich bin nun Mitte 40, mein Leben liegt in Trümmern – zehn Jahre früher, da hätte ich vielleicht noch die Kraft für Veränderung und das Vertrauen darauf gehabt. Aber jetzt?«

Vielleicht geht es Ihnen genauso. Vielleicht haben auch Sie angefangen, innerlich aufzugeben, zu resignieren, und vielleicht sogar begonnen, an Ihr Unglück zu glauben. Vielleicht sind auch Sie der Überzeugung, dass Sie es nicht verdient haben, glücklich zu sein, und es Ihnen nicht mehr besser gehen wird. Dass das Leben immer so bleibt, wie es jetzt ist.

Ich möchte Ihnen nachdrücklich vermitteln, dass dies nicht der Fall sein muss. Jeder von uns hat das Recht auf ein erfülltes und zufriedenes Leben, und jeder von uns trägt die Möglichkeit für ein solch erfülltes und zufriedenes Leben in sich. Jeder von uns – auch Sie!

Wenn Sie sich im Moment in einer Sackgasse befinden und zweifeln – egal ob an sich selbst, einem befriedigenden Job, erfüllenden Beziehungen oder an einem zufriedenen Leben –, wenn Sie mitten in der Nacht oder am frühen Morgen mit klopfendem Herzen, voller Angst vor der Zukunft, aufwachen und sich vielleicht sogar manchmal wünschen, dass es besser wäre, wenn Ihr Leben vorbei wäre, dann kann ich Ihnen sagen: Das, was Sie da denken und fühlen, sind nicht Sie.

Ich weiß, dass sich dies für Sie im Moment wahrscheinlich merkwürdig anhört. Wahrscheinlich werden Sie sich sagen: Wieso sollte ich das nicht sein? Ich denke und fühle doch all das in mir – also bin ich es auch.

Nein, das sind Sie nicht.
Das Problem ist nur, dass Sie sich dafür halten.

Warum halten wir an unserem Unglück fest?

Es ist nicht die Frage, dass wir nicht gut sind, sondern vielmehr, was dazu führt, dass wir dies nicht glauben. Es ist nicht die Frage, dass das, was wir sind, nicht genügt – es ist die Frage, was uns davon abhält, das zu leben. Was hält uns davon ab, wir selbst zu sein?

Eine unglückliche Partnerschaft, eine unerfüllte oder permanente berufliche Konfliktsituation, Unzufriedenheit im privat-individuellen Bereich, körperlicher Verfall, gesundheitliche Probleme … Man sollte meinen, dass wir in dem Moment, wenn wir unglücklich sind, innehalten und uns fragen, was wir tun können, um uns daraus zu befreien. Man sollte meinen, dass wir im selben Moment, in dem wir feststellen, dass wir uns auf der falschen Spur befinden, die Spur wechseln. Dass wir alles dafür tun, um das zu leben, was uns entspricht – oder zumindest uns von dem zu befreien, was uns krank und unglücklich macht. Doch warum tun wir dies nicht? Im Gegenteil – warum verharren wir, manchmal jahrelang, manchmal jahrzehntelang, manchmal unser Leben lang, in dem, was uns nicht gefällt?

Wenn wir uns selbst und unsere Wahrheit leben wollen, dann müssen wir uns fragen, was uns eigentlich daran hindert, dies zu tun. Und wenn wir es herausgefunden haben, können wir diese Blockade auflösen.

Im letzten Sommer kam ein 43-jähriger Mann in die Beratung. In seinem Leben ging nichts voran – die Aufträge liefen schlecht, die kinderlose Ehe war seit Langem eingeschlafen, er hatte schon mehrere Beratungen hinter sich, doch die »Löcher«, in die er immer wieder rutschte, blieben. Er war zutiefst unzufrieden, aber er schaffte es nicht, sich aus seiner Situation zu befreien. Die Depressionen nahmen zu und die Antriebslosigkeit wuchs. Wie viele andere Betroffene litt auch er unter einem typischen Symptom der verlorenen Beziehung zu sich selbst: Er hatte den Zugang zu seinen Gefühlen verloren.

Dies äußerte sich in seinem Leben, in dem er »einfach nur funktionierte«, und auch direkt in der Beratung. Dort wurde jede Frage, die dem Mann helfen sollte, den Blick auf sich zu richten und die Verbindung zu sich aufzunehmen, von ihm sofort auf der intellektuellen Ebene aufgegriffen, emotional jedoch abgelehnt. »Logischerweise muss das wohl so sein«, »Das könnte so sein – aber ich fühle dazu leider gar nichts« waren sich stetig wiederholende Antworten, gefolgt von einer Beschreibung, wie er in seinem Leben versagen würde.

Wenn die Frage, die ich ihm stellte, so tief ging, dass der Intellekt sie nicht mehr begreifen konnte, begann der nächste Mechanismus zu greifen: Der Mann fing an, die Frage zu vergessen – und zwar direkt nachdem sie gestellt wurde. Irgendetwas in ihm schien auf Hochtouren zu arbeiten, um alles dafür zu tun, ihn in seinem Gefängnis zu halten und die Beziehung zu sich selbst zu unterbinden. Dieses Etwas hielt ihn so gefangen, dass er in seinem alltäglichen Leben jeglichen Antrieb verloren hatte, etwas für sich zu tun. Er berichtete, nur noch für seine Familie da zu sein, für jeden

Mitgefühl zu haben, er selbst sei sich jedoch vollkommen egal – er würde einfach nur noch funktionieren. Er könnte sich nicht aufraffen, Dinge umzusetzen, von denen er wüsste, dass sie gelingen würden. Er berichtete ohne jegliche Emotion, dass er in der Presse verfolge, wie Kollegen die Ideen, die er selbst lange vor ihnen gehabt hatte, umsetzten und damit große Erfolge feierten. »Das Leben geht an mir vorbei«, fasste er zusammen, »aber ich kann mich einfach nicht aufraffen. Es geht einfach nicht.« Dies ging mehrere Stunden lang so. Dann entschied sich der Mann, doch noch einen Versuch zu wagen, »etwas für sich zu tun«. Er hätte aus der Beratung verstanden, dass er sich um sich kümmern müsse, und wollte dem Rat einmal folgen. Wasser sei seine Leidenschaft. »Wenn ich auf dem Wasser bin«, berichtete er, »dann fühle ich Leben in mir und bin mit mir in Verbindung.« Seit Jahren träume er davon, sich ein Boot zu kaufen. Diesen Traum wollte er sich nun erfüllen. Das Schicksal schien es gut mit ihm zu meinen. Wie durch Zufall las er eine Anzeige in einer Wochenzeitung, in der ein kleines Boot zu einem geringen Preis abzugeben war. Der Mann beschloss, das Boot zu kaufen. Doch obwohl er das Boot auch für den angesetzten Preis genommen hätte, sagte er zu dem Besitzer, dass man bei Abholung ja noch mal über den Preis sprechen könne, und vereinbarte für das folgende Wochenende einen Termin zur Übergabe. Er meldete sich bei einem Bootsverein an, sorgte für einen Bootsliegeplatz und freute sich, seit Jahren endlich etwas für sich umgesetzt zu haben. Kurz vor dem Treffen, der Mann war gerade auf dem Weg, rief der Besitzer des Bootes an und teilte ihm mit, dass er sich für einen anderen Käufer entschieden hatte – dieser hätte ihm von Anfang an den Preis zugesichert, den er haben wollte.

Mein Klient verfiel in tiefste Depression und nahm diesen Vorfall als endgültigen Beweis dafür, dass das Leben eben so sei – er hätte nun noch einmal versucht, etwas für sich zu tun, aber es offensichtlich nicht verdient, glücklich zu sein. »Ich werde jetzt alles aufgeben und als Kellner arbeiten«, beschloss er sein vermeintliches Unglück.

Ich hörte mir die Geschichte an und fragte ihn irgendwann: »Kann es sein, dass Sie Gefallen daran gefunden haben zu scheitern?«, und bat ihn, diese Frage bis zur kommenden Stunde in sich zu bewegen.

Waren die Stunden davor von Emotionslosigkeit und Resignation geprägt, so kam nun etwas zum Vorschein, was vorher nicht sichtbar gewesen war. Der sonst so höfliche und empathische Mann, der sich in jeder Stunde immer zuerst nach meinem Befinden erkundigt hatte, startete das nächste Gespräch mit folgenden Worten: »Ich bin richtig sauer nach der letzten Stunde gewesen. Ich habe mich die ganze Woche über Sie geärgert. Ich habe mich über Ihre Frage geärgert. Wie kommen Sie dazu, mir so eine Frage zu stellen? Wie kommen Sie dazu, mich zu fragen, ob ich Gefallen an meinem eigenen Scheitern gefunden habe?«

Daraufhin erwiderte ich: »Sie beschreiben mir in den unterschiedlichsten Facetten, wie Ihr Leben an Ihnen vorbeizieht, Sie besitzen hohe Kompetenzen und haben fundierte Ideen, wo Sie wiederholt erfahren, dass diese erfolgreich von anderen umgesetzt werden, Sie beschreiben immer wieder, wie sehr Sie unter Ihrem Leben leiden, aber Sie tun nichts dafür, es zu ändern. Seit Jahren verharren Sie in Ihrer Position, die Sie regelmäßig beklagen, ohne jedoch beständig für Veränderung zu sorgen. Könnte es sein, dass Sie Gefallen an Ihrem eigenen Untergang finden?«

»Ich kann die Frage auf jeden Fall mit Nein beantworten!«, rief der Mann aufgeregt. »Natürlich nicht!«

»Wie kommen Sie auf diese Antwort?«, fragte ich.

»Weil das vollkommen absurd wäre. Warum sollte ich Gefallen an meinem eigenen Untergang finden? Mir geht es doch richtig schlecht! Ich leide doch!«

»Das sehe ich«, erwiderte ich. »Und dennoch: Sie können sehr leiden und es könnte doch trotzdem sein, dass etwas in Ihnen daran Gefallen findet.«

»Aber das wäre doch vollkommen absurd – das wäre doch der totale Widerspruch«, erwiderte der Mann aufgewühlt. »Was würde das für mein Leben bedeuten?«

1. Kapitel

Innere Realitäten

Es ist nicht die Frage, ob wir so, wie wir sind, genügen – es ist vielmehr die Frage, warum wir dies nicht leben.

Zuallererst: Mir ist in meiner Beratung noch kein Mensch begegnet, der bewusst von sich sagt: *Ich will nicht glücklich sein!* Der seine Ziele nicht erreichen möchte. Der kein erfülltes Leben möchte.

Mir ist noch niemand begegnet, der eine Partnerschaft oder einen Job beginnt mit dem Ziel zu scheitern. Niemand, der sagt: Ich bleibe jetzt in dieser leidvollen Situation, weil ich unglücklich sein möchte. Niemand, der seine Ziele bewusst verhindert, weil er sich dafür entschieden hat, in seinem Leben lieber nicht ankommen zu wollen, sondern lieber scheitern möchte. Ich habe noch nie jemanden erlebt, der, wenn er die Wahl hätte zwischen »Willst du ein glückliches und erfülltes Leben leben, das dir entspricht« und »Willst du in deinem Leben fernab von dir selbst leiden?«, sich bewusst für Variante zwei entscheidet.

Und dennoch findet genau das unendlich oft statt: Wir verharren in leidvollen Situationen; uns gelingt es nicht, uns so zu vertreten, wie wir es wollen, wir blockieren uns im Job, fahren unsere Partnerschaft gegen die Wand, fallen auf »falsche« Menschen und Situationen herein oder lassen unseren Körper und unsere Gesundheit »verkommen«.

Rational wissen wir, was wir wollen, emotional sehnen wir uns nach unserem Glück – unsere äußere Realität jedoch sieht meist ganz anders aus.

Im folgenden Kapitel möchte ich auf genau diesen Widerspruch eingehen. Den Widerspruch, den unendlich viele von uns in sich tragen: Auf der einen Seite unter dem Leben zu leiden, das wir führen, es auf der anderen Seite aber nicht zu verändern. Auf der einen Seite zu wissen, was wir wollen, aber am Ende das Gegenteil davon zu tun – oder im Gegenteil zu verharren. Auf den Widerspruch, der uns nicht zu uns selbst und zu dem stehen lässt, wer wir sind.

Dieser Widerspruch ist einer der Hauptgründe für Stillstand, für Blockaden und für Schmerz. Einer der Hauptgründe für die Unmöglichkeit, glücklich zu sein. Wenn wir ihn nicht auflösen, dann können wir noch so viel tun – einschließlich Therapie –, wir werden in unserem Leben nicht ankommen.

Warum wir nicht sind, wer wir sind

»Ich bin der Geist, der stets verneint …«
(Goethe, Faust I)

Wenn wir feststellen, dass wir ein Leben fernab von uns selbst leben, wenn wir erkennen, dass wir uns in Beziehungen befinden, die uns nicht erfüllen oder sogar schaden, und wir uns die Frage stellen, wie wir mit uns selbst und unserem Leben umgehen, dann werden wir nicht umhinkommen, uns irgendwann auch der Frage zu widmen, wie mit uns umgegangen worden ist, als wir ins Leben kamen. Wenn wir feststellen, dass uns das Entscheidende für ein erfülltes und gesundes Leben – gelingende Beziehung – fehlt, dann werden wir uns zwangsläufig auch der Frage stellen müssen, wo und wie wir eigentlich Beziehung gelernt haben.

Wir können Widersprüche nur dort lösen, wo sie entstanden sind, und wenn wir Widersprüche in der Beziehung zu uns selbst, unserem Leben und unserer Umwelt feststellen, dann müssen wir zu dem Ursprung zurückkehren, wo Beziehung in uns entstanden ist.

Was haben wir in unseren ersten Jahren, in denen ein Mensch Beziehung lernt, an Beziehung erfahren? Wie sind unsere ersten Bezugspersonen, meist unsere Eltern, uns begegnet?

Unsere Eltern zeigen uns durch ihren Umgang, was Beziehung heißt – und zwar nicht durch einzelne Situationen, sondern durch die alltägliche Atmosphäre.

Wenn wir mit dieser Frage den Blick zurückrichten, dann sind es keine einzelnen Erlebnisse, die für unsere Antwort entscheidend sind, sondern es ist die *tagtägliche Atmosphäre* der Beziehungen, in der wir aufgewachsen sind, die uns in unserem Umgang für unser späteres Leben prägt. So, wie unsere Eltern mit uns als Kind, mit sich selbst und untereinander in Beziehung getreten sind, daraus haben wir gelernt, mit uns selbst und mit der Welt in Beziehung zu treten.

Lassen Sie uns vor diesem Hintergrund die drei Beziehungsaspekte genauer betrachten, die uns für unser späteres Leben und für den Umgang mit uns selbst prägen.

Der Umgang der Eltern mit dem Kind

Der direkte Umgang der Eltern mit uns als Kind ist der zentralste Punkt für die eigene spätere Beziehungsgestaltung, denn hier geht es unmittelbar um uns.

Die wichtigsten Fragen in diesem Bereich sind: Wie sieht der tägliche Kontakt aus? Ist er von Liebe und echter Annahme geprägt? Von Geborgenheit und Interesse? Von dem Grundsatz »So, wie du bist, bist du gut – schön, dass du da bist!«? Oder ist der Kontakt von Distanz und Gleichgültigkeit, von Ablehnung, von Überforderung, von Kälte oder Funktionalität geprägt? Werde ich als Kind in meinem Wesen erkannt und gefördert, oder sehen meine Eltern sich selbst in mir und versuchen, ihre Überzeugungen und Bedürfnisse in mir zu verwirklichen?

Die Beziehung der Eltern zu sich selbst

Wer ist sich als Vater oder Mutter schon darüber bewusst, dass man dadurch, wie man mit sich selbst umgeht, automatisch sein Kind für den Umgang mit sich selbst prägt? Leben unsere Eltern das Leben, das ihnen entspricht? Stehen beide im Kontakt zu ihrem Wesen und leben den inneren Dialog?

Die Eltern zeigen mir als Kind, wie Beziehung zu sich selbst geht und was dies heißt: Selbstbewusstsein oder Wertlosigkeit;

echter Selbstwert oder Selbstdefinition über Leistung; die Fähigkeit, Grenzen zu ziehen, oder grenzenlose Selbstaufopferung; Selbstannahme oder Selbstaufgabe; Mitgefühl oder Härte. Bin ich so, wie ich bin, gut? Oder bin ich so, wie ich bin, nicht gut? Nicht mit Worten, sondern im täglichen Verhalten zeigen die Eltern ihrem Kind, »wie man mit sich selbst« umgeht – und zwar im Positiven wie im Negativen.

Die Beziehung zwischen den Eltern

»Wir sind für immer durch unser Kind verbunden«, sagte eine Frau, die aufgrund einer Trennungsproblematik in die Beratung kam. »Auch wenn wir getrennt sind, unsere Töchter sind wie ein dauerhaftes Band zwischen uns«, berichtete ein Unternehmensberater.

Die Verbundenheit, die Eltern untereinander durch ihre Kinder spüren, gilt im umgekehrten Sinne auch für das Kind. Weil ich aus dieser Verbindung entstanden bin, ist die Beziehung zwischen meinen Eltern für mich als Kind existenziell. Sie ist so hoch emotional besetzt, weil sie die Grundlage meiner eigenen Existenz darstellt. Ich spüre als Kind instinktiv: »Aus diesen beiden bin ich entstanden, ich bin ein Teil von beiden.«

In meinen Beratungen verwende ich manchmal das Bild, dass die Verbindung zwischen den Eltern die Wiege des Kindes ist, in der es in die Welt gewiegt wird, so lange, bis es alleine laufen kann und erwachsen ist. So lange, bis es genügend Beziehung zu sich selbst hat, um die Beziehung der Eltern für das eigene Leben nicht mehr zu benötigen.

Die Beziehung der Eltern zeigt mir als Kind also nicht nur, wie man als Paar miteinander umgeht, sondern prägt mich auch entscheidend in der Beziehung zu mir selbst. Sie wirkt sich auf mein Selbstbild aus. Vereinfacht ausgedrückt: Aus dieser Beziehung bin ich entstanden – dort ist mein Ursprung, dort liegen meine Wurzeln. Was wird mir tagtäglich vorgelebt? Ist mein Ursprung Liebe, Interesse, Annahme, Wertschätzung, Akzeptanz und Umgang auf Augenhöhe oder Streit, Verachtung, Gleichgültigkeit und Lieblosigkeit?

Liebe und Geborgenheit

So wenig es in den ersten Jahren braucht, so existenziell notwendig ist dieses wenige, damit unser späteres Leben gelingt: Die beständige Erfahrung von liebevoller Annahme und Geborgenheit, die Erfahrung, die sich in diesem Satz ausdrückt: So, wie du bist, bist du gut – schön, dass du da bist!

Auch wenn wir in unserem Wesen schon da sind, haben wir noch keine Verbindung zu uns und dadurch noch kein Bewusstsein über uns selbst. Damit wir mit uns in Beziehung treten und herausfinden können, wer wir wirklich sind, brauchen wir Eltern, die uns von Beginn an in einem liebevollen Dialog begegnen. Unsere Eltern müssen mit uns in Kontakt treten, damit wir den Kontakt zu uns selbst aufnehmen können. Wir brauchen Eltern, die sich für uns in unserem wahren Wesen interessieren, die offen sind dafür, wer wir sind, und die uns von Anfang an auf Augenhöhe – unserem Alter entsprechend – begegnen und die uns bedingungslos annehmen.

Durch das Interesse der Eltern lernen wir, uns für uns selbst zu interessieren, über die Annahme der Eltern, uns selbst anzunehmen, und über die Offenheit und Unterstützung, uns selbst zu erkennen. Auf dieser Grundlage können wir uns zu dem Menschen entwickeln, der wir dem Wesen nach sind. »So, wie du bist, bist du gut – ich heiße nicht alles gut, was du tust, aber dich, dich heiße ich gut!« Mit dieser täglichen Erfahrung lernen wir den inneren Dialog zu uns selbst, lernen, mit uns umzugehen und von Anfang an selbstverständlich wir selbst zu sein.

Eigentlich brauchen wir nicht viel, um später gesund und glücklich zu werden – wir brauchen die liebevolle Annahme unserer Person. Wir brauchen Eltern, die uns helfen, den Zugang zu uns selbst zu entwickeln. Eltern, die uns helfen, eine Beziehung zu uns aufzubauen, die uns durchsLeben trägt.

Was aber geschieht, wenn diese Atmosphäre fehlt?

Der notwendige Blick zurück

Vergangenheit ist es erst dann, wenn es nicht mehr wehtut …

»Nun wollen wir doch keinen Elternkurs hier veranstalten«, sagte ein Manager während eines Seminars für Burn-out. »Was bringt es mir, wenn ich dorthin zurückgehe, wo sowieso nichts mehr zu ändern ist?« Mit seinen Worten äußerte er etwas, was viele Menschen denken. »Ich habe einfach Angst, alte Wunden aufzureißen und mit dem Schmerz von damals konfrontiert zu werden«, lautet eine häufige Aussage. »Was für einen Benefit soll das für mich haben?«

»Sie haben recht«, antwortete ich dem Mann. »Die Vergangenheit können wir zwar nicht mehr ändern – aber wir können unsere Gegenwart und Zukunft beeinflussen. Nur das ist der Grund, warum es sich lohnt zurückzugehen: um herauszufinden, was uns aus der Vergangenheit daran hindert, im Heute das Leben zu führen, das uns entspricht. Wenn wir verstehen wollen, wer wir sind, müssen wir wissen, woher wir kommen.«

Dabei geht es nicht um Schuld oder Anklage, es geht am Ende auch nicht um unsere frühen Bezugspersonen – am Ende geht es einzig und allein um uns, um uns und unser Verständnis über uns selbst und, darauf aufbauend, um die Möglichkeit der eigenen Befreiung.

Wir können nicht mehr verändern, was gewesen ist; die Erfahrungen, die wir gemacht haben, haben wir gemacht, und die Eltern, die wir hatten, sind längst nicht mehr die Menschen, die sie gewesen sind, als wir auf die Welt kamen. Die einzige Chance, die wir jetzt noch haben, ist, das Erfahrene in der Gegenwart und Zukunft nicht mehr fortzusetzen. Es gilt also herauszufinden, was wir aus der Vergangenheit als falsche Wahrheit über uns und das Leben übernommen haben.

Woran halten wir bis heute unbewusst fest und blockieren dadurch uns und unser Leben?

Das Sehnen nach Liebe

Vor Kurzem sagte in einer gemeinsamen Beratungsstunde ein Mann nachdenklich zu seiner Frau, dass es vor allem eines gewesen sei, was er in den Jahren der Ehe vermisst hätte: das

Gefühl, sich bei dem anderen zu Hause zu fühlen. Das Gefühl »*So, wie du bist, bist du gut. Schön, dass du da bist*«. »Ich fühle mich schon seit Langem nicht mehr willkommen bei dir«, sagte er zu seiner Frau. Wir alle sehnen uns von unserem Wesen her nach Liebe und Annahme. Nach einem »So, wie du bist, bist du gut – schön, dass du da bist«, und auf dieser Grundlage nach wesentlicher Begegnung.

Wenn Sie Ihr Verhalten und Streben in den unterschiedlichen Bereichen Ihres Lebens betrachten und sich fragen, was Sie antreibt, dies alles zu tun, so werden Sie vielleicht spontan antworten, dass Sie erfolgreich sein, politische oder soziale Ziele erreichen wollen. Und vielleicht sehen Sie materiellen Besitz als höchsten Wert in Ihrem Leben an. Manche von uns suchen ihre Erfüllung und Sicherheit genau darin, weil sie an eine emotionale Erfüllung und Sicherheit nicht (mehr) glauben – doch wenn sie tief in sich hineinspüren, so werden auch sie das Sehnen nach Annahme und Begegnung fühlen. Überlegen Sie einmal, wie Sie als erwachsener Mensch in Ihren einzelnen Lebensbereichen agieren, wie wichtig es Ihnen ist, von Ihren Mitmenschen angenommen und akzeptiert zu werden. Was es in Ihnen auslöst, wenn Sie von Ihren Bezugsgruppen und Bezugspersonen – beruflich wie privat – Ablehnung erfahren oder sogar Ausgrenzung. Wir alle sind in unserem tiefsten Inneren soziale Wesen – unabhängig von Status, Geschlecht, Religion, Position –, uns alle verbindet derselbe Grundsatz: Menschliches Leben ist Beziehung – und erfülltes Leben ist Begegnung.

Wie wichtig dies für uns ist, erkennen wir auch durch unsere Ängste. Jede Angst lässt sich am Ende auf eine zentrale Angst zurückführen: die Angst vor Ablehnung und Ausgrenzung. Dies ist die größte Angst in Gruppen, der wir im Übrigen nur dann auf Augenhöhe begegnen können, wenn wir mit uns selbst in Verbindung sind. Fehlt uns der innere Dialog, so wird unsere Angst vor Ablehnung umso größer, und wir sind als erwachsene Menschen bereit, auch dort Zugeständnisse zu machen, wo sie nicht nur auf Kosten unserer Identität, sondern auch der eigenen Integrität gehen.

Der Wunsch nach Annahme und Zugehörigkeit ist die treibende Kraft in uns – Trennungen und Verluste sind die Hauptauslöser, die zur Erschöpfung und zum »Zusammenbruch« im Erwachsenenalter führen. Vielleicht können wir vor diesem Hintergrund verstehen, wie zentral die Atmosphäre der liebevollen Annahme in den ersten Jahren für uns ist – und beginnen zu erahnen, was es für ein Kind, das noch nicht die Möglichkeit hat, auf sich selbst zurückzugreifen, bedeutet, wenn es von den beiden Menschen, von denen es abstammt, keine Annahme erfährt – und was dies für Konsequenzen hat.

Die Entstehung des falschen Selbst

Wenn wir in den ersten Lebensjahren keine echte Annahme erfahren, wenn wir nicht in einer Atmosphäre der Geborgenheit und liebevollen Begegnung aufwachsen, sondern das Gegenteil erleben: Ablehnung, Leere und Mangel, dann beginnt unser Leben mit einer existenziellen Krise. Wir erleben Zusammenbruch, bevor echter Aufbau überhaupt stattgefunden hat, unser Leben ist von Beginn an auf Angst gebaut.

Durch die fehlende Begegnung ist es uns nicht möglich, Zugang zu uns selbst zu entwickeln, und wir können dadurch keinen Zugriff auf unsere Kraft und Lebensquelle, auf unser Wesen und unsere Wahrheit erhalten. Unverbunden zu uns selbst, müssen wir auf das zurückgreifen, was uns umgibt und wie mit uns in Kontakt getreten wird. So beginnen wir, aus der äußeren Realität Stück für Stück eine innere Wahrheit zu entwickeln und auf dieser Grundlage das Bewusstsein über uns selbst. Kern dieses Bewusstseins ist – und das ist jetzt zentral – nicht Fülle, sondern Mangel und Defizit. Nicht unser Wesen wird zu unserer Identität, sondern die Erfahrung, die wir in Bezug auf uns machen. Nicht wir werden wahr, sondern das, was uns entgegengebracht worden ist, wird zu unserer Wahrheit. Unbemerkt entsteht so ein zweites Wesen in uns, das wir fälschlicherweise für uns selbst halten – und das, je mehr wir uns mit ihm identifizieren, immer mehr die Kontrolle über uns und unser Leben übernimmt.

Dieses Wesen, dieses falsche Selbst hat einen Namen: die innere Realität oder Neurose.

Wenn wir keinen Zugang zu uns selbst aufbauen können, nehmen wir das auf, was uns begegnet, und entwickeln daraus unsere Person. Die äußere Realität wird zur inneren Wahrheit. So entsteht unser falsches Selbst.

»Es ist wie ein Zwang«, sagte eine Patientin vor Kurzem. »Ich sitze bis spätnachts vor dem Computer und kann nicht aufhören zu arbeiten. Obwohl ich eigentlich weiß, dass ich Ruhe bräuchte – irgendetwas in mir zwingt mich, immer weiterzumachen.« Christiane wuchs als mittleres Kind in einer Familie auf, in der die Atmosphäre vom Streit der Eltern und dem Unglücklichsein der Mutter geprägt wird. Die Mutter konnte keinen Blick für ihre Kinder entwickeln und ihnen keine Geborgenheit und Annahme geben, die sie benötigt hätten. Im Gegenteil, die Kinder wurden die emotionale Stütze der Mutter. In der Erfahrung, dass die Mutter ihr immer dann ein wenig Zuwendung schenkte, wenn Christiane sich um sie kümmerte, entwickelte Christiane die innere Realität »Meine Bedürfnisse sind nicht wichtig. Ich werde nur dann geliebt, wenn ich meine Umwelt glücklich mache. Meine Aufgabe ist es, dafür zu sorgen, dass alle glücklich sind.«

Nicht ihre eigene Person wurde zu ihrer Identität, sondern die innere Realität, die dazu führte, dass Christiane nicht nur ein Leben fern ihrer selbst führte, sondern sich in beruflichen und privaten Beziehungen grenzenlos für das Wohl anderer einsetzte und darüber erschöpfte. Die innere Realität »Ich bin für das Glück anderer zuständig« erlaubte kein Nein, kein »Jetzt bin ich mal dran«.

»Was ich von mir halte?«, fragte ein Unternehmer kürzlich. »Nicht viel, oder sagen wir mal so: Es könnte besser sein.«

Der Mann kam aufgrund eines Burn-outs in die Behandlung. »Ich musste einfach immer weitermachen«, sagte er. »Ich wollte beweisen, dass ich auch diese Herausforderungen schaffe. Auch wenn alle mich gewarnt hatten – ich konnte nicht anders, als dieses Projekt auch noch zu übernehmen.« Er berichtete, in einer Atmosphäre aufgewachsen zu sein, in der es »nie genügte, was er tat«. Sein Vater interessierte sich nicht für ihn als Person, sondern nahm ihn bestenfalls zur Kenntnis, wenn er etwas gut gemacht hatte – was dann jedoch hätte noch besser sein können. Nicht das eigene Wesen wurde so für den Sohn zur Grundlage der Identität, sondern die Überzeugung »So, wie du bist, genügst du nicht« – was im späteren Leben zu beruflichen und sportlichen permanenten Höchstleistungen und Härte sich selbst gegenüber führte und schließlich in einem Burn-out gipfelte.

Die Entwicklung von inneren Realitäten – Bettlerkind oder Königskind

Je früher wir in unserem Leben Ablehnung erfahren haben und je stärker der Mangel an Zuwendung war, umso stärker wird dieses Defizit unsere Identität in Form einer inneren Realität prägen. Dabei gibt es zwei Formen von inneren Realitäten: eine, die uns in bestimmten Momenten blockiert und bestimmt, und die andere, die zu unserer grundsätzlichen Identität geworden ist.

Es gibt wohl niemanden, der keine inneren Realitäten in sich trägt, die ihn in seinem Leben beeinflussen. Je mehr die innere Realität jedoch zur eigenen Person wird, je mehr wir unsere grundsätzliche Identität auf der inneren Realität gründen, umso gefährlicher wird sie.

Im Folgenden möchte ich Ihnen zwei Konstellationen beschreiben, in denen wir unsere Identität nicht auf uns selbst aufbauen, sondern stattdessen eine innere Realität entwickeln.

Je mehr die innere Realität zur eigenen Person wird, je mehr wir unsere grundsätzliche Identität auf der inneren Realität gründen, umso gefährlicher wird sie.

Das Bettlerkind

Das sogenannte Bettlerkind hat in seiner Kindheit direkte Ablehnung erfahren. Es hat einen Vater oder eine Mutter gehabt, der oder die es entweder gar nicht emotional angenommen oder immer wieder dann abgelehnt hat, wenn das Kind nicht den Erwartungen entsprochen hat. Häufig wachsen Bettlerkinder in einer Familie auf, in der die Partnerschaft der Eltern zerrüttet ist. Nicht selten verschiebt ein Elternteil seine Problematik mit dem Partner auf das Kind, gibt diesem die Schuld für sein eigenes Unglück und bestraft es mit emotionaler Kälte.

Viele Bettlerkinder sind »Unfälle«, sie erleben von Anfang an emotionale Härte und distanzierte Gleichgültigkeit statt liebevoller Annahme.

Die innere Realität des Bettlerkinds ist Ablehnung und Nicht-willkommen-Sein. Ablehnung wird zu seinem Gesetz, zu seiner Wahrheit. Es selbst wird zur Ablehnung – sich selbst, der Welt und dem Leben gegenüber mit allen Konsequenzen für sich und sein Dasein.

Das Königskind

Mangel muss sich nicht in direkter Ablehnung äußern, sondern kann sich auch – und das ist deutlich problematischer – in Nichtannahme äußern. Dies ist wesentlich gefährlicher, weil es häufig nicht erkannt wird. Weder von den späteren Erwachsenen noch von den Eltern in der aktuellen Situation.

Viele Klienten, die aufgrund von Erschöpfung zu mir in die Beratung kommen, berichten, dass sie eine glückliche Kindheit gehabt haben, eine Kindheit, in der es ihnen an nichts gefehlt hat; ihre Eltern hätten ihnen jeden Wunsch von den Augen abgelesen, es hätte nie Streit gegeben, alles wäre gut gewesen. Hinter der Fassade sah es jedoch anders aus.

Das »Königskind« wächst in einer Familie auf, in der Wert auf Harmonie gelegt und diese – meist um jeden Preis – aufrechterhalten wird. In den meisten Fällen ist die Partnerschaft zwischen den Eltern tot, und ein Elternteil– manchmal auch beide – richtet seine gesamte Aufmerksamkeit auf das Kind. Das Kind wird zum Partnerersatz oder bekommt die Funktion übertragen, Vater bzw. Mutter glücklich zu machen und das zu kompensieren, was an anderer Stelle fehlt.

Hier handelt es sich häufig um eine symbiotische Beziehung zwischen Elternteil und Kind, in der beide miteinander verschmelzen und »unzertrennlich« werden.

Nicht selten haben Königskinder Eltern, die selbst Bettlerkinder waren und ihrem Kind das eigene Schicksal ersparen wollen. Die Ablehnung zeigt sich hier nicht in der direkten Verneinung oder Entwertung, sondern in der Nichtbegegnung mit dem Wesen des Kindes. Das Kind wird von Anfang an mit den Vorstellungen, Wünschen, Maßstäben, besten Vorsätzen der Eltern überhäuft – aber die direkte Begegnung fehlt. Die Eltern versuchen, das eigene erfahrene Leid oder ihren Mangel an ihrem Kind wiedergutzumachen, setzen ihr Kind auf den Thron und »packen es in Watte«. Dies führt dazu, dass Königskinder keinen »festen Boden unter den Füßen« entwickeln können.

Königskinder können wie Bettlerkinder keine Beziehung zu sich selbst aufbauen, da mit ihnen niemand in Beziehung getreten ist – ihre daraus entstandene innere Realität ist keine direkte Ablehnung, sondern das, was sie erfahren haben: (Selbst-)Überhöhung – dahinter verbirgt sich jedoch das Gefühl des Nichts. Sie können nicht alleine stehen, weil sie keinen Grund in sich spüren, und brauchen auch als Erwachsener permanent jemanden, der sie auf den Thron hebt. Ein Klient beschrieb sich selbst einmal als »Fass ohne Boden«, in das permanent Lob, Anerkennung und Bewunderung von außen eingefüllt werden muss – und wenn das nicht geschieht, entsteht das Gefühl, ins Bodenlose zu fallen, was sich entweder in Wut, Angst oder tiefer Depression ausdrückt.

Die Folgen der Ablehnung

Wir lernen, die Sprache der Beziehung zu sprechen, die wir in den ersten Jahren erfahren haben.

Lassen Sie uns nun schauen, was es konkret für uns und unser Leben bedeutet, wenn wir in einer Atmosphäre der direkten oder indirekten Ablehnung aufgewachsen sind, und welche inneren Realitäten sich daraus entwickeln können.

Ablehnung sich selbst gegenüber

Es ist wohl die stärkste Wunde, die ein Mensch in sich tragen kann – die Ablehnung sich selbst gegenüber.

Vor einiger Zeit kam eine Frau zu mir in die Beratung. In meiner Praxis gibt es eine Sitzgruppe, und ich stelle es den

Klienten frei, ob sie auf dem Sofa schräg mir gegenüber oder auf dem Sessel direkt mir gegenüber Platz nehmen wollen. Die Frau entschied sich für den Sessel und mir fiel während unseres Gesprächs auf, dass sie mich geradezu mit ihren Augen fixierte. Sie ließ keine Bewegung außer Acht, wandte nie den Blick ab, auch nicht, während sie sprach oder einmal nachdachte. Im Verlauf der Stunde fragte ich sie, wie und ob sie Begegnung mit ihren Eltern erlebt hätte. Die Frau dachte nach und erwiderte, dass sie sich an nicht viel erinnern könne. Ihre Eltern wären mit dem Hof beschäftigt gewesen, die Kinder der Arbeit nachrangig und sie eher allein auf sich gestellt gewesen. Aber an eines würde sie sich sehr gut erinnern. Es gab da ein prägendes Gefühl: »So merkwürdig das klingt«, sagte sie, »aber meine Mutter hat mich nie angesehen. Immer wenn ich mit ihr gesprochen habe, dann hatte ich das Gefühl, dass sie an mir vorbeiblickt.« In dem Moment wurde mir verständlich, warum die Frau mich so mit den Blicken fixierte. »Wie erleben Sie sich denn in Ihrem Blick auf sich selbst?«, fragte ich sie. »Sind Sie mit sich im Dialog?« Sie brach in Tränen aus und beschrieb, dass eigentlich genau dies ihre Schwierigkeit sei – sie könne sich selbst nicht wirklich sehen. Sie würde sich in Beziehungen immer übersehen, ihre Wünsche und ihre Grenzen verkennen und hätte sich über Jahre so in ihrer Arbeit und Partnerschaft erschöpft.

Wer in den ersten Jahren Ablehnung erfahren hat, fängt selbst an, die Sprache der Ablehnung zu sprechen – je nachdem, welche Form von Ablehnung er erfahren hat –, und zwar auf allen Ebenen: in der Beziehung zu sich selbst genauso wie in der Beziehung zu anderen.

Einer der zentralsten Punkte ist, dass wir nicht nur keinen Blick für uns selbst entwickeln können, sondern wir verneinen uns, bevor wir uns überhaupt »kennengelernt« haben. »Du bist ablehnenswert!« wird zur selbstverständlichen Überzeugung, die dazu führt, dass wir uns bestenfalls links liegen lassen oder schlimmstenfalls gegen uns selbst vorgehen.

Vielen ist gar nicht bewusst, dass sie sich ablehnen. Im Außen mag der Betroffene sogar das Gefühl haben, ein gutes Selbstbewusstsein zu haben – was sich jedoch nicht auf sich selbst gründet, sondern auf das, was er tut oder hat.

Wer sich selbst ablehnt, der ist weder an sich interessiert noch für sich offen, weder mitfühlend noch auf Augenhöhe mit sich selbst. Er spricht ganz selbstverständlich die Sprache, die er in den ersten Jahren in Bezug auf sich selbst erfahren hat. Es gibt keine emotionale Betroffenheit über das eigene Leid und über das, was man sich selbst und seinem Körper zumutet.

Wer von der inneren Realität der Ablehnung bestimmt wird, kann sich selbst nicht sehen. Er richtet seinen Blick auf seine Umwelt, um dort sein Defizit auszugleichen. Dies führt zu tiefen Abhängigkeiten.

Eigene Ablehnung hat unendlich viele Facetten – sei es, sich selbst innerlich zu verurteilen und ständig kleinzumachen, die eigenen Grenzen nicht zu respektieren, sich selbst aufzuopfern, sich Glück und Wohlbefinden zu versagen oder in unglücklichen Situationen zu verharren. Sie kann aber auch im Außen zu einem grenzenlosen Streben nach Anerkennung, Erfolg und Besitz führen – und zu einer tiefen Depression, wenn Ablehnung oder Misslingen auftreten.

Wer sich selbst ablehnt, hat es der eigenen Überzeugung nach nicht verdient, glücklich zu sein. Er trägt die Überzeugung in sich, nichts zu sein, und geht dementsprechend mit sich und der Welt um. Viele spüren die Ablehnung sich selbst gegenüber nur darin, dass sie immer wieder in Momente der inneren Leere und Depression verfallen – zumindest aber immer dann, wenn sie sich von ihrer Umwelt abgelehnt fühlen.

Ablehnung im Außen bedeutet für die Betroffenen einen regelrechten Knock-out. Da ihnen die eigene Annahme ihrer selbst fehlt, können sie sich selbst weder zur Seite stehen noch haben sie der Umwelt etwas entgegenzusetzen. Sie sind also existenziell abhängig von der Anerkennung und Annahme durch ihre Umwelt. Wenn dies dann nicht der Fall ist oder sogar das Gegenteil eintrifft, fallen die Betroffenen wie ein Kartenhaus in sich zusammen. Ablehnung wird als regelrecht vernichtend erlebt und stürzt den Betroffenen in tiefste Depression – bis er erneut in den Kreislauf von Anerkennung und Erfolg einsteigt mit dem Ziel, die eigene Ablehnung zu kompensieren.

»So, wie du bist, bist du *nicht* gut!«

»Wie machtvoll innere Realitäten sind, ist mir in dem Moment deutlich geworden, als ich erkannte, dass wir sie lange Zeit überhaupt nicht infrage stellen – im Gegenteil: Wir sind so mit ihnen identifiziert, dass wir sie in ihrer Wahrheit für völlig normal halten.«

Nicht jedem von uns ist die Ablehnung sich selbst gegenüber unbewusst. Im Gegenteil. »Ich habe einfach kein Selbstbewusstsein«, »Ich bin einfach nicht wichtig«, »Ich mag mich nicht« sind die gängigsten Aussagen, die öffentlich und selbstverständlich geäußert werden – manchmal auch wildfremden Menschen gegenüber, denen man begegnet.

»Ich hasse mich«, »Ich verachte mich«, »Ich bin nicht gut genug« etc. sind die Gedankengänge, die damit einhergehen und widerstandslos akzeptiert werden.

Es sind diese selbstverständlichen Absagen an die eigene Person, die mir immer wieder deutlich machen, wie machtvoll innere Realitäten sind. Niemand von den Betroffenen kommt auf die Idee, einmal innezuhalten und sich zu fragen: Was sage/denke ich da eigentlich? Wie komme ich eigentlich zu dieser Überzeugung, eine solche Absage gegen mich zu formulieren, und warum nehme ich sie auch noch so selbstverständlich hin? Zwar äußern einige, dass sie unter dem Gefühl der Minderwertigkeit leiden, aber sie stellen diese überhaupt nicht infrage, genauso wenig sind sie betroffen über die eigene Härte sich selbst gegenüber. Im Gegenteil, die innere Realität der Ablehnung hat die Verbindung zum eigenen Wesen so unterbrochen, dass wir uns nicht mehr spüren. Dass wir nicht erkennen können, dass wir *so, wie wir sind, gut sind!* – sondern wir sind vom Gegenteil überzeugt, dem wir selbstverständlich in Gedanken und Taten folgen.

> Wer sich selbst ablehnt, kann die Welt nicht annehmen. Denn um die Welt annehmen zu können, braucht er sich selbst.

Doch die innere Realität der Ablehnung verhindert

nicht nur die Verbindung zu uns selbst, sondern auch echte Beziehung im Außen. Wer sich selbst ablehnt, wird in dieser Haltung auch seiner Umwelt begegnen – auch wenn wir das Gegenteil glauben mögen. Die meisten Menschen spüren nicht, dass sie voller Wut, Enttäuschung, Angst und häufig auch voller Hass sind, die sie wie eine Wolke umgibt. Sie spüren nicht, wie sehr sie sich selbst und die Welt für das ablehnen, was sie einmal von der (Eltern-)Welt an Ablehnung erfahren haben. Stattdessen spüren sie, dass die Umwelt sie ablehnt. Dies versetzt sie immer wieder in Erstaunen und Ärger, verletzt sie und fordert sie zu vergeblichen Kämpfen heraus. »Ich kann machen, was ich will, aber mein Chef sieht mich nicht«, »Ich gerate immer an die Männer, die mich schlecht behandeln«, »Ich werde immer wieder von meinen Kollegen gemobbt, egal, was ich tue«, »Das Leben ist gegen mich«, »Die Kollegen haben sich gegen mich verbündet«, »Meine Kinder sind undankbar« – so und ähnlich sind die Überzeugungen der Betroffenen. Die eigene Ablehnung in den Augen der anderen zu lesen, ist eine typische Folge und zugleich auch ein Symptom der inneren Realität, die so immer wieder zur selbsterfüllenden Prophezeiung wird.

Wir fühlen uns von Gott und der Welt verlassen, beginnen, darüber zu wüten und zu toben, dass uns niemand zur Seite steht, anstatt zu bemerken, dass *wir selbst* es sind, die ablehnen und uns verlassen. Je mehr uns dieser Mechanismus bewusst wird, umso mehr werden wir erkennen, dass die Lösung im Folgenden liegt: In dem Moment, in dem wir im Außen Ablehnung erleben, gilt es, nicht mehr dagegen anzukämpfen, sondern unmittelbar unseren Blick nach innen zu richten und uns zu fragen: Was sagt es über *mich* aus, dass ich im Außen auf so viel Ablehnung stoße bzw. so viel Ablehnung erlebe?

Wer die innere Realität der Ablehnung in sich trägt, ist sich selbst zum größten Feind geworden. Auf dieser Grundlage sieht er im Außen permanent Ablehnung, die es nicht gibt, und verursacht durch sein Verhalten die Ablehnung, die er befürchtet.

Lehne ich mich selbst ab? Lehne ich meine Umwelt ab? Verursache ich durch mein Verhalten die Ablehnung, die ich unbewusst in mir trage? Oder lässt mich meine innere Realität Ablehnung sehen, die gar nicht vorhanden ist? Wenn wir uns diese Fragen stellen und den Antworten auf die Spur gehen, dann haben wir die Chance, aus dem Gefängnis der inneren Realität herauszutreten, und beginnen, die Welt zu sehen, wie sie tatsächlich ist. Die Welt – und uns selbst.

Selbstreflexion

Wir können Blockaden in unserem Leben dazu nutzen, uns auf die Spur unserer inneren Realitäten zu machen. Fragen Sie sich, wo Sie in Ihrem Leben zurzeit Ablehnung erfahren und wo Sie Ihre Ziele nicht erreichen. Wo sind Sie in Ihren Umsetzungen blockiert? Handelt es sich dabei möglicherweise um eine innere Realität der Ablehnung, die Sie blockiert? Wann ist diese in Ihrem Leben entstanden? Mit welchen Überzeugungen ist sie verbunden?

Betrachten Sie die aktuellen Situationen so genau wie möglich, Sie können sie als Spiegel Ihrer inneren Realität nutzen, den Sie befragen können, um ihr auf die Spur zu kommen!

Warum wir an unserem Unglück festhalten

»Warum sollte ich Gefallen an meinem eigenen Untergang finden? Ich leide doch. Das wäre doch der totale Widerspruch!«

Vor einiger Zeit kam ein Ehepaar für eine Woche nach Hamburg in die Beratung. Der Mann hatte sich entschieden, seine Frau zu begleiten und diesmal ebenfalls ein Coaching für sich in Anspruch zu nehmen, obwohl er bislang »der ganzen Psychologie eher skeptisch gegenüberstehen würde«.

Als ich ihn bei unserem ersten Gespräch nach dem Grund dafür fragte, war seine Antwort: »Das ist für mich viel zu viel Gelaber, und am Ende kommt dann doch nicht wirklich was dabei raus.« Er sei ein rationaler Mensch und Logiker, und Psychologie sei für ihn vollkommen unlogisch.

Er war jedoch offen genug, sich auf die Suche seiner Blockaden und die seiner Ehe zu machen, und entdeckte mit jedem Tag mehr, dass »die Psychologie« genauso »erschreckend logisch« sei wie die Mathematik – gerade in dem größten Widerspruch, unter dem er selbst leiden würde: Nein zu sagen, obwohl er eigentlich innerlich Ja meint.

»Warum halten wir nur an dem Schmerz fest?«, fragte ein anderer Klient. »Warum können wir nicht, in dem Moment, wenn es beginnt wehzutun und wir spüren: *Stopp, hier ist etwas nicht richtig!*, innehalten und, wenn wir keine Lösung der Situation erreichen, uns davon befreien? Es ist geradezu, als würde man wie im Zwang seinen Finger regelmäßig immer wieder in den Schraubstock stecken und zudrehen.«

Im folgenden Abschnitt möchte ich mir nun mit Ihnen das grundsätzliche Prinzip der inneren Realität anschauen – denn nur wenn wir sie in ihrem Wesen verstehen, können wir in ihr auch die Logik erkennen, die für uns der größte Widerspruch in unserem Leben darstellt: an längst vergangenen, leidvollen Wahrheiten weiter festzuhalten, anstatt sie aufzulösen. Ja zu sagen, obwohl wir Nein meinen – oder umgekehrt.

Erst wenn wir die innere Realität verstehen, können wir verstehen, warum wir häufig nicht das suchen, wonach wir uns sehnen, sondern an dem festhalten, worunter wir leiden – warum wir nicht dem folgen, was uns »guttut«, sondern dem, was uns schadet. So »verrückt« sich das für uns anhört, so einfach und klar ist das Prinzip, das dahintersteckt. Wenn wir diese Logik verstehen, können wir uns davon befreien.

Wissen Sie, was ein kleines Kind tut, wenn es weint, weil die Eltern nicht kommen? Es weint zunächst weiter. Weiter in der Not nach Geborgenheit. Irgendwann jedoch hört es auf zu weinen und verstummt. Und wissen Sie, was das Kind dann tut, wenn die Eltern kommen und es in die Arme schließen wollen? Es dreht den Kopf zur Seite. Es dreht den Kopf zur Seite und entzieht sich dem, worauf es sehnlichst gewartet hat. Es dreht den Kopf zur Seite und verweigert das, was existenziell notwendig ist.

Vielleicht fragen Sie sich, warum das Kind das, was es existenziell braucht, plötzlich ablehnt. Warum greift es nicht freudig nach den ausgestreckten Armen? Warum stürzt es sich nicht in die Arme derjenigen, nach denen es geschrien hat? Weil es nicht mehr kann. Es wäre psychisch daran zerbrochen, wenn es weiter in die Leere gerufen hätte; um dies zu verhindern, hat die Psyche des Kindes in dem tiefsten Schmerz der Ablehnung »umgeschaltet« – und eine innere Realität entwickelt, die lautet: Die Welt, in der du lebst, bedeutet Ablehnung; aber ich biete dir eine Lösung an: Um dich vor weiterem Schmerz zu schützen, lehne du ab, bevor du abgelehnt wirst.

Die innere Realität ist wie ein zweites Wesen in uns. Sosehr wir in unserem späteren Leben unter ihr leiden werden, sosehr erscheint sie in diesem Moment größter Verzweiflung als unsere Rettung.

Innere Realitäten funktionieren nach genau diesem Prinzip: Sie entstehen in Momenten des tiefsten Mangels, der Ohnmacht, des tiefsten Schmerzes, der Leere, des Nichts. Diesen Moment setzen sie als Wahrheit über uns und die Welt fest und bieten sich anschließend selbst als Lösung an.

1. Schritt

Wahrheit über die Welt: Die Welt, in der du lebst, ist grausam. Sie will dich nicht (so wie Du bist). Die Welt ist gegen dich.

2. Schritt

Wahrheit über dich: So, wie du bist, bist du NICHT gut. Du bist unerwünscht und bist es nicht wert, angenommen zu werden, dich muss man ablehnen. Du bist zu schwach für die Welt.

3. Schritt

Fazit: Lehne dich ab und schütze dich vor der Welt, indem du sie auch ablehnst. Damit du überleben kannst, nimm mich an deiner Stelle – ich gebe dir den Wert, die Stärke und den Schutz, den du brauchst. Ich zeige dir, wie du in dieser Welt überleben kannst. *Verneine dich und das Leben, bevor du weiter verneint wirst. Verneine das, wonach du dich sehnst, um nicht weiter enttäuscht zu werden. Du kannst alles tun, was du willst – aber: Komm nicht an!*

Der toxische Freund

Die innere Realität ist Ursache für die größten Widersprüche, die wir in uns tragen – sie ist zu einem Zeitpunkt entstanden, als wir nicht mehr weiterwussten. Erschien sie uns damals als Schutz, ist sie anschließend unser Untergang.

Kürzlich nannte ein Klient seine innere Realität seinen »toxischen Freund«. Ein verhängnisvoller Partner, mit dem man aus der Not heraus eine Freundschaft geschlossen hat und den man nun nicht mehr loswird. Ein Freund, der einen isoliert, von sich selbst und vom eigentlichen Leben, indem er uns immer wieder die Wahrheit einredet, die wir in der Not erfahren haben und die uns und unser Leben Stück für Stück vergiftet.

Die innere Realität wirkt dadurch, dass sie die Verbindung zu uns selbst verhindert. Sie schiebt sich zwischen uns und unser Wesen, sodass wir uns nicht mehr erkennen können, sondern immer, wenn wir uns ansehen wollen, an unserer Stelle die innere Realität anblicken – und auch die Welt um uns herum durch ihren Filter wahrnehmen. »Es ist, als würde

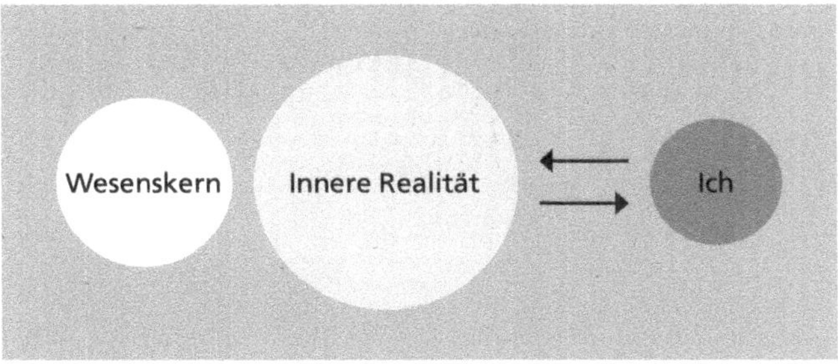

Die innere Realität schiebt sich zwischen uns und unser Wesen, sodass wir, immer, wenn wir den Kontakt zu uns selbst suchen, in das Gesicht der inneren Realität blicken.

man in den Zerrspiegel seiner selbst schauen«, sagte eine Frau, die sich aus ihrer Erschöpfung befreit hatte. »Jahrelang habe ich gedacht, dass ich das bin, heute weiß ich, dass ich in die Wahrheit geblickt habe, die mir mein Vater über mich vermittelt hat: ›Du bist nichts wert.‹«

»Es hat Jahre gedauert«, so ein Mann, »bis ich erkannte, dass es der Betrug meines Vaters an meiner Mutter war, den ich überall um mich herum gewittert habe, und ich verstanden habe, dass mich keiner betrügt.«

In das Gesicht der inneren Realität zu blicken bedeutet, in das Gesicht des Defizits zu schauen, welches man erfahren hat: Negativität und Mangel – mit all den damit verbundenen Emotionen, Schmerzen und Botschaften über sich selbst und über die Welt.

Das Wesen der inneren Realität

Die innere Realität hindert uns an einem erfüllten Leben, an Gesundheit und Glück, indem sie uns die Wahrheit, aus der sie entstanden ist, als Gesetz vermittelt. Sie zwingt uns, nach diesem Gesetz zu denken, zu fühlen und zu handeln, und lässt sich so immer wieder wahr werden. Um sie aufzulösen, müssen wir ihr individuelles Gesicht erkennen, mit dem sie uns anblickt.

Ein erfolgreicher Manager, den seine innere Realität durch grenzenlose Erfolgssucht in die Erschöpfung getrieben hatte, brachte es für sich auf den Punkt: »Wenn ich meine innere Realität beschreiben müsste, dann ist sie am Ende ein nacktes, frierendes, wütendes, weinendes, hungriges und zutiefst verletztes Kind.«

»Es ist das Gesicht des Todes, der Aufgabe, des Untergangs«, sagte eine Studentin, die ihren Freund durch einen Autounfall verloren hatte und deren Schock dazu geführt hat, dass sie die Verbindung zu sich selbst unterbrochen und dadurch eine neue Wahrheit über sich und ihr Leben aufgebaut hatte.

»Es ist das Gesicht des Betrugs, der Zerstörung, der Minderwertigkeit«, sagte ein Mann, der seine Frau mit seinem besten Freund überrascht hatte.

»Es ist das Gesicht der Vergeblichkeit und Wertlosigkeit«, sagte eine Frau, die sich durch einen langen beruflichen Konflikt immer mehr von sich selbst entfernt und dann verloren hatte.

Innere Realitäten sind Bewusstseinszustände aus einer erlebten Zusammenballung negativer Erfahrung. Sie enthalten alle Emotionen und Gedanken auf psychischer und körperlicher Ebene, die damit verbunden sind. Je früher die innere

Realität entstanden ist, umso massiver beeinflusst sie uns in unserer Identität. Innere Realitäten aus dem Erwachsenenalter betreffen meist nur bestimmte Lebensbereiche. Auch wenn die innere Realität immer da ist, ist sie uns nicht immer unbedingt bewusst; häufig kommt sie erst durch äußere Umstände zum Vorschein.

Die Macht der inneren Realität liegt in unserer Ohnmacht, das heißt, in dem Moment, in dem die innere Realität wirkt, fallen wir wieder in die Machtlosigkeit der Situation zurück, in der sie entstanden ist, und wir erleben aus diesem Zustand heraus unser aktuelles Leben. Wir befinden uns in einem Zustand des »Knock-out« und haben unser Bewusstsein für uns selbst in diesem Moment verloren. Ich nenne diese Momente, die manchmal nur ein paar Minuten, manchmal ein paar Stunden oder auch wesentlich länger andauern, »Zustände«. Emotionale wie gedankliche Zustände der Ohnmacht, des Mangels und der Negativität. Zustände, in denen wir uns selbst und die Welt ablehnen. Zustände der absoluten Lähmung, der Ohnmacht. Zustände des Untergangs. In diesem Moment ist alles, was wir fühlen, negativ. Einschließlich wir selbst. Es sind Momente der Ablehnung und der Vernichtung – und wir sind der festen Überzeugung, dass dies so ist.

Es sind Momente tiefsten Selbstzweifels, massiver Aggression, größter Depression, der Überzeugung von Aussichtslosigkeit, dem Gefühl von Nichts und tiefster Leere – wir fühlen all das, was wir in uns gespeichert haben, als die innere Realität entstanden ist. In diesen Zuständen sind wir nicht da; wir haben keinen Zugang zu unserem tatsächlichen Wesen – in diesen Zuständen sind wir scheinbar Nichts.

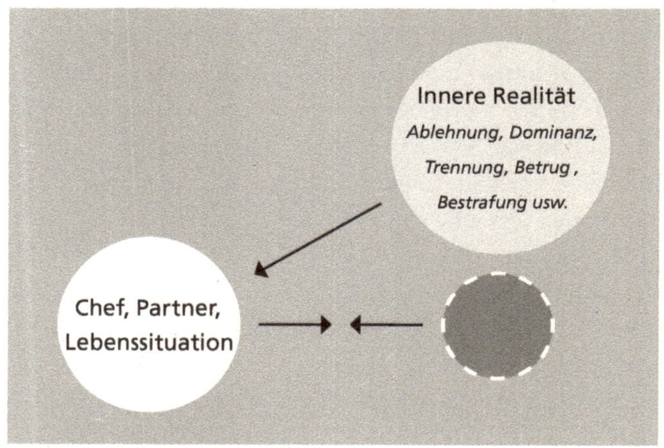

Die äußere Realität wird anhand der inneren Realität bewertet und eingeschätzt. Daraus folgt der individuelle Umgang mit der Situation.

Die Macht der Sehnsucht in der Endlosschleife

Jedes Kind trägt das gesunde Sehnen in sich, von seinen Eltern angenommen und geborgen zu werden. Das gesunde Sehnen, erkannt und von Beginn an in bedingungsloser Liebe unterstützt zu werden, um zu dem zu werden, wer es ist.

»Ich komme einfach nicht von dieser Frau los«, begann ein Klient vor Kurzem eine Beratungsstunde. »Obwohl ich weiß, dass es eigentlich vorbei ist und sie mir ja vor sechs Monaten gesagt hat, dass sie mir nicht das geben kann, was ich suche, kann ich nicht loslassen. Ich muss ständig an sie denken, bin immer wieder auf ihrem Facebook-Profil und kontrolliere, wie häufig sie auf WhatsApp ist. Mein Leben hat den Sinn verloren.«

Wenn wir als Kind kein echtes Interesse für uns und unsere Bedürfnisse erfahren haben, wenn unser gesundes Sehnen nach liebevoller Annahme, nach einem geborgenen Zuhause nicht erfüllt worden ist, dann herrscht darüber nicht nur tiefer Schmerz, sondern auch ein tiefes unerfülltes Sehnen in uns. Je größer der erfahrene Mangel war, je größer die innere Realität ist, umso größer ist auch das Loch, das wir in uns tragen, und umso größer sind nicht nur unsere Verletzung und unsere Angst, unsere Wut und unsere Enttäuschung, sondern umso größer ist auch unser Sehnen. Aus dem unerfüllten gesunden Sehnen des Kindes wird eine immer größer werdende (Sehn-)Sucht danach, das, was wir nicht bekommen haben, endlich zu erfüllen. Die innere Realität macht uns also nicht nur zu Verwundeten, sondern auch zu Getriebenen: Wir wollen das Loch stopfen, das wir in uns tragen.

Doch wie wollen wir das Loch stopfen, wenn wir dem Prinzip »Vor Ankommen wird gewarnt« unterliegen?

Und täglich grüßt das Murmeltier

Solange wir auf der Grundlage der inneren Realität handeln, so lange kann es nur das für uns geben, was sie kennt: Nichterfüllung.

Kennen Sie den Film *Und täglich grüßt das Murmeltier*? Der Film, in dem jeden Morgen der Wecker klingelt und Bill Murray immer wieder denselben Tag erlebt – einen Tag, den er mit all seinen Begebenheiten, die auf ihn zukommen, bald schon auswendig kennt. Erst als der Protagonist an entscheidender Stelle sein Verhalten verändert, durchbricht er den Kreislauf, und ein neuer Tag beginnt.

Die Macht der inneren Realität besteht darin, dass sie uns in dem Bewusstseinszustand hält, in dem sie entstanden ist – und solange wir diesen nicht auflösen, werden wir das, was längst gewesen ist, immer wieder aufs Neue erfahren. Solange wir auf der Grundlage der inneren Realität handeln, befinden wir uns in einer Bewusstseinsschleife, in der sie uns das gedanklich, emotional und handelnd immer wieder herstellen lässt, woraus sie entstanden ist. So erleben wir immer wieder die gleichen Situationen – manchmal jahrelang, manchmal jahrzehntelang, manchmal ein Leben lang – mit wechselnden »Spielfiguren«; immer den gleichen Zeitraum, in dem die innere Realität entstanden ist.

> Es ist nicht nur der Schmerz, der die innere Realität so mächtig macht, sondern auch die in ihr enthaltene Sehnsucht.

Von getrieben, machen wir uns auf die Suche, den Mangel in uns zu füllen, und befinden uns – ohne, dass es uns bewusst ist – gleichzeitig Ablehnungsmodus. In diesem Spannungsfeld – »Ich lehne das ab, was ich suche« – streben wir nach einem erfüllten Leben.

Doch anstatt in die Richtung zu gehen, in der tatsächlich Erfüllung stattfinden könnte, gehen wir in die Richtung, die wir kennen: dorthin, wo der bekannte Mangel herrscht – so suchen wir bildlich gesprochen in der Wüste nach fließend Wasser.

Für uns ist dies auf den ersten Blick nicht erkennbar; im Gegenteil: Wir meinen, nachdem wir unser Elternhaus verlassen haben, endlich frei sind, dass wir den richtigen Weg eingeschlagen haben, dass das, was wir tun, endlich unser Glück, unsere Erfüllung ist. Wir denken: Jetzt kommen wir an und jetzt finden wir unseren Frieden! – und erkennen erst viel später, dass wir genau dort gelandet sind, wo wir doch eigentlich gar nicht hinwollten.

Wenn gesunde Bedürfnisse nicht erfüllt werden, dann entsteht irgendwann Verzerrung von Gesundheit – und echtes Sehnen verwandelt sich in Sehnsucht.

Zusammenfassung

1. Innere Realitäten sind Bewusstseinszustände des Defizits. Sie sind aus Mangel entstanden und kennen nichts anderes als Mangel.
2. Je früher sie entstanden sind, umso mehr sind sie zu unserer Identität geworden.
3. Innere Realitäten sind selbsterfüllende Prophezeiungen. Sie stellen das her, was sie kennen, und verhindern grundsätzlich das, was wir brauchen.
4. Innere Realitäten können nur dort sein, wo wir *nicht* sind. Sie vermitteln uns grundsätzlich die Überzeugung, aus der sie entstanden sind: So, wie du bist, bist du *nicht* gut.
5. Innere Realitäten verunmöglichen den Blick für das, was tatsächlich ist, wer wir sind, aber auch, wer unser Umfeld ist.

6. Für die innere Realität gilt folgender Grundsatz: »Vor Ankommen wird gewarnt!«. Sie verhindert die Beziehung zu uns selbst, aber auch gelingende Beziehung im Außen.

2. Kapitel

Partnerschaften und innere Realität

> Wenn wir in den ersten Jahren nicht das erfahren haben, was notwendig ist, dann sind wir ausgehungert, ausgehungert nach Liebe und Annahme – und die Partnerschaft ist der Ort, wo wir versuchen, diesen Hunger zu stillen.

Es gibt vor allem zwei Bereiche, in denen wir versuchen, unseren Hunger nach fehlender Liebe und Annahme zu stillen: Beruf und Partnerschaft. Die partnerschaftliche Ebene ist wohl das größte Spielfeld der inneren Realität. Wenn sie ihren Ursprung in den ersten Bezugspersonen gefunden hat und der Partner die engste Bezugsperson ist, wird sie immer, solange sie nicht aufgelöst ist, gerade hier wirken – von uns meist unbemerkt.

Wo die Wurzeln liegen

Erinnern wir uns: Aus der Art und Weise, wie unsere ersten Bezugspersonen mit uns, mit sich selbst und untereinander umgegangen sind, lernen wir den Umgang mit uns selbst und der Welt – unsere Eltern leben uns automatisch vor, was es heißt, Paar und Partner zu sein. Dies und der direkte Umgang mit unserer Person beeinflussen uns später für unsere Partnerschaft.

Der direkte Umgang meiner Eltern mit mir

Die Art und Weise, wie unsere Eltern mit uns in Beziehung getreten sind, spielt eine große Rolle für unsere Partnerschaft, weil hieraus die Wahrheit über mich und die Wahrheit über meine engste Bezugsperson entstanden ist.

Die Wahrheit über mich

Welche Wahrheit über mich habe ich aus dem Umgang meiner Eltern mit mir entwickelt? Stehe ich mit mir in Beziehung und mag ich mich – oder habe ich eine innere Realität zu meiner Identität gemacht? Stehe ich im inneren Dialog und kann sagen: »So, wie ich bin, bin ich gut – schön, dass ich da bin?« Je weniger dies der Fall ist, umso mehr bestimmt Mangel unser Selbstbild und ist Grundlage unserer Partnersuche und Partnerschaft. Wir versuchen, die fehlende Beziehung zu uns selbst durch die Beziehung zum Partner zu ersetzen – sind aber durch den fehlenden inneren Dialog zu einem äußeren Dialog auf Augenhöhe nicht wirklich fähig. Wir unterliegen dem Paradoxon zu hoffen und zu erwarten, dass der Partner uns glücklich macht, während wir uns selbst innerlich ablehnen.

Die Wahrheit über den anderen

Aus der Art und Weise, wie unsere Eltern mit uns umgegangen sind, haben wir eine Wahrheit über unsere engsten Bezugspersonen entwickelt. Tragen wir die Erfahrung in uns, dass man uns annimmt, sich für uns interessiert und sich über uns freut? Oder tragen wir die gegenteilige Erfahrung in uns? Welche Gewissheit tragen wir über unsere Nächsten in uns? Sind wir voller Vertrauen oder voller Misstrauen? Voller Angst oder voller Zuversicht? Voller Resignation oder voller Freude? Mit dieser Wahrheit suchen wir unseren Partner und begegnen ihm, erleben ihn.

Der Umgang der Eltern untereinander

Wir alle sehnen uns nach Annahme, Geborgenheit und Liebe – doch ist das auch unsere innere Wahrheit?

Die Wahrheit über Partnerschaft

Haben wir unsere Eltern als liebendes Paar erlebt oder sind wir in einem Kriegsgebiet aufgewachsen? Haben wir Augenhöhe und Interesse füreinander erlebt? Waren sie neben ihrer Elternschaft auch ein Paar? Je stärker wir hier eine innere Realität entwickelt haben, umso mehr wird diese Wahrheit uns auch in der Partnersuche und Partnerschaft beeinflussen.

Diese Grundsätze sollten wir im Kopf haben, wenn wir den Blick auf unsere Partnerschaft richten und uns bewusst werden, dass, je größer das Defizit ist, das wir auf diesen Ebenen erfahren haben, umso größer auch die jeweilige innere Realität ist, die wir in uns tragen – und damit unsere (unbewusste) Warnung vorm Ankommen.

Wenn die innere Realität Partnerschaft verhindert

Gehören Sie zu den Menschen, die wissen, dass ihre Beziehung kaputt ist und ihnen schadet, sich aber nicht trennen können? Geraten Sie immer wieder an einen Menschen, mit dem eine Beziehung nicht möglich ist? Oder haben Sie bereits mehrere gescheiterte Beziehungen hinter sich und kommen, obwohl Sie es sich so sehr wünschen, dennoch nicht wirklich an?

> Solange wir unsere Partnerschaft von der inneren Realität bestimmen lassen, so lange werden wir nicht nur nicht ankommen, sondern uns in genau der Situation wiederfinden, in der die innere Realität ihren Ursprung fand.

Königskinder-Partnerschaften nennt man Partnerschaften, die auf der Grundlage von inneren Realitäten geschlossen oder überwiegend von inneren Realitäten dominiert werden. Es sind die Partnerschaften, in denen eine echte Partnerschaft nicht möglich ist, auch wenn sie im Außen geschlossen wird. Es sind Partnerschaften, die das Gegenteil verursachen, was Partnerschaft eigentlich ausmacht: Anstatt zu Miteinander, Stärkung und Verbundenheit, führen sie in die Erschöpfung und Leere. Königskinder-Partnerschaften unterstehen dem ehernen Gesetz der inneren Realität »Vor Ankommen wird gewarnt!«.

Damit dies erreicht wird, wählt die innere Realität zwischen zwei Möglichkeiten, uns »in die Wüste zu schicken«:

1. Das Unmögliche wird versucht, möglich zu machen.
2. Das Mögliche wird unmöglich gemacht.

Wenn das Unmögliche möglich gemacht werden soll

Wenn das Unmögliche möglich gemacht werden soll ist ein häufiges und zerstörerisches Gesicht der inneren Realität, die uns früher oder später in die Erschöpfung treibt. Sie führt dazu, dass wir uns einen unerreichbaren Partner aussuchen, um den wir dann bis zur Erschöpfung kämpfen. Oder aber dazu, dass wir in Beziehungen bleiben, die uns schaden und uns sukzessive in den Ruin treiben – und wir uns, obwohl wir darum wissen, nicht trennen können.

In meiner Arbeit bitte ich häufig meine Klienten, sich die innere Realität als eine zweite Person vorzustellen und sich dann auf deren Platz zu setzen.

Dasselbe bitte ich nun auch Sie. Was würden Sie anstelle der inneren Realität tun, um das Ankommen in der Partnerschaft zu verunmöglichen? Was wäre die beste Strategie, um eine Beziehung zu verhindern?

Eine Antwort kennen wir schon: Das Beste, um nicht anzukommen, ist, gar nicht erst loszugehen. Für den Bereich der Partnerschaft bedeutet das: Die innere Realität hält uns genau in dem Schmerz und der Ablehnung gefangen, den wir mit unseren engsten Bezugspersonen erfahren haben. Damit veranlasst sie uns, uns nicht mehr zu bewegen. Hier wirkt das Prinzip »Lehne du ab, bevor du abgelehnt wirst«, sodass wir gar keinen Versuch in Richtung Partnerschaft unternehmen und alleine bleiben.

> Wir sollten uns bewusst machen, dass wir in der Partnerschaft nicht nur das leben, was wir mit unseren engsten Bezugspersonen erfahren haben, sondern auch gleichzeitig das versuchen wiedergutzumachen, was wir als Defizit in Bezug auf uns selbst erlebt haben.

Was aber, wenn unsere Sehnsucht nach Ankommen trotz des Schmerzes noch groß genug ist, um uns auf die Suche machen zu wollen? In den meisten Fällen ist es dann so, dass die innere Realität uns zwar nicht am Losgehen hindern kann, wohl aber am Ankommen: Sie schickt uns in die Richtung, in der ein Ankommen von Anfang an nicht möglich ist.

Das Prinzip »Wenn das Unmögliche möglich gemacht werden soll« kennzeichnet Partnerschaften, die von Beginn an nach genau diesem Konzept aufgebaut sind. Sie werden *einzig und allein* auf der Grundlage innerer Realitäten geschlossen – entweder von einer Seite oder aber von beiden Partnern. Hier suchen wir uns unbewusst Personen bzw. Situationen, bei bzw. in denen wir das wiederfinden, was wir leidvoll aus unserer Vergangenheit kennen; hier suchen wir uns das, was unseren »inneren Wahrheiten« entspricht – auch wenn es auf den ersten Blick wie das Gegenteil aussieht. Es sind die Partnerschaften, die entweder nie zustande kommen oder – nachdem sie im Außen zustande gekommen sind – die innerhalb kürzester Zeit in einen Kriegszustand wechseln, der sich wechselseitig anheizt und von beiden Seiten befeuert wird, bis die Partnerschaft ausgebrannt ist.

Der Verlauf ist immer derselbe: Wir sehnen uns danach anzukommen und gehen – unbewusst oder bewusst – auf die Suche, während die innere Realität darauf wartet, bis sie das passende Objekt für uns gefunden hat und dann »zuschlägt«.

Zu Beginn handelt es sich bei dieser Form der sogenannten Königskinder-Partnerschaft häufig um eine heftige, für die Betroffenen nicht zu kontrollierende Anziehung, die sie zunächst für Liebe halten. Je unerfüllter unsere erste Beziehungserfahrung in uns ist, je größer das innere Loch der fehlenden Annahme ist, umso größer ist die Anziehung – und zwar genau dort, wo die Konstellation so ist, wie wir es kennengelernt haben. Die Anziehung besteht also nicht in der Erfüllung, sondern in der Nichterfüllung – die wir in dem ersten Moment jedoch nicht erkennen. Oder aber sie stellt sich als überwindbare und notwendige Herausforderung dar, in der wir noch mehr die Bestätigung sehen, dass sie bzw. er die bzw. der Richtige ist. Wir sind der Meinung, dass dieser Mensch unsere Erfüllung ist, uns endlich ganz macht und unsere Träume wahr werden lässt. Wir meinen, nun endlich jemanden gefunden zu haben, endlich ankommen zu können. Wir können uns nicht erinnern, »jemals so tief empfunden zu haben«. Wir erkennen jedoch nicht, dass die Anziehung kein Ausdruck von Liebe ist, sondern Ausdruck unserer inneren Realität, die das gefunden hat, was sie kennt. »Es war wie Magie«, sagte ein Mann, »als ich sie das erste Mal gesehen hatte und wir uns ansahen. Ihr Blick – da wusste ich: Das ist sie … Heute kann ich sehen, dass es der gleiche Blick meiner Mutter war – mit dem sie mich lockte, um mich dann wieder wegzuschicken.«

In dieser Form der Partnerschaft steht der Mangel im Vordergrund. Es ist der Schmerz, den beide durch die ersten Bezugspersonen in sich tragen, der sich gegenseitig anzieht – und die damit verbundene Hoffnung

Erst viel später erkennen die Betroffenen, dass es nicht die Person gewesen ist, die uns anzieht, sondern der Schmerz, der Mangel, die Unmöglichkeit – und unsere Hoffnung auf Wiedergutmachung.

auf Heilung. In demselben Leid die Chance auf Heilung der leidvollen und unerfüllten Vergangenheit zu sehen, ist der Grund, weshalb sich die Betroffenen aufeinanderstürzen und nicht voneinander lassen können.

»Diese Anziehung«, sagte eine Frau, »war unglaublich. Ich musste unaufhörlich an ihn denken; egal, wie sehr ich mich wehrte, er ging mir nicht aus meinem Kopf. Erst heute kann ich sehen, dass das, was mich angezogen hat, der Schmerz war. Der gleiche Schmerz, den ich empfunden hatte, wenn mein Vater mich wieder ignorierte und tagelang nicht mit mir sprach.«

Merkmale der Königskinder-Partnerschaft

Das Kennzeichen dieser vermeintlichen Partnerschaft sind ausgeprägte Emotionen – in allen Höhen und allen Tiefen. *Wenn das Unmögliche möglich gemacht werden soll* ist deswegen so hochemotional, weil es von Beginn an um die Erfahrung der Ablehnung geht, die wir in uns tragen – mit all den damit verbundenen Gefühlen und dem verzweifelten Wunsch um Wiedergutmachung –, die uns zu dem Partner treibt. Die Nähe zum anderen ist deswegen so intensiv, weil wir dem Partner nicht begegnen, sondern mit ihm verschmelzen – so, wie wir mit unseren ersten Bezugspersonen verschmolzen sind. Hier geht es nicht um Begegnung, sondern um Rettung. Hier ringt und kämpft, im übertragenen Sinn, das abgelehnte Kind um sein Überleben. Nähe, Annahme und Geborgenheit sind kein Ausdruck von liebender Begegnung, sondern Notwendigkeit für das eigene Überleben.

»Ich wechselte zwischen himmelhochjauchzend und zu Tode betrübt. Erhielt ich keine Antwort oder zog sie sich zurück, fiel ich ins Bodenlose.«

»Die Vorstellung, dass ich ohne ihn sein sollte, zog mir den Boden unter den Füßen weg.«

In diesen Partnerschaften, in die uns die innere Realität treibt, werden wir, ohne es zu merken, wieder zu dem Kind, das wir waren. Dies macht die Wucht der Emotionalität aus. Es ist der alte existenzielle Schmerz eines Kindes, den wir fühlen, eines Kindes, das ungeliebt und unerkannt in der Kälte vergeblich um Anerkennung fleht, die Panik eines Kindes, das sich in der Leere von Beziehungslosigkeit im Nichts verliert, die trostlose Heimatlosigkeit eines verlassenen Kindes, das keinen Halt durch echte Begegnung findet.

Es sind diese existenziellen Gefühle, die die unendliche Anziehungskraft, die scheinbar magische Verbindung zum anderen wachrufen, das unerfüllte kindliche Sehnen nach Annahme und Geborgenheit, das – zur Sehnsucht potenziert – dazu führt, dass wir meinen: Genau der oder die ist es, und das in uns ebenso rauschhaftes Glück wie tiefste Vernichtung entfacht.

Ob es sich dabei um On/Off-Beziehungen handelt, Affären, Verhältnisse, gedankliches Binden an eine auserwählte Person, zu der wir keinen Kontakt haben, Warten auf eine nicht freie oder unerreichbare Person oder aber um Partnerschaften, die von permanentem Streit geprägt sind – der Grundsatz wie das Ergebnis bleiben immer gleich: der in der Vergeblichkeit endende Versuch, das Unmögliche möglich zu machen. Anstatt die erhoffte Heilung zu erfahren, vertiefen wir durch diese Partnerschaften jedoch nur weiter unsere Wunde, häufen zusätzlichen Schmerz an und manifestieren unsere erste Erfahrung. Die innere Wahrheit, die damals entstanden ist, wird zur Gewissheit: Nähe ist nicht möglich und bedeutet Schmerz.

Ich werde immer wieder gefragt, welche Menschen dazu neigen, im Unmöglichen zu verharren und darin vergeblich das Mögliche zu suchen. Wer von uns beginnt, sich im Vergeblichen zu verlieren – und zwar so weit, dass es auf Kosten der eigenen Gesundheit geht? Wer von uns muss sich an einen Menschen binden, von dem er spürt, dass er ihm nicht nur nicht guttut, sondern sogar schadet?

Betroffen sind vor allem diejenigen, die in einer Atmosphäre der Unmöglichkeit aufgewachsen sind, das heißt also diejenigen, die zumindest mit einer Bezugsperson die Unmöglichkeit von Nähe, Geborgenheit und Anerkennung gemacht und aus diesem ausgeprägten Mangel die Ablehnung zur eigenen Identität gemacht haben. Je stärker die Nichterfüllung in den ersten Jahren war, je größer die Verletzung und der Schmerz durch die Ablehnung und je weniger Beziehung zu sich selbst besteht, umso stärker ist auf der einen Seite die Angst vor dem Ankommen und auf der anderen Seite die unerfüllte Sehnsucht und der Anspruch auf Wiedergutmachung. Das treibt die Betroffenen immer wieder wie ein Sog in Königskinder-Partnerschaften, in die Vergeblichkeit des Unmöglichen. Die inneren Realitäten sind entweder auf beiden Seiten oder aber auf einer Seite so stark, dass es entweder keiner der beiden schafft, sich zu lösen, oder zumindest einer ohne Rücksicht auf Verluste klammernd daran festhält – ungeachtet der eigenen Gesundheit und des eigenen Lebens.

Maria wuchs als Einzelkind in einem wohlsituierten Elternhaus auf. Von Beginn an erlebte sie einen emotionslosen Vater, zu dem sie keine Beziehung aufbauen konnte. »Egal, was ich tat«, berichtete sie, »er nahm mich nicht zur Kenntnis.« Ansatzweise erhielt sie Aufmerksamkeit, wenn sie gute Leistung gebracht hatte, gleichzeitig wurde jedoch der Vergleich zu anderen Familienmitgliedern gezogen, die noch besser waren. Aus dieser äußeren Realität begann das Mädchen immer mehr, eine innere Realität und eine Wahrheit über sich selbst zu entwickeln: »Egal, was ich tue – ich werde vom (Vater) Mann nicht gesehen und nicht erkannt. Ich bin nicht gut genug und nichts wert.« Zusammen mit dieser inneren Realität speicherte sie Enttäuschung, Wut, Trauer, Leere, Wertlosigkeit und Selbstzweifel, die automatisch mit ihrem Selbstverständnis über sich und den Mann verbunden wurden – und gleichzeitig die tiefe Sehnsucht, doch endlich anerkannt zu werden.

Auf der Grundlage der (unbewussten) Überzeugung »Du bist es nicht wert, anerkannt zu werden« lehnte sie sich selbst ab und begann, sich mit dieser inneren Vergeblichkeit im Außen auf die Suche nach Liebe und Geborgenheit zu machen. »Von Anfang an verliebte ich mich nur in Männer, die sich nicht für mich interessierten oder aus anderen Gründen unerreichbar waren. Es war wie verhext«, berichtete sie. »Eine Beziehung kam nie zustande. Mal verliebte

> Je größer die erfahrene Ablehnung ist, je stärker wir sie zu unserer Identität gemacht haben, umso mehr werden wir von der Vergeblichkeit angezogen und sind gleichzeitig bereit, uns in ihr zu verlieren.

ich mich in einen guten Freund, mal in den Freund meiner Freundin.« Die innere Realität trieb sie in genau die Richtung, in der sie entstanden war: Ablehnung und Unerreichbarkeit. »Mit 32 lernte ich dann einen Mann kennen, der mir von Anfang an sagte, dass er keine Beziehung wollte. Ich habe es überhört. Zehn Jahre habe ich um die Anerkennung dieses Mannes gekämpft«, sagt die heute 57-jährige Frau, »ich habe alles versucht, um ihn zu überzeugen, ich wollte, dass er sich für mich entscheidet – und habe mein komplettes Leben nach ihm ausgerichtet. Doch egal, was ich tat, er wollte sich nicht binden. Es waren die besten Jahre meines Lebens. Mit 45 bin ich dann zusammengebrochen. Ich konnte nicht mehr. Erst da habe ich den Absprung geschafft.«

Viele Betroffene, die sich in dieser Form der Partnerschaft erschöpft haben, berichten Ähnliches. Die innere Realität hielt sie in der Situation fest, indem sie ihnen die Möglichkeit vorgaukelte, genau hier die »unfertigen« Beziehungen zu den ersten Bezugspersonen positiv zu Ende bringen zu können. Ohne dass es uns bewusst ist, befinden wir uns inmitten der Situation von damals – und beginnen verzweifelt zu kämpfen. Es ist genau diese Hoffnung auf Wiedergutmachung der unerfüllten Sehnsucht, die die enorme Anziehung ausmacht, und die gleichzeitige Ablehnung unserer eigenen Person, die dazu führt, dass wir uns selbst nicht zur Seite stehen können. So halten wir an dem, von dem wir spüren, dass es uns zerstört, fest und suchen es immer wieder aufs Neue.

»Obwohl mir meine Therapeutin damals immer wieder sagte, dass es mit diesem Mann nicht gut werden kann«, sagte Maria, »obwohl ich fühlte, dass es mir immer schlechter ging, habe ich nicht loslassen können. Es war wie ein Zwang. Ich wollte es schaffen, dass er mich anerkennt.«

> Königskinder-Partnerschaften sind Beziehungen, in denen jedes Gefühl durch die innere Realität getriggert wird. Deswegen sind sie so intensiv.

»Ich dachte immer, ich kann doch nicht etwas beenden, bevor es richtig begonnen hat«, sagte ein Mann, der fünf Jahre lang in einer On/Off-Beziehung zu einer verheirateten Frau festhielt, die sich immer wieder dann zurückzog, wenn eine Verbindlichkeit eintrat. »Dieses Gefühl des ›Unfertigen‹ hat mich wahnsinnig gemacht. Obwohl ich wusste, dass ich mich immer mehr selber verlor, konnte ich nicht von ihr lassen. Es wäre wie ein Scheitern gewesen.«

»Innere Realitäten reißen dich in ihre Tiefe und du glaubst ihnen«, sagte ein Mann. »Du bist wieder das Kind von damals und du fühlst alles, was du damals gefühlt hast – nur weißt du es nicht. Du denkst, dass es dieser Mensch ist, den du brauchst. Du denkst, dass sie deine Erlösung ist, obwohl du irgendwo spürst, dass es nicht richtig ist. Du musst sie haben, obwohl du weißt, dass sie dein Untergang ist. Aber du kannst nicht anders.«

Wenn wir uns also fragen, warum wir immer wieder an den falschen Menschen geraten, warum wir uns an einen Menschen klammern, von dem wir spüren, dass er oder sie uns nicht guttut, ja mehr noch, obwohl wir wissen, dass wir uns sogar selbst dadurch zerstören, dann gilt es, zuallererst damit zu beginnen, dass wir uns nicht mehr verurteilen und für verrückt erklären, sondern anfangen zu verstehen, was in uns dazu führt, dass wir so handeln. Es gilt zu verstehen, dass nicht wir es sind, sondern unsere innere Realität, die uns fest im Griff hat und uns vorgaukelt, dass wir hier endlich die Erfüllung, die Liebe und Geborgenheit finden, die uns bis jetzt verweigert wurde. Es gilt zu erkennen, dass wir nicht unseren Partner, sondern unseren Vater oder unsere Mutter verzweifelt umklammern und nicht loslassen können, weil wir – gefangen im Gefühl des Kindes – sonst sterben würden. Es gilt zu erkennen, dass es der Graben der inneren Realitäten ist, der uns von der anderen Person trennt, und es ebendiese Trennung ist, die uns mit ihm verbindet – und wir sollten wissen, dass wir, je länger wir darin schwimmen, desto sicherer ertrinken werden.

Wenn das Mögliche unmöglich gemacht wird

Innere Realitäten führen uns immer in den Untergang, aber nicht immer dorthin, wo grundsätzlich Unmöglichkeit herrscht. Das zweite Gesicht der inneren Realität ist, wenn sie das Mögliche unmöglich macht.

Ich weiß nicht, was tragischer ist – wenn die innere Realität uns zwingt, in dem Unmöglichen vergeblich die Erfüllung zu suchen, oder wenn sie uns zwingt, das Mögliche zu zerstören und in eine Unmöglichkeit zu verwandeln.

Als Oliver 14 Jahre alt war, verließ seine Mutter, die er sehr liebte, ohne Vorankündigung die Familie. Er blieb zurück mit seinen beiden jüngeren Geschwistern und seinem gebrochenen Vater, der der Mutter jeden Tag nachweinte und sich von einem starken, selbstbewussten Unternehmer in einen resignierten Mann verwandelte.

Die innere Realität »Die Frau, die du liebst, verlässt dich und bricht dich« führte dazu, dass sich Oliver als Erwachsener Frauen suchte, die emotional abhängig von ihm waren und die ihn nach kurzer Zeit begannen zu langweilen. Er kam nie wirklich an und stürzte sich in die Arbeit. Dort lernte er Martha kennen. Eine selbstständige und selbstbewusste Frau, die all das verkörperte, wonach er sich eigentlich sehnte. Die beiden begannen eine Beziehung und Oliver hatte das, was er eigentlich wollte: eine Frau, die ihn um seiner selbst willen liebte und nicht um ihrer selbst willen brauchte. Je enger die Beziehung wurde, je mehr Nähe Oliver zuließ, umso mehr begann seine innere Realität zu toben. Er begann, sich zurückzuziehen und zu verschließen, und floh in seine Arbeit. Die innere Realität zwang ihn, das zu tun, was er selbst erfahren hatte: die Frau Stück für Stück zu verlassen, um sich vermeintlich vor demselben zu schützen. Dies führte zu wachsenden Spannungen zwischen den beiden, bis die Beziehung schließlich zerbrach.

»Wenn das Mögliche unmöglich gemacht wird« ist das zweite Prinzip der inneren Realität, das uns im Bereich der Partnerschaft nicht ankommen lässt. Es führt dazu, dass eine an sich mögliche Verbindung durch die eigene Unmöglichkeit, die der Betroffene in sich trägt, verunmöglicht wird. Egal, wie gesund und heil die andere Person oder Situation ist, wir können dies nicht erkennen, denn die innere Realität dominiert unsere Sicht auf die Welt. Sie lässt uns das sehen, was sie in sich trägt und woraus sie damals entstanden ist. Wir sehen sozusagen durch die Brille des Defizits und des Schmerzes und beginnen dementsprechend, auch so zu handeln – so lange, bis wir durch unser Verhalten genau das hergestellt haben, was wir meinen gesehen zu haben.

Friederike erfährt mit 17 Jahren, dass ihr Vater eine zweite Familie hat. »Wenn es gut ist, ist es nicht gut«, lautete ihre innere Realität, die dazu führte, dass Friederike jedem Frieden misstraute – nach dem sie sich jedoch zutiefst sehnte. Auf der einen Seite wünschte sie sich endlich ein sicheres und geborgenes Zuhause, auf der anderen Seite trug sie die innere Realität des Betrugs und der Ungeborgenheit in sich und die damit verbundenen »Wahrheiten« über sich und die Welt: »Ich bin es nicht wert, dass man nur mit mir zusammen ist. Ich reiche nicht. Geborgenheit gibt es nicht. Die Welt ist voller Betrug.« Dies führte zu Kontrollsucht und Eifersuchtsszenen, die ihre Ehe zunehmend belasteten und die tatsächliche Harmonie immer mehr zerstörte, bis der Ehepartner nach acht Jahren auszog und die Scheidung einreichte.

Es darf weder gut sein noch gut werden!

Das Prinzip »Wenn das Mögliche unmöglich gemacht wird« tritt entweder dadurch auf, dass wir von Beginn unserer Partnerschaft an in unserer inneren Realität leben oder aber in bestimmten Momenten wieder in sie zurückfallen. Das heißt, manchmal tragen wir die ganze Zeit die Brille der inneren Realität, und manchmal setzen wir sie nur in bestimmten Momenten auf. Doch die Auswirkung ist in beiden Fällen dieselbe – wenn die innere Realität wirkt, kann kommen, wer will, die Situation kann noch so »gut« sein, wir jedoch sehen aus der inneren Realität heraus das bekannte Drama und die lauernde Verletzung und verhalten uns dementsprechend. Ohne es zu wissen, leben wir wieder in der Welt von damals, in dem Schmerz, in der Angst, in der Wut und in der Verzweiflung. Die innere Realität zwingt uns im gleichen Maße dazu, das Mögliche unmöglich zu machen, wie sie uns dazu zwingt, das Unmögliche möglich machen zu wollen. Mit derselben Kraft und mit derselben Überzeugung, mit derselben Ohnmacht. Auch hier sind wir wieder das verlorene, abgelehnte und verletzte Kind, das mit allen Mitteln um das eigene Überleben kämpft – mit all der Übermacht an Emotion.

Bei der einen Variante suchen wir verzweifelt nach Wiedergutmachung und können nicht loslassen, bei der anderen zerstören wir so lange aus lauter Angst und Schmerz, bis wir die alte Verletzung, die wir kennen, ganz im Sinne der selbsterfüllenden Prophezeiung wiederhergestellt haben.

»Es ist wie ein Zwang gewesen«, sagte Oliver, »ich musste Martha verlassen, damit es vorher vorbei ist, bevor sie mich verlassen konnte. Ich musste die Nähe verhindern, nach der ich mich ja sehnte, aber ich wollte nicht noch einmal so enttäuscht werden – noch mal dieser Schmerz, es hätte mich umgebracht.«

»Auch wenn es sich merkwürdig anhört«, so Friederike, »für mich war es erleichternd, als wir begannen, uns zu streiten. Es war für mich der Beweis, dass eben nicht alles gut ist, und bewahrte mich vor dem, was ich erfahren hatte.«

Wenn innere Realitäten anstecken – gemeinsam in die Aussichtslosigkeit

»Für alles gibt es ein Zertifikat oder einen Führerschein«, sagte ein Paar, das wieder zusammengefunden hatte, »aber einen Führerschein für eine Partnerschaft gibt es nicht. Wer denkt schon am Anfang, wenn noch alles gut ist, daran, sich gemeinsam nach seinen ›inneren Realitäten‹ zu fragen? Einmal abgesehen davon, dass wir davon gar nichts wussten. Wir hätten uns vieles erspart.«

Wenn die innere Realität das Ruder in die Hand nimmt, dann stecken wir häufig unseren Partner an und geraten, ohne es zu merken, in eine gemeinsame Abwärtsspirale. Im nachfolgenden kurzen Beispiel möchte ich Ihnen zeigen, was dies bedeutet und den Mechanismus der inneren Realität verdeutlichen. Diesen Mechanismus zu erkennen ist der erste Schritt, um der inneren Realität entgegenzuwirken. Dadurch können Sie zukünftig verhindern, dass das Mögliche in Ihrer Partnerschaft zum Unmöglichen gemacht wird, und das Zuhause zu finden und aufzubauen, wonach Sie sich sehnen.

Klaus wuchs mit einem cholerischen Vater auf, der seinen Sohn in Wutausbrüchen niedermachte und regelmäßig beschimpfte. Aus dieser Erfahrung entwickelte Klaus folgende »Wahrheiten«, die zu seiner inneren Realität wurden: 1. Die Welt (meine engste Bezugsperson) hält nichts von mir – im Gegenteil, sie macht mich nieder. 2. Ich bin nichts wert.

Diese innere Realität führte dazu, dass Klaus, sobald es in der Partnerschaft zu einer Auseinandersetzung kam, sich unmittelbar wieder wie das ohnmächtige Kind fühlte, das von seinem Vater niedergemacht wurde – mit all dem Schmerz und den damit verbundenen Gefühlen. Er hatte nicht mehr seine Partnerin vor sich, sondern seinen brüllenden Vater, und er fühlte sich wieder klein, minderwertig und ohnmächtig. Um der vermeintlichen Vernichtung zu entkommen, sah er nur eine Lösung: Sobald eine Auseinandersetzung drohte, verließ er den Raum. »Wenn ich dir nicht passe, dann gehe ich«, lautete die Maxime, die er aus seiner inneren Realität entwickelt hatte und mit der er am Ende zwei Ehen zerstörte, in denen seine innere Realität jeglichen Dialog und jegliche Begegnung verunmöglichte.

Seine Partnerinnen blieben in diesen Momenten hilflos zurück und fühlten dieselbe Minderwertigkeit und Kleinheit, die Klaus in sich trug. Ohne es zu merken, steckte Klaus seine Partnerinnen mit seiner inneren Realität an. Durch sein Verhalten entfachte er in ihnen dieselben Gefühle, die er durch die innere Realität in sich trug: Minderwertigkeit, Wertlosigkeit, Ohnmacht.

So führt die innere Realität also auch häufig dazu, dass nicht nur der Betroffene, sondern auch der Partner in dieselbe Welt rutscht, aus der die innere Realität entstanden ist, und dieselben Wahrheiten beginnt zu übernehmen und danach zu leben. Die innere Realität macht somit nicht nur die mögliche Partnerschaft unmöglich, sondern beeinflusst auch den Selbstwert und Begegnungswillen des Partners. Deshalb ist es immer wichtig zu schauen, inwieweit wir möglicherweise – ohne es zu merken – innere Realitäten von unserem Partner bzw. durch unsere Partnerschaften übernommen haben, die uns heute daran hindern anzukommen. Wir müssen lernen, die inneren Realitäten des anderen zu erkennen und uns davon abzugrenzen, denn sonst geraten wir in denselben Strudel, in dem er sich befindet.

»Am Ende habe ich mich vollkommen wertlos gefühlt und besaß dieselbe Überzeugung wie meine Partnerin – ein Wir ist nicht möglich«, sagte ein Mann, der sich, ohne es zu merken, mit der inneren Realität seiner Freundin infiziert und sich daran sukzessive erschöpft hatte. »Erst als ich erkannt hatte, dass es ja ihre Überzeugung war, dass es ihre Zweifel waren, ihre Minderwertigkeit, wurde ich innerlich ruhiger und konnte langsam wieder zu mir zurückfinden.«

Doch in den meisten Fällen ist es nicht nur ein Partner, der aus dem Möglichen das Unmögliche macht, sondern es sind beide Partner, die in sich innere Realitäten tragen, die »wie die Faust aufs Auge passen«, sukzessive die Oberhand in der Partnerschaft gewinnen und den Dialog verhindern. In den meisten Fällen stecken wir uns also gegenseitig an – und machen dadurch, von uns unbemerkt, das Mögliche gemeinsam unmöglich:

Susanne wuchs bei einer Mutter auf, die immer wieder in Wutausbrüche verfiel und mit der eigenen Erkrankung drohte, wenn ihr etwas missfiel. Sie erwartete von der Tochter emotionale Versorgung und machte diese für ihr Unglück verantwortlich. Tobias wuchs in einer Familie auf, in der der Vater die Kinder durch Schweigen und emotionale Kälte bestrafte. Beide begannen eine Beziehung, die durch gemeinsame Interessen, Wertvorstellungen und Liebe getragen wurde. Im Laufe der Zeit kam es, wie in jeder Partnerschaft, zu Meinungsverschiedenheiten, in denen beide unbewusst durch das eigene Verhalten die innere Realität des anderen entfachten. Tobias erkannte in Susannes Zurückhaltung und Rückzügen nicht den Wunsch, sich kurzfristig Raum zu verschaffen, um dann weiterzusprechen, sondern sah darin die emotionale Kälte seines Vaters. Es gelang ihm aufgrund seiner inneren Realität nicht Susannes Angst und Unsicherheit zu erkennen, sondern er fühlte sich von ihr bestraft. Susannes innere Realität wiederum ließ es nicht zu, in der wütenden Reaktion von Tobias seine Hilflosigkeit und den Wunsch, gesehen zu werden, zu erkennen, sondern sie sah in ihm die wütende Mutter, die ihr drohte und Vorwürfe machte. Beide fühlten sich durch den anderen vernichtet und reagierten darauf in ihrem jeweiligen Muster. Während Susanne sich immer mehr zurückzog, wurde Tobias immer wütender, worauf Susanne mit wachsender Kälte reagierte, was Tobias zu wachsenden wütenden Vorwürfen veranlasste. Am Ende hatten beide innere Realitäten den jeweiligen Ausgangszustand hergestellt, in denen sie entstanden waren: eine wütende und drohende sowie eine emotional kalte und distanzierte enge Bezugsperson.

Der Schmerz, den beide in sich trugen, hatte sich dadurch um ein Vielfaches verstärkt – wie die beiden inneren Realitäten: Ich bin es nicht wert, dass man mich liebt. Ich werde nicht gesehen. Ein Wir ist nicht möglich. Das echte Fundament, das beide anfangs untereinander spürten, war durch die innere Realität zerstört worden.

»Am Ende haben nur noch unsere beiden inneren Realitäten gegeneinander gekämpft«, sagte Susanne. »Wir beide waren gar nicht mehr wirklich da.«

»Ich habe meine Frau gar nicht sehen und gar nicht fühlen können – ich war wie in einer Wolke aus Schmerz und Angst, in der mich niemand wirklich erreicht hat«, sagte Tobias.

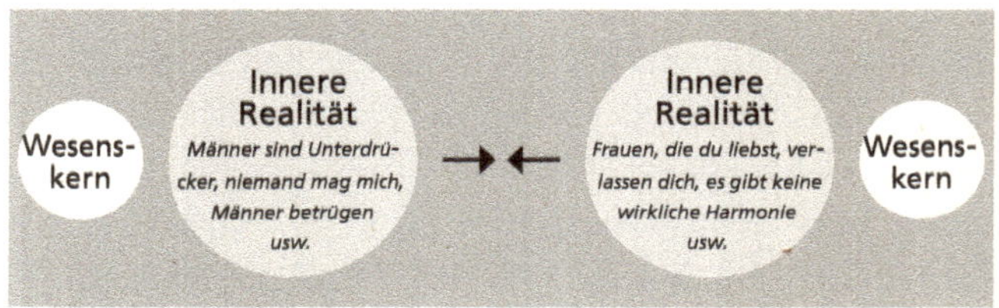

Die Begegnung in der Partnerschaft findet über die innere Realitäten statt, die eine echte Begegnung verhindern.

Zusammenfassung

Ob das Unmögliche möglich gemacht werden soll oder das Mögliche unmöglich gemacht wird – in beiden Fällen führt die innere Realität dazu, dass wir nicht ankommen und uns erschöpfen.

> »Innere Realitäten reißen dich in ihre Tiefe und du glaubst ihnen.
> Du bist wieder das Kind von damals und du fühlst alles, was du damals gefühlt hast – nur weißt du es nicht. Du denkst, dass alles so ist, wie du es siehst und fühlst, und erkennst nicht, dass es deine innere Realität ist, die sich zwischen dich und die Welt geschoben hat.«

Königskinder-Partnerschaften sind deswegen so schmerzhaft, kraftraubend und zerstörerisch, weil sie all den alten Schmerz der ersten Ablehnung und die damit verbundenen Emotionen in sich bergen und wieder hervorbringen – und ihn gleichzeitig potenzieren. Das heißt, je länger wir in einer solchen

Partnerschaft verharren, umso schwächer werden wir, umso schwächer wird unsere Partnerschaft und umso schwächer unser Partner.

Merkmale einer Königskinder-Partnerschaft

Folgende Punkte können ein Indiz sein, dass ich mich in einer Königskinder-Partnerschaft befinde – zumindest dafür, dass der Partner in mir innere Realitäten berührt:

1. Die Gefühle, die ich fühle, sind existenziell/intensiv/extrem.
2. Ich habe das Gefühl, dass ich nicht ohne den anderen sein kann.
3. Der andere macht mich ganz/der andere vernichtet mich.
4. Ich kann meine Gefühle nicht steuern und bin ihnen ausgeliefert.
5. Ich befinde mich nicht auf Augenhöhe mit meinem Partner.
6. Ich komme nicht von ihm/ihr los. Oder: Ich tue alles dafür, um von ihr/ihm loszukommen.
7. Ich weiß, er/sie tut mir nicht gut, aber ich kann nicht gehen. Oder: Ich weiß, er/sie ist es, aber ich kann nicht bleiben.

Wichtig: Diese Punkte sagen nichts über den Partner aus, sondern nur über die Verstrickung, die Sie mit ihm haben.

Das bedeutet aber auch: Je früher wir unsere inneren Realitäten erkennen, je früher wir erkennen, nach welchem Prinzip unsere innere Realität handelt, umso eher haben wir die Möglichkeit, uns daraus zu befreien und – im Falle der inneren Realität, die uns dazu anhält, das Mögliche unmöglich zu machen – die Chance des Möglichen richtig zu nutzen.

Selbstreflexion

Machen Sie eine kurze Bestandsaufnahme Ihrer Partnerschaft (wenn Sie mögen, beziehen Sie auch Ihre zurückliegenden Partnerschaften mit ein). Haben Sie sich und Ihren Partner bzw. Ihre Partnerin im eben Gelesenen wiedererkannt? Erkennen Sie Anzeichen einer Königskinder-Partnerschaft bei sich? Wenn ja – um welche Form handelt es sich bei Ihnen? Versuchen Sie, das Unmögliche möglich zu machen, oder erkennen Sie, dass Sie und Ihr Partner bzw. Ihre Partnerin das Mögliche unmöglich machen? Nehmen Sie sich einen Moment Ruhe zum Reflektieren, bevor Sie zum nächsten Kapitel übergehen.

3. Kapitel

Die Befreiung von der inneren Realität

Spurwechsel bedeutet, Beziehung nicht mehr auf Grundlage von Schmerz zu leben, sondern auf Grundlage von Liebe.

Die Entscheidung für einen Spurwechsel treffen die meisten von uns erst dann, wenn ihnen unmissverständlich klar ist, dass sie sich in einer Einbahnstraße befinden und das Leben so, wie es jetzt ist, nicht mehr weitergehen kann. Bei manchen ist es nur ein Bereich des Lebens, während andere in jedem Lebensbereich stecken bleiben oder Körper und Psyche durch Erschöpfung und unterschiedliche Symptome die Grenze ziehen.

Wenn Sie sich bis hierhin wiedererkannt und im Laufe der Kapitel festgestellt haben, dass auch Sie sich im Hamsterrad der inneren Realität befinden, dann ist es jetzt an der Zeit, eine Entscheidung zu treffen – die Entscheidung für einen Spurwechsel.

Was beinhaltet ein tatsächlicher Spurwechsel?

Am Anfang eines jeden Spurwechsels stehen folgende Erkenntnisse:

1. So, wie es jetzt ist, will ich nicht mehr weitermachen.
2. Ich trage die Ursache meiner Probleme in mir.
3. *Ich selbst* bin Weg und Schlüssel meiner Heilung.

Es gibt zwei Dinge, die wir brauchen, damit uns ein Spurwechsel gelingt und wir die Chance haben, zu unserem vollen Potenzial zu finden:

1. Die Auflösung der inneren Realität.
2. Die direkte Kontaktaufnahme zu unserem Wesenskern.

Beides ist gleichermaßen wichtig. Es reicht nicht, dass wir uns nur von dem befreien, was uns blockiert und am Leben hindert, sondern wir müssen gleichzeitig das nachholen, was uns bis heute für einen Spurwechsel gefehlt hat und was wir von unseren Eltern hätten lernen müssen: den Kontakt zu uns selbst aufzunehmen und in den inneren Dialog zu treten. Letzteres ist ein zentraler Punkt für die eigene Heilung und wird meist außer Acht gelassen. Meiner Erfahrung nach ist dies unter anderem die Ursache, warum am Ende ein Spurwechsel dann doch nicht gelingt. Wenn wir nicht von Beginn an erkennen, dass wir mehr sind als unsere innere Realität, dann können wir uns nicht wirklich von ihr befreien. Der innere Dialog gibt uns Kraft für ihre Auflösung, und wir können auf dieser Grundlage das Vertrauen und die Stärke entwickeln, um durch diesen schweren und schmerzhaften Prozess zu gehen. Ein tatsächlicher Spurwechsel ist ein Transformationsprozess: Er ist das Wechseln der Bewusstseinsebene, die Bewusstwerdung des tatsächlichen Ich und – im spirituellen Sinne – die Befreiung vom Ego.

In diesem Kapitel geht es um die Auflösung der inneren Realität. Dem inneren Dialog, der uns in Kontakt mit unserem Wesenskern bringt, ist das nächste Kapitel gewidmet.

Das Dialogprinzip

In meinen Beratungen und Seminaren werde ich häufig nach dem *Wie* gefragt. Wie ist es möglich, sich von etwas zu befreien, das ich zu meiner Identität gemacht habe? Wie kann ich mit mir selbst in Beziehung treten? Wie geht »loslassen«? … Auch wenn jeder von uns seinen ganz eigenen Weg zu gehen hat, gibt es doch Schritte, die auf dem Weg des Spurwechsels von jedem gegangen werden müssen – auf die jeweils individuelle Art und Weise, mit dem entsprechenden Tempo und der notwendigen Intensität. Im weiteren Verlauf möchte ich Ihnen vor diesem Hintergrund ein Prinzip mit an die Hand geben, das ich im Laufe meiner Arbeit mit Menschen entwickelt habe, die sich von ihren inneren Realitäten befreit und zu sich selbst gefunden haben. Es bietet Orientierung für einen Spurwechsel und ist gleichzeitig die Grundlage für ein resilientes Leben. Es zeigt, wie wir Gesundes in unser blockiertes Leben bringen, wie wir uns von Blockaden befreien und dadurch uns selbst heilen und ein erfülltes Leben erreichen können.

Im weiteren Verlauf werde ich Ihnen immer wieder Elemente und Grundsätze des Dialogprinzips vorstellen, die Ihnen helfen sollen, die Spur Ihrer inneren Realität zu verlassen und auf die Spur zu wechseln, die Ihnen und Ihrem Wesen entspricht.

Der Dialog – das Mittel zur Heilung

Wenn wir wissen, dass die Ursache unserer seelischen Wunden immer in einem zu finden ist, nämlich in fehlender Begegnung, dann haben wir damit zugleich den Schlüssel für unsere Heilung in der Hand: die Fähigkeit, den inneren und äußeren Dialog zu entwickeln und auf dieser Grundlage zu unserer tatsächlichen Identität zu finden.

In Anerkennung, dass jede seelische Wunde durch fehlende Begegnung entstanden und Leben gelingende Beziehung ist, vertritt das Dialogprinzip den Grundsatz »Heilung durch Begegnung«. Es sieht den Dialog dabei als das Mittel zur Begegnung und erkennt in ihm die entscheidende Kraft für ein Leben in Erfüllung.

Das mag für viele zunächst schwer nachvollziehbar sein, da sie den Dialog lediglich als eine rein zwischenmenschliche, verbale Kommunikationsform verstehen. Dabei ist er weitaus mehr.

Wenn ich von Dialog spreche, dann spreche ich von jeglicher Begegnung an sich: der zwischenmenschlichen Begegnung, der Begegnung mit dem Leben, mit dem System, in dem wir uns befinden, der Begegnung mit uns selbst, der Begegnung mit unseren Gedanken und Emotionen.

»Heilung durch Begegnung« bedeutet, auf jeder Ebene fähig zum Dialog zu sein. Es bedeutet, im stetigen Austausch zu sein, die Fähigkeit, aufzunehmen und abzugeben, denn nur wenn ich aufnehme, kann ich auch wieder abgeben. Nur wenn ich annehme, kann ich wieder loslassen. Der Dialog lässt Energie und Neues entstehen, während Verdrängung und Kampf Energie rauben und zum Stillstand führen.

Sie werden es an sich selbst feststellen können oder schon festgestellt haben – wenn Sie Begegnung erleben, fühlen Sie sich erfüllt, Sie sind in Bewegung, die Energie, die Sie verspüren, fließt. Ob es eine Besprechung ist, eine Begegnung mit unserem Freund oder unserem Partner bzw. unserer Partnerin, die Begegnung mit uns selbst, die Begegnung mit unseren Emotionen oder mit einer Situation: Wenn wir im Dialog waren, verlassen wir die Situation anders, als wir sie begonnen haben. Manchmal sind wir dann vielleicht erschöpft wie nach einer sportlichen Betätigung, aber wir sind immer gestärkt, wir sind klar.

Wir sind ein Stück weitergegangen. Mit einem neuen Gedanken, einem neuen Gefühl, einer neuen Erkenntnis.

Der Dialog hält uns am Leben. Er lässt uns im Fluss des Lebens schwimmen. Erst im Laufe der eigenen Befreiung erkennen die Betroffenen, welche Kraft in der Begegnung liegt, dass am Ende jede Kraft dort ihren Ursprung findet und welche Kraft durch den Dialog freigesetzt werden kann.

Im Folgenden möchte ich Ihnen nun die fünf Voraussetzungen vorstellen, die wir brauchen, damit Begegnung überhaupt stattfinden kann:

Die fünf Elemente des Dialogs

Interesse
Offenheit
Empathie
Augenhöhe
Respekt und Wertschätzung (Liebe)

Wir brauchen das Interesse, um uns zu öffnen, die Öffnung, um zu fühlen und anzunehmen, die Liebe, um offen zu bleiben und zu heilen. Die Augenhöhe hilft uns, einen realistischen Blick und uns selbst nicht zu verlieren, und die Empathie sorgt dafür, dass uns die Augenhöhe nicht abhandenkommt.

Nehmen Sie sich einen Moment Ruhe und lassen Sie die Voraussetzungen auf sich wirken – fühlen Sie, wie es Ihnen damit geht und wo Sie innerlich stehen, denn diese fünf Elemente sind die Grundlage für jede Begegnung, auch für die Begegnung mit unserer inneren Realität.

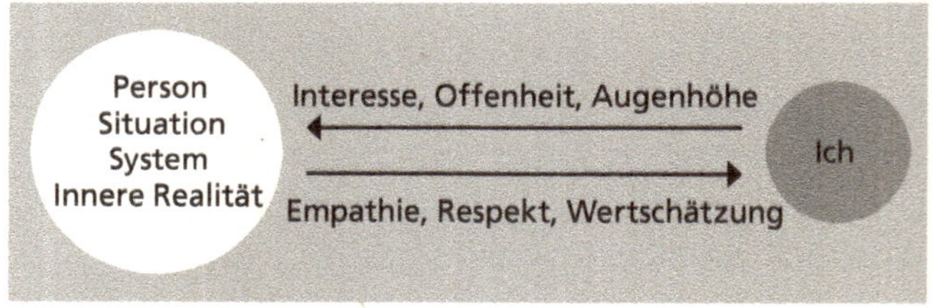

Die 5 Voraussetzungen des Dialoges sind Grundlage für jede Begegnung.

Wer ankommen will, darf nicht weglaufen

So schwer es auf der einen Seite ist, so einfach ist die Situation, vor der wir stehen: Wenn wir erkennen, dass wir – wie viele andere Menschen auch – innere Realitäten besitzen, die uns blockieren, dann haben wir zwei Möglichkeiten. Entweder wir lösen den »toxischen Freund« in uns auf, oder wir arrangieren uns mit ihm. Einen Zwischenweg gibt es nicht.

Wenn wir uns entscheiden, mit ihm zu leben, und eine Lösung darin sehen, ihn in unser Leben und in unsere Beziehungen zu integrieren, möglicherweise unsere Beziehungen auch danach auszusuchen und unseren Alltag danach auszurichten, dann sollte uns bewusst sein, dass wir in der Welt der Ohnmacht und des Schmerzes – und das bedeutet meistens in der Welt des Kindes – bleiben. Auch wenn wir diese Einschränkung nicht bewusst fühlen müssen, so ist sie doch vorhanden und verhindert echte und freie Begegnung, beruflich wie privat.

Wir werden mit der inneren Realität in uns unser Leben bestenfalls »ruhiggestellt« gestalten und nicht ankommen. Schlimmstenfalls werden wir scheitern und wieder genau dort landen, wo die innere Realität entstanden ist. In beiden Fällen werden wir ein Leben fern von uns selbst führen. Wenn wir innerlich nicht die Spur wechseln, wird uns ein äußerer Spurwechsel nicht gelingen.

Verabschieden Sie sich von dem Ansatz, dass Sie mit Ihrer inneren Realität Freundschaft oder irgendeine Form von stillschweigendem Abkommen schließen können – Sie werden verlieren. Verabschieden Sie sich von dem Gedanken, dass Sie Ihren »toxischen Freund« mit Ihrem Willen beeinflussen, mit Ihren Gedanken kontrollieren können – er wird an anderer Stelle wieder zum Vorschein kommen und Sie immer wieder dorthin führen, wo er entstanden ist. Er wird Ihre Grenze in Ihrem Leben sein. Vergessen Sie jede Art von Arrangement – wenn Sie frei werden wollen, wenn Sie ein selbstbestimmtes und erfülltes Leben führen wollen, dann gibt es nur eine Möglichkeit: radikaler Abschied von dem, der Sie am Leben hindert.

Um es also gleich vorwegzunehmen: Wer einen äußeren Spurwechsel will, der muss die komplette innere Fahrbahn wechseln und nicht auf dem Mittelstreifen herumeiern. Wenn Sie also jetzt eine Entscheidung treffen, dann eine richtige. Und die Richtigkeit liegt in der Konsequenz.

Die Befreiung vom falschen Ich

Ein Ziel erreichen kann man unter anderem nur dann, wenn man sich über den Weg dahin bewusst ist, über die Hindernisse, die es zu überwinden gilt, und die Gründe kennt, die ein Erreichen des Ziels verhindern könnten.

Es gibt fünf zentrale Gründe, warum viele ihre inneren Realitäten nicht auflösen und ihre Spur am Ende nicht wechseln können:

- die Vermeidung von Schmerz,
- der fehlende Umgang mit Emotionen,
- der Wunsch nach Wiedergutmachung,
- das Verharren im Opfersein sowie die
- Unfähigkeit zu verzichten und zu verzeihen.

Vor diesem Hintergrund möchte ich Ihnen nun die fünf Schritte vorstellen, die es zu gehen gilt, wenn Sie sich von Ihrem inneren Feind befreien wollen. Diese Schritte sind individuell in ihrer Dauer und Intensität und auch in der Reihenfolge verschieden. Sie werden erkennen, dass Sie in diesem Prozess manchmal einen Schritt zurückgehen und manchmal schon eine Ahnung haben, wie das Ende des Weges aussehen wird. Der Prozess ist fließend, die Schritte ineinander übergehend – bis Sie am Ende erkennen, dass eigentlich alles nur ein einziger Schritt ist, der viele kleine Schritte in sich beinhaltet. Je selbstverständlicher der Dialog für Sie wird, je mehr Sie die Verbindung zu sich selbst aufgenommen haben, umso schneller werden Sie vorankommen – umso mehr werden Sie sozusagen zu dem einen Schritt werden, der Sie in die Freiheit führt.

Schritt 1: Der Dialog mit der inneren Realität
Schritt 2: Der Dialog mit dem Schmerz
Schritt 3: Der Dialog mit den Gefühlen
Schritt 4: Verzicht auf Wiedergutmachung
Schritt 5: Vergebung

Vorbereitung: Wer ist mein innerer Feind?

Wenn wir uns von unseren inneren Realitäten befreien wollen, dann gelingt uns dies umso mehr, je mehr wir wissen, was uns auf diesem Weg erwartet.

Innere Realitäten sind nichts anderes als Bewusstseinszustände tiefer Ohnmacht und tiefen Schmerzes.

Die innere Realität aufzulösen ist ein schrittweiser Prozess. Er findet nicht in einem Moment statt, sondern an vielen Tagen, mitten im Alltag, und zwar immer dann, wenn sie uns gegenübertritt. Dieser Auflösungsprozess findet nicht nur auf der theoretischen, gedanklich-analytischen Ebene statt, sondern auf allen Ebenen, auf der körperlichen, der emotionalen, der gedanklichen und der Verhaltensebene – denn überall dort ist die innere Realität am Wirken. Damit uns dies überhaupt gelingt, müssen wir zunächst damit beginnen, ein Gespür für unseren »inneren Feind« zu entwickeln und für seine verschiedenen Gesichter, mit denen er uns auf diesen Ebenen entgegentritt.

Wenn die innere Realität auftritt, werden wir mit der Emotion und Verletzung konfrontiert, die wir damals als Kind erfahren und verdrängt haben – ohne, dass wir dies erkennen.

Wir müssen uns bewusst machen, dass die meisten inneren Realitäten – vor allem jene, die uns in unserer Identität beeinflussen – in den ersten Lebensjahren entstanden sind. Wenn wir ihnen begegnen, dann begegnen wir im übertragenen Sinne einem vernachlässigten und tief verletzten Kind – mit all den damit verbundenen Emotionen, Gedanken und Verhaltensweisen. Die Emotionen, die wir spüren, werden existenziell sein, so existenziell wie für ein Kind, das keine Begegnung oder sogar das Gegenteil davon erfährt. Uns muss bewusst sein, dass wir in dem Moment, in dem die innere Realität auftritt, keine Verbindung zu uns selbst haben. Das bedeutet, dass wir in diesem Moment zu dem werden, was die innere Realität enthält. Entweder wieder zu dem hilflosen und ohnmächtigen Kind oder – wenn es sich um eine innere Realität aus dem Erwachsenenalter handelt – zu dem betrogenen Partner, Freund, der verlassenen Frau, dem gemobbten Kollegen und so weiter, obwohl wir es eigentlich längst nicht mehr sind. Wir müssen davon ausgehen, dass uns dies zu Beginn häufig gar nicht bewusst ist, sondern dass wir in dem Moment den Zustand als für uns »wahr« empfinden.

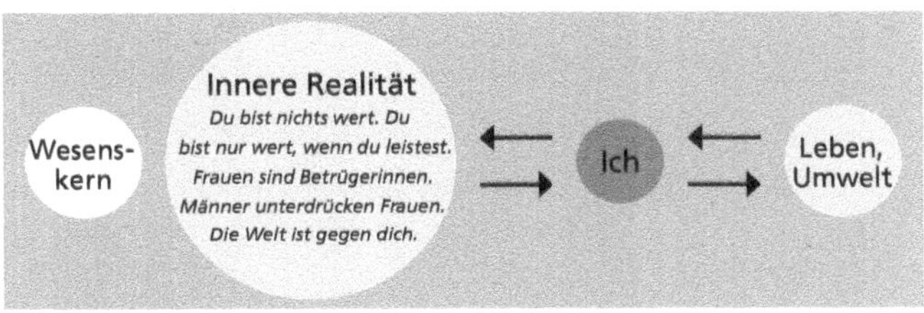

Die innere Realität verhindert den Kontakt zum wahren Selbst. Ihre Überzeugungen werden zur Wahrheit (und bestimmen Denken, Fühlen, Tun.)

Die Konfrontation der inneren Realität geschieht nicht nur in der bewussten Auseinandersetzung, also zum Beispiel in der Therapie, sondern sie tritt unvermittelt im Alltag auf, ausgelöst durch äußere Situationen: durch den Blick oder die Äußerung unseres Chefs oder Kollegen, die Worte unseres Partners, berufliche Herausforderungen, Situationen des Scheiterns, Aussagen unserer Freunde oder Ähnliches.

Beispielsweise können formelle Ablehnungen in uns den alten Schmerz der kindlichen Ablehnung hervorrufen und dazu führen, dass wir diese im Sinne unserer inneren Realität persönlich nehmen und beginnen, wütend dagegen anzukämpfen, oder resigniert depressiv reagieren.

So berichtete ein Mann, dass er nach zwei vergeblichen Bewerbungen in eine innere Resignation verfiel, während eine Frau mit ihrem Arbeitgeber bis vor Gericht zog, um sich den von ihr erlebten fehlenden Respekt durch eine hohe Abfindung wiedergutmachen zu lassen. Bei beiden wurde die kindliche Wunde der mütterlichen und väterlichen Ablehnung entfacht und führte dazu, dass die innere Realität das Zepter übernahm und in die Schlacht zog – entweder gegen die betroffene Person selbst oder gegen ihr Umfeld.

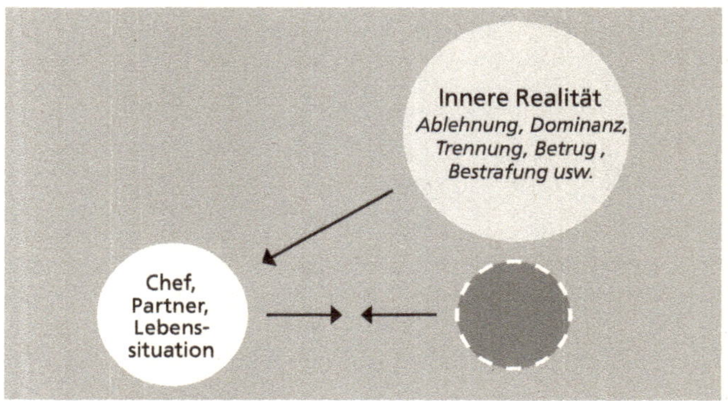

Die äußere Realität wird anhand der inneren Realität bewertet und eingeschätzt. Daraus folgt der individuelle Umgang mit der Situation.

Aber auch ohne äußere Anlässe begegnet uns die innere Realität, nicht in der direkten, sondern in der indirekten Konfrontation. Ob in der Unfähigkeit, Nein zu sagen, in der Suche nach Selbstbestätigung durch Partnerschaft, grenzenlose Leistung, Karriere und Status; sie äußert sich auch darin, dass man sich überfordert, ohne zu spüren, wo die eigenen Grenzen liegen, aber auch in der Schwierigkeit, morgens aufzustehen oder einfach das umzusetzen, von dem wir wissen, dass es eigentlich richtig wäre, weil wir nicht die Kraft besitzen, uns selbst zur Seite zu stehen. Je mehr die innere Realität zu unserer Identität geworden ist, umso selbstverständlicher gestaltet sie, von uns unbemerkt, unseren Alltag und unser Leben – je nachdem, woraus sie sich entwickelt hat – in der selbstverständlichen Ablehnung oder Überhöhung der eigenen Person, in der Unfähigkeit, sich zu trennen, in beruflichen oder privaten Kämpfen. Die innere Realität aufzulösen bedeutet, ihre verschiedenen Gesichter und Erscheinungsformen zu erkennen, in denen sie sich in einem vernachlässigten oder abgelehnten Kind – einem verletzten und enttäuschten Menschen – zeigen kann, mit all den Folgeerscheinungen wie Ablehnung sich selbst oder anderen gegenüber, Neid, Wut, Angst, Gier, Sucht und Abhängigkeit.

Die innere Realität aufzulösen bedeutet, ihr auf keiner Ebene mehr nachzugeben, ihr nicht zu folgen – weder gedanklich noch emotional noch im Handeln –, sondern ihr auf Augenhöhe im Dialog zu begegnen.

Der Kampf ums Leben

Vor einiger Zeit berichtete eine Klientin von einem Traum, der für sie die Situation mit ihrer inneren Realität eindrücklich widerspiegelte: »Ich sitze in einem startenden Flugzeug. Kurz bevor wir die Flughöhe erreicht haben, landet der Pilot wieder; er ist kein richtiger Mensch, sondern ein Phantom. Er spricht nicht mit uns und macht, was er will. Er versucht erneut zu starten. Dann landet er wieder. Startet erneut. Das Ganze wiederholt sich drei Mal. Ich sitze hilflos da und hoffe, dass wir endlich die Flughöhe erreichen, dass wir losfliegen können, weil ich rechtzeitig ankommen will. Endlich, als ich das Gefühl habe, dass es klappt, landen wir mit einer Bruchlandung. Ich denke, die einzige Möglichkeit, die ich habe, ist, aus diesem Flieger zu fliehen«, berichtete die Frau. Viele von uns bleiben an der Stelle stehen, an der sie ihre innere Realität und die »Spur«, in der sie sich dadurch befinden, beschreiben können – es gelingt ihnen jedoch nicht, diese Spur zu verlassen. Sie bleiben – im übertragenen Sinne – wie gelähmt im Flugzeug sitzen, während die innere Realität einen Fehlstart und eine Bruchlandung nach der nächsten hinlegt.

Der Grund ist, dass sie unterschätzt haben, was ein tatsächlicher Spurwechsel bedeutet, und nicht damit rechnen, welche Intensität an Emotionen und damit verbundene Bewusstseinszustände es zu durchleben und aufzulösen gilt. Auch wird die Dauer, die so ein Prozess manchmal verlangt und die in der Zähheit der inneren Realität begründet liegt, häufig unterschätzt. Auch wenn sie ein Teil von uns ist, können wir uns die innere Realität als ein eigenständiges Wesen vorstellen, das eine Art Eigenleben besitzt – gerade wenn es sich um die innere Realität eines vernachlässigten Kindes handelt. Wir können sie uns als Gegenspieler vorstellen, der mit dem gleichen Eifer, wie wir ins Leben wollen, selbst am Leben bleiben will. Unser Leben zu retten bedeutet für uns, die innere Realität aufzulösen, während ihr Leben für die innere Realität bedeutet, uns von unserem Leben abzuhalten und unser Ankommen zu verhindern.

Wenn wir uns auf den Weg machen, können wir also davon ausgehen, dass sie alles dafür tun wird, unser Vorankommen zu behindern, je mehr wir ihr auf die Spur kommen. Im konkreten Prozess zeigt sich das in der Weise, dass alles geschieht, was den Prozess der eigenen Befreiung boykottiert: Die negativen Emotionen, Gedanken und Schmerzen werden so massiv, dass wir manchmal glauben, verrückt zu werden, die Kompensationsmechanismen explodieren, oder wir verfallen in eine tiefe Lähmung. Häufig beginnen wir, den Glauben an uns selbst, an die Mitmenschen und an das Leben zu verlieren. Wir verlieren jede Hoffnung, dass es auch für uns ein erfülltes Leben geben kann. Dies führt dazu, dass viele den Prozess abbrechen, aufgeben und als einzigen Lösungsweg sehen, einen stillen Pakt mit ihrer inneren Realität zu schließen – nach dem Motto »Ich lasse dich am Leben, lass du mir meines«. In diesem Moment werden die Schmerzen oberflächlich zwar weniger, aber tatsächliches Leben findet nicht statt.

Tatsächlicher Spurwechsel bedeutet, sich von der inneren Realität zu befreien, indem man sie auflöst – dies ist ein anderer Weg, als seine innere Realität zu kennen und Mechanismen zu entwickeln, mit ihr umzugehen.

Damit Sie Ihre innere Realität auflösen und nicht auf der Mitte des Weges stehen bleiben, ist es notwendig, dass Sie von Anfang an realistisch an diesen Prozess herangehen. Seien Sie nicht überrascht, wenn Sie feststellen, dass es kein Spaziergang, sondern eher eine Fahrt auf stürmischer See ist – oder, wie im Traum der Klientin, ein Flug unter schwierigen Wetterbedingungen. Seien Sie nicht versucht, aus dem Leben zu fliehen – also das Flugzeug zu verlassen und der inneren Realität das Steuer zu überlassen –, sondern gehen Sie in das Cockpit und nehmen Sie den Platz des Piloten ein. Der Klientin ist dies gelungen. Sie hat im übertragenen Sinn das Phantom aus dem Cockpit zur Rede gestellt, »verscheucht« und ihr Leben noch einmal neu gestartet – mit sicheren Landungen im privaten und beruflichen Bereich.

Damit auch Ihnen die Befreiung und Ihr persönlicher Spurwechsel gelingt – wie auch immer er bei Ihnen aussehen wird –, ist es wichtig, dass Sie sich bewusst machen, dass die innere Realität am Ende nichts anderes als ein Bewusstseinszustand ist, aus dem es auszusteigen gilt. Viele Spurwechsel scheitern, weil die Betroffenen sich in ihrer Verletzung verlieren oder, wenn es sich um eine innere Realität aus den ersten Jahren handelt, in sich ein Kind entdecken, das sie zu versorgen beginnen. Dadurch wird die kindliche Spur unbemerkt vertieft. Innere Realitäten sind Bewusstseinszustände der Ohnmacht und des tiefen Mangels, die es zu heilen, nicht aber zu pflegen und zu kultivieren gilt. Heilung bedeutet Auflösung.

Jeder Spurwechsel kann nur gelingen, wenn Sie Ihr Bewusstsein verändern und die Bewusstseinsstufe verlassen, auf der Sie sich befinden.

Deswegen ist es wichtig, dass Sie von Beginn an in diesem Prozess an zwei Stellen ansetzen und neben der Arbeit der Auflösung aktiv den Kontakt zu sich selbst aufnehmen. Der regelmäßige innere Dialog hilft Ihnen, den Stürmen Ihrer inneren Realität standzuhalten, denn er erinnert Sie immer wieder daran, wer Sie wirklich sind: nicht mehr das verletzte Kind von damals und auch nicht der verletzte und enttäuschte Erwachsene aus der Vergangenheit. Im Gegenteil. Der innere Dialog zeigt Ihnen, dass Sie mehr sind als Verletzung, Schmerz und Enttäuschung – er führt Sie zu sich und ins Jetzt und Heute zurück und hilft Ihnen, den Schmerz der Vergangenheit zu verarbeiten und aufzulösen.

Schritt 1: Der Dialog mit der inneren Realität

Lassen Sie uns nun mit dem ersten Schritt beginnen. Damit Sie Ihre innere Realität durchschauen und auflösen können, müssen Sie herausfinden, um welche Form der inneren Realität es sich handelt, die Sie blockiert. Ist es eine innere Realität, die in Ihren ersten Lebensjahren entstanden ist, oder ist es eher eine innere Realität, die Sie später im Laufe Ihres Lebens entwickelt haben – zum Beispiel durch negative Erfahrungen in Beruf und Partnerschaft? In den meisten Fällen handelt es sich um innere Realitäten aus den ersten Lebensjahren, die wir zu unserer Identität gemacht und auf deren Grundlage wir weitere innere Realitäten angehäuft haben.

Der Mann, der seine innere Realität als »toxischen Freund« bezeichnete, sagte in einer Beratung: »Dieser Freund hält mich morgens davon ab aufzustehen, raubt mir den Antrieb, meinen Job richtig anzugehen, lässt mich auf Frauen fixieren und an ihnen festhalten, sagt mir regelmäßig, dass ich nichts wert bin, und hält mich ständig in einem inneren Versorgungswunsch.«

Während eine Frau ihre innere Realität wie folgt beschrieb: »Sie gibt mir die Überzeugung, nichts wert zu sein, lässt mich ständig mit Männern um Respekt und Anerkennung kämpfen, treibt mich in grenzenlose Leistung und zwingt mich dazu, dass ich in Beziehungen bestimmen muss.«

Vielleicht können Ihnen diese Beispiele helfen, Ihrer inneren Realität gegenüberzutreten und herauszufinden, welches Gesicht Ihr innerer Feind trägt.

Selbstreflexion

Nehmen Sie sich einen Moment Ruhe und betrachten Sie vor dem Hintergrund der bisherigen Kapitel Ihre Situation. Beantworten Sie für sich folgende Fragen: Um welche innere Realität, die mich in meinem Leben blockiert, handelt es sich bei mir? Wann ist sie entstanden? Wodurch ist sie entstanden? Mit welchen Überzeugungen ist sie verbunden? Wann tritt sie auf? Wozu hat sie bisher geführt? Wenn Sie zunächst noch keine wirkliche Vorstellung darüber haben, können Sie sich den Käfer der sechs Lebensbereiche (siehe Seite 12) zu Hilfe nehmen. In dem Wissen, dass die innere Realität den Dialog und Ihr Ankommen verhindert, können Sie sich an den folgenden Fragen orientieren: Wo in Ihrem Leben fehlt Ihnen der innere und äußere Dialog? Wo spüren Sie Blockaden? Notieren Sie das in einem Notizbüchlein, das Sie sich extra für Ihren inneren Feind anschaffen. Geben Sie Ihrem inneren Feind zunächst einen passenden Namen. Beginnen Sie dann, das Büchlein mit all dem zu füllen, was ihn ausmacht. Wo hat er Sie im Griff? Schreiben Sie seine Geschichte auf – immer dann, wenn er Ihnen entgegentritt. Lesen Sie ab und zu darin, sodass Sie sich immer bewusster werden, wer Sie sind, wer Sie nicht sind und wen Sie in sich auflösen wollen.

Stelle dich deinem Schmerz und deinen Emotionen

Innere Überzeugungen haben ihre Kraft durch Schmerz und Emotion. Das ist auch der Grund, warum rein rationales Erkennen nicht ausreicht, um sich von ihnen zu befreien.

Viele Therapien enden mit der Erkenntnis – und hören so dort auf, wo sie eigentlich beginnen sollten: bei der Heilung.

> Innere Realitäten aufzulösen bedeutet, sie bewusst durchzufühlen – denn es ist die Emotion, die sie so mächtig macht.

Zu Beginn mag die Erkenntnis eine große Erleichterung verursachen, doch mit der Zeit werden Sie feststellen, dass Sie keine Veränderung bringt. Auch wenn Sie erkennen, dass Sie in Ihrem Chef wieder den cholerischen Vater vor sich sehen oder in der Partnerin die ablehnende Mutter – an Ihren Gefühlen ändert dies nichts. Sie haben dennoch Angst, fühlen sich ohnmächtig, klein und hilflos. Vielleicht versuchen Sie, die Situation zu retten, indem Sie rational gegensteuern, sich gut zureden – aber merken dann sehr schnell, dass dies überhaupt nichts bringt. Die innere Realität ist mächtiger. Die alte Ohnmacht ist wieder da, es gibt keine Möglichkeit, sich adäquat zu vertreten, die Augenhöhe geht verloren, und die bekannten Muster greifen zu.

Wir klammern uns an unseren Partner, jagen Bestleistung nach, verstummen vor unserem Vorgesetzten, kämpfen aussichtslose Kämpfe um Anerkennung, sagen Ja, obwohl wir eigentlich Nein meinen, und so weiter.

Einer der häufigsten Gründe, warum Spurwechsel scheitern, ist die Unfähigkeit, mit Emotionen und Schmerzen umzugehen. Wir können unsere innere Realität und damit entstandene Überzeugungen nur loslassen, wenn wir die damit verbundenen Gefühle und Schmerzen loslassen – dafür müssen wir sie zulassen und fühlen. Unser »innerer Feind« ist nur deswegen so übermächtig, weil wir Angst vor dem Schmerz und den Emotionen haben, die er in sich trägt. Aus Angst, diese erneut zu fühlen, geben wir ihm lieber nach und bleiben in der Spur, in die er uns zwingt. So bleibt die Vergangenheit sich stetig wiederholende Realität und wir werden immer mutloser, sie zu verändern. Je mehr wir jedoch zu dem Ursprung der inneren Realität zurückkehren und beginnen, den ursprünglichen Schmerz und die Gefühle, aus denen sie entstanden ist, zu fühlen, umso freier werden wir für die Gegenwart und die Zukunft.

Ein Grundsatz des Dialogprinzips lautet: *Wer stark ist, kann seinen Emotionen und Schmerzen im Dialog begegnen; wer schwach ist, kämpft dagegen an und muss sie verdrängen.* Das folgende Kapitel ist nicht nur wichtig für die Auflösung von inneren Realitäten, sondern dient gleichzeitig der Stärkung Ihrer Person und einem starken, selbstbestimmten Umgang mit Ihrem Leben.

Innere Realitäten aufzulösen bedeutet, dass Sie Bewusstseinszustände tiefster Ohnmacht auflösen müssen, und das kann Ihnen nur gelingen, wenn Sie diese noch einmal erleben. Sie müssen also bereit sein, emotionale wie gedankliche Zustände des existenziellen Mangels und der Negativität zu durchleben. Zustände, in denen Sie sich selbst und die Welt ablehnen, Zustände des Untergangs. Momente tiefsten Selbstzweifels, massiver Aggression, größter Depression, der Überzeugung von Aussichtslosigkeit, dem Gefühl von Nichts und tiefster Leere – und damit einher geht die Überzeugung, dass dies alles wahr ist. Innere Realitäten aufzulösen, die in der Kindheit entstanden sind und die Sie zu Ihrer Identität gemacht haben, bedeutet, ein Stück weit bereit sein zu »sterben« – und neu zu werden.

Jede innere Realität ist eine seelische Wunde, die versorgt werden muss

Als ich am Ende meines Studiums den normalen Ausbildungsteil in der Chirurgie leisten musste, musste ich auch Wunden versorgen. Es gibt zwei Arten von Wunden: die frischen, die gerade gerissen worden sind, und die alten, die schon weiter zurückliegen und entweder noch gar nicht oder nur ungenügend versorgt worden sind. Gerade Letztere sind häufig die komplizierteren: Wunden, die nicht versorgt wurden und die deswegen begannen, sich zu entzünden, zu eitern und nicht selten auch den gesamten Körper negativ zu beeinträchtigen. Beide Wundarten unterliegen einem ähnlichen Prozedere:

Die Wunde muss, wenn nötig, geöffnet werden, anschließend wird der Schmutz aus ihr entfernt, sie wird gereinigt und gegebenenfalls genäht und verbunden. Dann muss der Patient in die Schonung gehen, damit die Wunde zuwachsen kann. Die Schonung ist wichtig für die Heilung, damit sich eine Narbe bildet und die Wunde nicht wieder aufreißt. Wenn alles optimal verläuft, dann haben wir am Ende eine feste Narbe, die nur noch bei härtesten Belastungen eventuell spürbar ist. Wenn die Wunde nicht richtig gesäubert oder nicht rechtzeitig versorgt wird, besteht die Gefahr, dass sie sich entzündet und es irgendwann sogar zu einer Sepsis kommen kann. Die Wunde infiziert dann den gesamten Körper, sodass dieser erkrankt.

Als ich mich nach meinem Studium für den therapeutischen Weg entschlossen hatte, wurde mir bald klar, dass die Heilung auf seelischer Ebene nichts anderes bedeutet als auf der körperlichen. Innere Realitäten sind tiefe, meist eitrige

Wunden unserer Seele, die, zum Teil jahrzehntelang in uns unversorgt, unseren Organismus belasten, sich häufig weiter infiziert haben und die wir nun versorgen müssen. Meist müssen wir sie öffnen, damit der »Eiter abfließen kann und wir sie reinigen können«, wir müssen sie säubern, zunähen, verbinden und dann für Bedingungen sorgen, damit sie heilen können.

Wenn Sie sich für die Auflösung Ihrer inneren Realitäten entscheiden, dann sollten Sie sich bewusst machen, dass dies der Prozess sein wird, den Sie im übertragenen Sinn zu durchlaufen haben.

Seelische Wunden zu heilen bedeutet, sie zu fühlen.

Dabei gibt es allerdings einen zentralen Unterschied: In der Chirurgie haben Sie die Möglichkeit, die Wunde für ihre Versorgung zu betäuben – auf der seelischen Ebene ist eine Betäubung nicht nur nicht möglich, sondern sie wäre sogar schädlich.

Es ist gerade dieser kleine Unterschied, der den seelischen Heilungsprozess zu einer für einige manchmal nicht zu bewältigenden Aufgabe macht. Er verlangt etwas von uns, was eigentlich unnormal ist, etwas, was komplett gegen unsere menschliche Natur ist: Anstatt sich vor dem Schmerz zu schützen und ihn zu vermeiden, müssen wir ihn suchen, ihn zulassen. Wir müssen etwas tun, das unserem selbstverständlichen Schutzmechanismus vollkommen widerspricht. Wir dürfen nicht zurückzucken, wenn unserer Wunde nah gekommen wird, sondern wir müssen das Gegenteil tun: Wir müssen »den Finger in die Wunde legen wollen«. Wir müssen bereit sein, ohne Betäubung alles fühlen zu wollen, was in dieser Wunde enthalten ist. Das macht die große Herausforderung tatsächlicher Heilung aus.

Der Grund, warum innere Realitäten oft nicht gelöst werden können, ist, dass wir uns über unseren natürlichen Schutzmechanismus der Schmerzvermeidung entweder nicht im Klaren sind oder aber ihn nicht überwinden können. Manchmal bewusst, manchmal unbewusst entscheiden wir uns für die Betäubung oder aber dafür, die Wunde lieber verbinden lassen zu wollen, bevor sie gereinigt ist. Beides führt zu einer beruhigten Oberfläche, jedoch zu einer Eiterung und Ausdehnung der Wunde in der Tiefe, die unser Leben immer mehr blockiert.

Für unsere innere Realität ist dieser Schutzmechanismus übrigens eine willkommene Unterstützung, der sie sich gerne bedient und den sie mit aller Kraft verstärkt. Sie tut dies, indem sie uns einredet, dass der Schmerz zu stark für uns sei, und sie gaukelt uns vor, dass die beste Möglichkeit für uns sei, zu verdrängen und einfach nicht mehr zu fühlen.

Unter diesem Mechanismus, der in den meisten Fällen unbewusst ist, können auch Therapien stattfinden, manchmal sogar jahrelang, ohne dass hier jedoch eine tatsächliche »Wundreinigung« und dementsprechende Heilung stattfindet.

Innere Realitäten aufzulösen bedeutet nichts anderes, als unsere seelischen Wunden zu versorgen.

Seelische Heilung bedeutet die Bereitschaft, jeden Widerstand aufzugeben, die schützende Hand von der Wunde zu nehmen, sich ihr zu öffnen und den ganzen Schmerz bereitwillig zu fühlen – so lange, bis er ganz abgeflossen ist und die Wunde geschlossen werden kann.

Damit uns diese Herausforderung gelingen kann, müssen wir den Automatismus der natürlichen Abwehr in uns auflösen und eine neue innere Haltung entwickeln:

Ich gebe jeden Widerstand auf. Ich will allen Schmerz in mir erkennen und fühlen, denn nur dann kann ich ihn heilen.

Mit dieser Einstellung beginnt der Weg zu sich selbst.

Wie fühlt sich innerer Widerstand an?

Um den Automatismus der Abwehr in sich zu lösen, müssen Sie ein Gespür dafür entwickeln, wie sich Widerstand in Ihnen anfühlt. Da den meisten von uns gar nicht bewusst ist, wann sie beginnen »dichtzumachen« und abzublocken, möchte ich Ihnen ein einfaches Beispiel aus meinem eigenen Leben erzählen. Vielleicht kann Ihnen dies helfen, sich an eine eigene Situation zu erinnern, die Ihnen hilft, das Gefühl für Ihren Widerstand zu erkennen.

Ich erinnere mich noch daran, dass ich als Kind auf einem Geburtstag eingeladen war, wo es Kirschkuchen gegeben hat. Ich glaube, es war in der zweiten Klasse. Am Abend war mir so übel, dass ich mich übergeben musste. Seitdem löst allein der Gedanke an einen Kirschkuchen in mir eine innere Abwehr aus. Mit Sicherheit haben auch Sie solche Situationen erlebt, die einen Widerstand auslösen, wenn Sie daran denken. Ob es eine Situation, eine Person oder einfach eine Sache ist, die Sie nicht gewollt haben oder nicht wollen – am Ende ist es unerheblich. Es zählt hier nur der innere Widerstand, der sich in Ihnen regt und der Ihnen helfen soll, überhaupt ein Gespür zu entwickeln, wie sich »Widerstand« in Ihnen anfühlt. Machen Sie sich das Gefühl bewusst und merken Sie es sich. Dieses Gefühl ist genau das, worauf Sie achten sollten – es wird immer dann auftauchen, wenn Sie beginnen gegenzuhalten.

Selbstreflexion

Definieren Sie für sich, woran Sie erkennen, dass Sie im Widerstand sind. Wie fühlt sich der Widerstand an? Gibt es eine bestimmte Körperregion, an der Sie ihn besonders fühlen? Woran erkennen Sie emotionalen Widerstand und woran erkennen Sie geistigen Widerstand? Sorgen Sie zukünftig dafür, diesen Widerstand zu lösen, wenn er auftritt.

Schritt 2: Der Dialog mit dem Schmerz

Als ich kürzlich bei uns an der Alster war, sah ich, wie ein kleiner Junge, wohl nicht älter als vier Jahre, schneller sein wollte, als seine Beine es erlaubten; er stolperte, fiel hin und schlug sich das Knie auf. Weinend suchte er Schutz und Trost in den Armen seiner Mutter, die ihn liebevoll aufnahm. Sie schimpfte ihn weder für sein Unglück noch für seine Tränen aus, sondern wiegte ihn in ihren Armen. Als sich der Junge beruhigt hatte, schaute sie sich mit ihm gemeinsam die Wunde an, ließ ihn darauf zeigen und erzählen, was geschehen war, und »pustete« gemeinsam mit ihm die Schmerzen weg. Sie versorgte die Schürfwunde mit einem Pflaster, und kurze Zeit später lief der Junge wieder los.

Vor einiger Zeit kam eine Frau in die Praxis, die sich in einer privaten Konfliktsituation erschöpft hatte. Ihr Mann würde sie immer wieder betrügen, die Ehe sei eigentlich schon längst vorbei – sie aber könne sich nicht trennen. Obwohl sie wisse, dass sie sich selbst damit schade, halte sie daran fest. Während der weiteren Sitzungen berichtete sie irgendwann von dem frühen Tod ihres Vaters, den sie bis heute nicht verarbeitet hätte. »Er war mein emotionaler Halt, während meine Mutter mich nie gewollt hat«, berichtete sie – und brach dann in Tränen aus: »Ich kann mich nicht trennen, weil ich den Schmerz nicht ertragen würde. Ich nehme lieber diese Situation in Kauf, als den Schmerz einer erneuten Trennung zu ertragen!«

Es ist vor allem der Schmerz, der die innere Realität so mächtig macht, und unser fehlender oder falscher Umgang mit ihm.

Wir können uns deswegen häufig nicht von ihr befreien, weil wir uns aus Angst davor entweder weigern, den Schmerz wahrzunehmen, oder weil wir uns dafür verurteilen (»Stell dich nicht so an!«). Ein weiterer Grund ist, dass wir uns in ihm verlieren und, ohne es zu merken, darin zu »baden« beginnen. Vor allem diejenigen, denen es schwerfällt, im Kontakt mit anderen die Augenhöhe zu halten, neigen auch im Umgang mit sich selbst dazu, die Augenhöhe zu verlieren und in die Symbiose zu gehen. Das heißt, sie verschmelzen mit den eigenen Gedanken, Gefühlen und mit dem eigenen Schmerz und finden daraus keinen Ausweg mehr.

So nehmen Sie den Dialog mit Ihrem Schmerz auf

Je stärker unser Bewusstsein ist, umso mehr Schmerz können wir zulassen. Wie lange wir brauchen, um die innere Realität aufzulösen, ist also immer abhängig von der Bewusstseinsstufe, auf der wir starten.

Im Folgenden möchte ich mit Ihnen schauen, welche Alternative es gibt, wie Sie mit den Elementen des Dialogprinzips Ihren Schmerz heilen und Schritt für Schritt die innere Realität auflösen können.

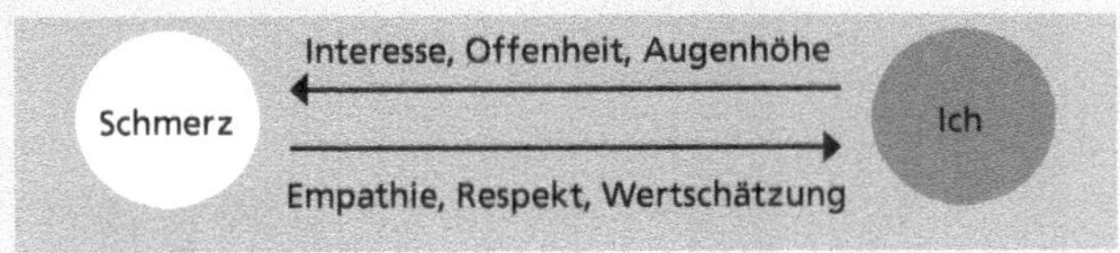

Offenheit und Interesse: Ich öffne mich und interessiere mich für meinen Schmerz.

Empathie: Ich fühle den Schmerz und nehme ihn so an, wie er ist.

Augenhöhe: »Ich blicke dem Schmerz direkt ins Gesicht und mache ihn weder kleiner noch größer.« Die Haltung der Augenhöhe hilft uns, ein Gegenüber zu bleiben, und verhindert, dass wir uns weder im Schmerz verlieren noch uns in ihn verlieben.

Wertschätzung: Ich nehme den Schmerz mit Liebe an. Der Aspekt der Liebe ist ein zentraler für die Heilung. Erst wenn wir beginnen, unseren Schmerz zu lieben, können wir ihn annehmen und auflösen. Begegnen Sie zukünftig Ihrem Schmerz auf dieser Grundlage. Dabei können Sie sich als Unterstützung auch das Bild der Mutter zur Hilfe nehmen, die ihren kleinen Sohn mit offenen Armen empfängt, sich für seine Wunde und seinen Schmerz interessiert, sich ihm öffnet und ihn mitfühlend in den Arm nimmt. Sie begegnet der Situation ruhig und auf Augenhöhe, ohne zu verhärten oder sich darin zu verlieren, und nimmt ihren Sohn in seinem Schmerz und Unglück liebevoll an.

Um den Schmerz zu lösen, müssen wir ihn fühlen

Wenn wir beginnen, uns dem Schmerz in uns zu öffnen, wird er meist erst einmal diffus für uns sein. Wir sind so durch unseren natürlichen Abwehrmechanismus trainiert, die Schmerzen zu verdrängen und nicht zu fühlen, dass wir in der Regel zu Beginn gar nicht wirklich beschreiben können, was genau dahintersteckt. Wir nehmen erst einmal nur den Schmerz an sich wahr. Oft spüren wir ihn in unserem Brustbereich oder in der Magengrube. Die Brust ist eng, wir spüren, dass wir nur schwer atmen können, oder wir haben ein seltsames »Ziehen« in der Magengegend, manchmal auch einen starken Druck. Einige beschreiben ihren Schmerz als »dumpf«, andere als »stechend«.

»Hell gleißend, wie ein viel zu hoher Ton. Wie beim Zahnarztbesuch, wenn der Bohrer in die Nähe des Nervs kommt«, charakterisiert eine Frau ihren Schmerz. »Ein dumpfer Druck, der kaum zu ertragen ist. Ich weiß dann nicht wohin mit mir«, beschreibt ein Mann den seinen.

Selbstreflexion

Treten Sie mit Ihrem Schmerz in den Dialog, öffnen Sie sich für ihn und nehmen Sie ihn auf der Grundlage der oben beschriebenen Dialogelemente voll wahr. Wie fühlt sich Ihr Schmerz an? Wo sitzt er in Ihnen? Können Sie beschreiben, was Ihnen so wehtut?

Jeder Schmerz in uns besitzt einen Namen, und diesen Namen gilt es zu finden.

Was hinter dem Schmerz steht

Um die Schmerzen in uns aufzulösen, müssen wir verstehen, wodurch sie verursacht worden sind.

Je mehr wir dem Schmerz auf die Spur gehen, werden wir feststellen, dass jeder seelische Schmerz, den wir spüren, am Ende nur durch eines verursacht wird: Trennung und Ablehnung. Das Getrenntsein von Liebe.

Es ist die liebevolle Annahme, die tägliche Atmosphäre des Dialogs, die wir brauchen, um die Verbindung zu uns selbst und der Welt aufzunehmen, mit unserem Wesen und der Welt in Beziehung zu treten. Wenn wir dies nicht oder nicht ausreichend erfahren haben, dann entsteht tiefer Schmerz in uns, der uns, solange wir ihn nicht auflösen, im Hier und Jetzt beeinflusst.

Dies gilt auch für den Schmerz, den Sie im Zusammenhang mit Ihrer inneren Realität finden werden. Der Schmerz, den sie enthält, ist der Schmerz der fehlenden Annahme, die Ablehnung Ihres Wesens. Je früher Sie diese Erfahrung gemacht haben, umso vernichtender ist auch der Schmerz, den Sie in sich finden werden, wenn Sie in das Gesicht Ihrer inneren Realität schauen. Für die meisten von uns ist dies so unerträglich, dass wir uns für das »innere Wegschauen« entschieden haben. Wir haben den Blick von uns selbst und der inneren Realität abgewendet, den Schmerz tief in uns verdrängt und folgen den Vorschlägen unseres »toxischen

> Jeder Schmerz, der im Erwachsenenalter als unerträglich erlebt wird, ist dies nur, weil er an den unbewältigten kindlichen Schmerz des Getrenntseins rührt.

Freundes«, indem wir versuchen, den inneren Mangel durch die äußere Suche nach Liebe und Anerkennung in Partnerschaften, beruflichen Erfolgen oder durch Anhäufung von Besitz zu kompensieren. Zu spüren bekommen wir den Schmerz nur, wenn wir im Außen etwas verlieren oder die Gefahr dafür besteht; wenn sich der Partner trennt, der Job scheitert, der Besitz in Gefahr ist oder der Erfolg ausbleibt. Dann fühlen wir wieder die fehlende Verbindung zu uns selbst und blicken dorthin, wovor wir Angst haben: in das schmerzverzerrte Gesicht unserer inneren Realität, das durch den neuen Schmerz immer schmerzverzerrter wird. Der Schmerz, den wir dann fühlen, ist meist unerträglich.

Vor einiger Zeit kam ein erfolgreicher Unternehmer in die Beratung. Ursache war die Trennung von seiner Frau, die ihn verlassen hatte, was für ihn vollkommen überraschend kam. Der bis dahin erfolgreiche und stabile Mann brach völlig zusammen. »Ich bin so voller Schmerz, dass ich es nicht ertrage. Ich bin voller Panik, innerer Leere und Angst, das habe ich vorher noch nie so gefühlt. Mich bringt die Situation um.« Nur mit Mühe gelang es ihm, den Alltag zu bewältigen und sich nicht in eine Klinik einweisen zu lassen. »Wie ist dies möglich?«, fragte er. »Warum wirft mich diese Situation so um?«

Das Scheitern seiner Ehe brachte ihn in den Zustand der tiefen Heimatlosigkeit, Angst und Panik waren zurückgekommen, die er damals, als er fünf Jahre alt war, durch die Trennung seiner Eltern entwickelt hatte. Der vernichtende Schmerz, den er spürte, hatte seine Wurzel in der gefühlten Vernichtung des Kindes, das seinen Halt in den beiden findet, aus denen es gekommen ist. »Niemals so enden zu wollen wie meine Eltern« war sein Grundsatz, und die eigene Ehe wurde ein Symbol dafür. Mit dem Wegbrechen dieses Symbols brach nicht nur die Welt zusammen, sondern auch seine innere Realität auf – und legte den tiefen Schmerz des frühen Verlustes frei, den der Mann tief in sich verdrängt hatte. Gleichzeitig fühlte er den Schmerz über die fehlende Verbindung zu sich selbst, die er aufgrund seiner inneren Realität (»Du bist es nicht wert, dass man bei dir bleibt. Lehne dich ab!«) nicht aufbauen konnte und über die Verbindung zu seiner Frau zu kompensieren versucht hatte.

Ungewollter Schmerzkreislauf

Anstatt den ersten Schmerz abzubauen, haben viele begonnen, auf ihm aufzubauen.

Unser natürlicher Impuls, jeden Schmerz zu verdrängen, sobald er auftritt, hat bei vielen zu einer wahren Schmerzanhäufung geführt. Die meisten werden sich über das Ausmaß ihrer Schmerzanhäufung erst in Krisensituationen bewusst, wenn die Verdrängung und das, was für die Verdrängung genutzt wird, zusammen- oder wegbricht. Dann kommt das volle Ausmaß mit ganzer Wucht zum Vorschein. Mit der Bewusst-

> Viele von uns haben begonnen, den Schmerz in sich zu stapeln, und unbewusst eine Schmerzmauer in sich hochgezogen. Im ersten Schritt führt diese Mauer dazu, dass wir die Welt und uns selbst nicht mehr so wahrnehmen können, wie sie tatsächlich ist, und im nächsten Schritt, dass ein Kontakt nicht mehr möglich ist.

werdung über die innere Realität wird dann deutlich, wie sehr durch Verdrängung des ersten kindlichen Schmerzes der Nährboden für weitere Schmerzen gelegt und dadurch immer weitere Schmerzen im Leben produziert wurden. »Was hilft es mir, mich mit dem Schmerz aus der Vergangenheit auseinanderzusetzen?«, fragen sich viele. »Es ist doch sowieso vorbei. Da verdränge ich doch lieber und blicke nach vorne.«

Ohne es zu wollen, haben sie so einen Schmerzkreislauf aufgebaut, der ihrer inneren Realität immer neues »Futter« gab und sie immer stärker werden ließ. So war es nicht der Schmerz über die Trennung der Frau, der den Unternehmer hat zusammenbrechen lassen, sondern die Potenzierung seiner verdrängten Schmerzen und das Aufbrechen des frühen unverarbeiteten Schmerzes, was ihn wie eine Lawine unter sich begrub. Verdrängen wir den ersten Schmerz in uns, sind wir kein »unbeschriebenes weißes Blatt« mehr. Die nächste schmerzhafte Situation fällt auf den Boden des alten Schmerzes und wird als doppelt so schmerzhaft erlebt, wie sie eigentlich ist. Wenn wir weiterhin verdrängen, erscheint der nächste Schmerz dann wiederum stärker, und wenn dieser ebenfalls verdrängt wird, gibt es die nächste Steigerung. Mit jeder Verdrängung wird der Schmerz in uns größer, jede neue Situation schmerzhafter und die scheinbare Notwendigkeit der Verdrängung wächst.

Je mehr Schmerz wir verdrängt und angesammelt haben, umso schmerzhafter erleben wir auch die Welt um uns herum, umso schmerzhafter wird Begegnung für uns und umso verletzter und verletzender verhalten wir uns.

Etliche Klienten von mir haben so viel Schmerz in sich angehäuft, dass sie am Ende nur noch ein einziger Schmerz waren und als letzten Ausweg die Verbindung zu ihren Gefühlen vollkommen gekappt haben. Eingehüllt in eine Schmerzmauer, standen sie sich selbst scheinbar vollkommen teilnahmslos und gleichgültig gegenüber und fühlten »nichts«. Sie bewegten sich nur noch auf der rationalen Ebene und spürten sich nur noch über Körpersymptome. Die innere Realität hatte ihre Verbindung zu sich selbst und den Emotionen komplett unterbrochen.

Der Rückzug hinter die Schmerzmauer

Wenn die Schmerzmauer so hoch geworden ist, dass die Betroffenen nicht mehr »darüberschauen« können, ist auch eine Begegnung im Außen nicht mehr möglich. Das Einzige, was sie sehen, ist Schmerz – egal, in welche Richtung sie blicken. Diese Menschen sind zu einem einzigen Schmerz geworden, »wund« im Kontakt und »schreien bei jeder Berührung auf«. Im Außen erleben wir diesen Wundschrei durch die Kompensationsmechanismen, die sie entwickelt haben, um den Schmerz nicht zu fühlen und sich vor weiterem zu schützen.

Je größer die Schmerzmauer um einen Menschen ist, umso stärker ist auch seine Abwehr sich selbst und der Welt gegenüber. Die Betroffenen stoßen ihr Umfeld durch Abwertung, Verurteilung, Vorwürfe und Aggression von sich und füllen das eigene Schmerzkonto und das ihrer Umwelt weiter auf, ohne es eigentlich zu wollen. »Nachdem auch noch meine zweite Ehe gescheitert war«, berichtete ein Klient, »machte ich endgültig dicht. Anstatt den Schmerz anzunehmen, begann ich, dagegen anzukämpfen. Man musste mich nur in einem falschen Ton ansprechen, und ich wurde aggressiv. Eigentlich befand ich mich in einer Daueraggression, in einem anhaltenden Zustand der Wut. Ich wollte nur meine Ruhe haben. Dadurch entstanden natürlich weitere Konflikte und am Ende schließlich auch weitere Verletzungen.« Häufig sehen wir den Schmerzschrei auch durch einen grenzenlosen Superlativ in Form von Status, Position und Leistung – womit die Betroffenen ihre Schmerzmauer umhüllen.

»Irgendwann zählte für mich nur noch der nächste berufliche Erfolg und damit verbunden der Erwerb der nächsten Immobilie. Der Blick auf meinen Kontostand wurde zu einem täglichen Entspannungsritual«, berichtete ein Klient. »Ich war irgendwann nur noch ein reines Arbeitstier«, beschrieb sich eine Klientin. »Es gab für mich kein Nein in meinen Projekten. Meine innere Realität trieb mich bis in die Nacht. Solange ich arbeiten konnte, musste ich nicht fühlen – und gleichzeitig versprach die Anerkennung meines Chefs, den Schmerz der Ablehnung meines Vaters in mir zu lösen, von dem ich damals nur ahnte, wie tief er eigentlich war.«

Sich vom Schmerz zu befreien bedeutet, mit dem ersten Schmerz des Getrenntseins in den Dialog zu gehen, diesen aufzulösen und die Trennung von sich selbst zu überwinden.

Unsere Angst vor Schmerzen und der natürliche Automatismus, diese zu verdrängen, macht die innere Realität so machtvoll für uns. Wenn wir uns von ihr befreien wollen, wenn wir sie wirklich hinter uns lassen wollen, dürfen wir nicht mehr vor den Schmerzen in uns weglaufen, sondern wir müssen sie zulassen und ihnen auf den Grund gehen. Wir müssen bereit sein, dorthin zurückzukehren, wo der Schmerz seinen Anfang gefunden hat. Diesen gilt es zu verarbeiten. Je mehr uns das gelingt, umso weniger neue Schmerzen werden wir produzieren. Wir werden aufhören, zukünftige Schmerzen auf der Grundlage des kindlichen Schmerzes zu fühlen, und können der Situation entsprechend erwachsen begegnen. Verluste – ob personell oder materiell – werden nicht mehr vernichtend für uns sein, sondern als ein Bestandteil des Lebens erkannt, dem wir auf Augenhöhe begegnen können.

Selbstreflexion

Blicken Sie Ihrer inneren Realität ins Gesicht und beantworten Sie für sich, welche Schmerzen Sie dort erkennen. Wodurch ist Ihnen Schmerz zugefügt worden? Wer hat Ihnen die Schmerzen zugefügt? Wie sah dies aus? Versuchen Sie, alles so konkret wie möglich zu benennen. So wird zum Beispiel die Aussage »Mein Schmerz ist durch Ablehnung entstanden« nicht genügen. Er muss präzisiert werden, etwa durch die Ablehnung des Vaters, die sich so und so geäußert hat.

Vielen ist der Ursprung ihres Schmerzes zunächst noch verborgen oder er ist ihnen rational bewusst, ohne dass sie ihn bereits fühlen. Sollten Sie dies an sich feststellen, so machen Sie sich keine Sorgen – auch hier gilt: Begegnen Sie dem im Dialog, was ist. Wenn Sie noch nicht von sich aus den Zugang zu Ihrem Schmerz haben, warten Sie, bis er Ihnen im Alltag begegnet; das wird schnell genug passieren.

Achten Sie einfach darauf, in welchen Alltagssituationen Sie sich verletzt fühlen und wo mit innerlichem Schmerz reagieren. Ist es durch ein Verhalten Ihres Partners oder durch eine Absage Ihres Chefs, ein Gesichtsausdruck Ihres Kollegen oder ein Wort eines

Freundes? Ihre innere Realität wird spätestens dann zum Vorschein kommen, wenn sie sich in ihrer Wunde fühlt. Dann wird sie Sie mit ihrem Schmerz bombardieren. Nehmen Sie diese Momente wahr und nutzen Sie sie, um Ihren Schmerz in seinem Ursprung zu erkennen. Wenn Sie ihn erkannt haben, machen Sie sich bewusst, ob und wodurch Sie weitere Schmerzen in sich angesammelt haben. Haben Sie eine Schmerzmauer um sich aufgebaut? Wenn ja, wodurch? Überlegen Sie auch, mit welchen Gefühlen und mit welchem Verhalten Sie Ihren Schmerz versuchen zu überdecken. Beginnen Sie anschließend, Ihre Schmerzmauer abzutragen, indem Sie den Schmerzen und den Ursachen im Dialog begegnen.

Die Kraft der Visualisierung

Eine Klientin berichtete in einer Sitzung, dass sie immer wieder Schmerzen verspüren würde, wenn sie an ihren – ehemaligen – Partner denkt. Obwohl sie die Trennung als richtig erleben würde, wären immer wieder diese Schmerzen da. Ich fragte sie zunächst, ob sie an dem Partner noch festhielte und die Schmerzen durch den Widerstand entstehen würden. Die Frau verneinte, sie sei damit einverstanden und hätte die Trennung akzeptiert. Da ich wusste, dass die Frau einen guten Zugang zur inneren Imagination hatte, bat ich sie, sich ihren Schmerz als Wunde vorzustellen und mir diese zu beschreiben. »Was sehen Sie?«, fragte ich sie. »Schwarz«, erwiderte sie, »da ist was Schwarzes drin.« Ich fragte sie, was das Schwarze sei, und sie erwiderte, dass es der Schmutz der Ablehnung sei, den sie in der Partnerschaft immer wieder erfahren hatte und den sie noch nicht verarbeitet hatte. Ich bat sie, sich einen Lichtstrahl vorzustellen und wie mit einem Hochdruckreiniger die Wunde zu spülen – so lange, bis das ganze Schwarze weg sei. Die Frau baute diese Übung in ihren Alltag mit ein; immer dann, wenn sie den Schmerz spürte, führte sie sie durch. Sie verstärkte die Übung im nächsten Schritt durch den inneren Dialog, indem sie sich nicht nur einen weißen Strahl vorstellte, sondern darein die Kraft der Liebe gab. Hatte die Klientin sich zuvor häufig im Alltag in dem Schmerz verloren, wenn er auftrat, so gelang es ihr durch diese Übung – neben der weiteren inhaltlichen Aufarbeitung –, dem Schmerz auflösend zu begegnen.

Die Kraft der Visualisierung als ein Konzept, das über das rein rationale Geschehen hinausgeht, ist in der Medizin belegt. Meiner Erfahrung nach ersetzt sie nicht die Auseinandersetzung und dialogische Klärung, kann aber in Momenten des Schmerzes die Heilung unterstützen.

Selbstreflexion

Wir können unsere Heilung dadurch verstärken, indem wir unsere innere Realität als seelische Wunde bildlich vor uns sehen. Wie sieht diese Wunde aus? Welche Farbe besitzt sie? Ist sie voller Eiter? Ist sie voller Schmutz? Stellen Sie sich Ihre Wunde auf der Grundlage Ihres Schmerzes, den Sie in sich fühlen, vor und beginnen Sie sie dann mit der Kraft der Liebe zu spülen. Geben Sie gezielt Liebe in die Wunde. Je mehr Sie mit der eigenen Liebe in Verbindung sind, desto mehr werden Sie spüren, dass die Energie der Liebe weißes Licht ist. Senden Sie diesen Strahl in die Wunde, so lange, bis der Schmerz aufhört. Das können Sie immer dann tun, wenn Sie Schmerzen verspüren.

Schritt 3: Der Dialog mit den Gefühlen

Das, was uns schwach macht – im Innen wie im Außen –, ist unsere Schwierigkeit, mit Gefühlen umzugehen.

»Morgens ist es am schlimmsten«, sagte eine Frau. »Ich bin so ohne Antrieb, dass ich kaum aufstehen kann.«

»Es ist immer das Gleiche«, so ein Mann, »ich fühle diese Wut in mir und weiß: Wenn ich jetzt nicht auf der Treppe stehen bleibe und umdrehe, dann wird es die nächste sinnlose Eskalation mit meiner Frau geben. Aber ich schaffe es nicht.«

»Ich komme nicht gegen diese Angst an«, sagte eine Frau, »die lähmt mich in einem Maße, dass ich nur noch weglaufen kann.«

»Diese emotionale Anziehung ist so intensiv«, sagte ein Mann, »dass ich keinen klaren Kopf bekomme.«

»Ich war wie im Rausch – ich musste das Projekt durchsetzen«, sagte ein anderer.

Es ist nicht nur der Schmerz, mit dem uns die innere Realität gegenübertritt, sondern es sind auch die damit verbundenen Gefühle – und es ist unsere Ohnmacht den Emotionen gegenüber, die unseren »inneren Feind« so mächtig macht.

Die meisten von uns begegnen negativen Gefühlen entweder, indem sie sie gar nicht erst wahrnehmen, sie verdrängen, bekämpfen, versuchen zu kontrollieren oder aber sich in ihnen verlieren.

Selbstreflexion

Halten Sie für einen Moment inne und reflektieren Sie bitte Ihren Umgang mit Emotionen. Wie gehen Sie mit Gefühlen um? Welche Gefühle fallen Ihnen besonders schwer zu fühlen?

Die Befreiung von den inneren Realitäten ist für die meisten von uns gleichzeitig ein Lernen, mit negativen Gefühlen umzugehen.

Damit wir unsere Spur im Leben wechseln und die neue Spur am Ende auch halten können, brauchen wir die emotionale Dialogfähigkeit. Wir können uns nur von unserer inneren Realität und den damit verbundenen Überzeugungen befreien, wenn wir uns weder im Rausch der Gefühle verlieren noch sie bekämpfen – sondern ihnen auf Augenhöhe begegnen.

So nehmen Sie den Dialog mit Ihren Emotionen auf

Die innere Realität konfrontiert uns immer wieder mit unterschiedlichsten Emotionen, so lange, bis wir alle Gefühle, die mit ihr verbunden sind, durchgefühlt haben und loslassen können.

Auch hier sind die fünf Elemente des Dialogs der Leitfaden dafür:

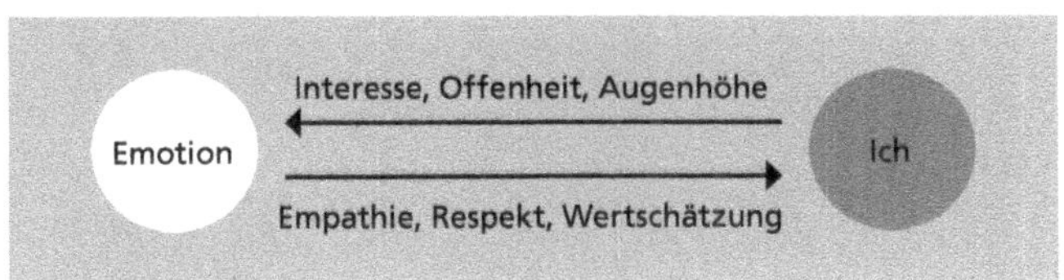

Interesse und Offenheit: Mit welchen Gefühlen begegnet mir meine innere Realität? Mit welchen Gefühlen ist sie verbunden? Ich interessiere und öffne mich für jedes Gefühl, das ich in mir wahrnehme.

Empathie: Ich kämpfe nicht gegen die Gefühle an, sondern nehme sie an und fühle sie.

Augenhöhe: Ich blicke jedem Gefühl mitten ins Gesicht. Ich rede es nicht klein oder groß, sondern sehe es einfach ruhig an. Ich verliere mich nicht darin, sondern bleibe ein Gegenüber. Dies kann ich dadurch sicherstellen, indem ich darauf achte, dass ich nicht nur meine Gefühle wahrnehme, sondern dabei immer auch mich selbst.

Wertschätzung bzw. Liebe: Ich lehne kein Gefühl ab, sondern begegne jedem Gefühl mit Liebe.

Nehmen Sie diese Elemente als Hilfe, um Ihren Emotionen zu begegnen.

Wichtig: Die emotionale Dialogfähigkeit steht im unmittelbaren Zusammenhang mit Ihrer inneren Stärke. Je mehr es Ihnen grundsätzlich gelingt, Ihren Gefühlen zu begegnen, umso stärker werden Sie. Für die Auflösung Ihrer inneren Realität gilt: Durch das Fühlen der darin enthaltenen Schmerzen und der Gefühle rauben Sie ihr ihre Energie und »entmachten« sie.

Welche Gefühle werden uns begegnen?

Wenn wir wissen wollen, mit welchen Gefühlen uns die innere Realität gegenübertritt, dann finden wir die Antwort darauf, indem wir uns ihren Ursprung bewusst machen. Da es sich bei den meisten inneren Realitäten um Realitäten aus den ersten

Lebensjahren handelt, müssen wir uns nur fragen: Was löst es in einem (kleinen) Menschen aus, der existenziell auf die emotionale Versorgung seiner Bezugspersonen angewiesen ist und diese entweder nicht bekommt oder sogar das Gegenteil davon erfährt? Was entsteht in einem kleinen Menschen, der die liebevolle Annahme und Geborgenheit seiner Umwelt braucht, um Kontakt zu sich selbst zu bekommen, sein eigenes Selbst zu entwickeln und seinen individuellen Weg im Leben zu finden – und dem diese Annahme versagt wird? Welche Gefühle entstehen, wenn in den ersten Jahren Begegnung fehlt?

Je mehr es uns gelingt, die Schmerzen und Emotionen zu spüren, ohne uns in ihnen zu verlieren, umso stärker werden wir. Den Schmerz zu spüren bedeutet dann nicht nur, die innere Realität abzutragen, sondern wir entwickeln und stärken dadurch auch unser Bewusstsein.

Die Gefühle, denen wir in unserer inneren Realität begegnen und durch deren Wechselbäder sie uns treibt, sind: Leere, Ohnmacht, Hilflosigkeit, Angst, Wut, Aggression, Trauer, (Sehn-)Sucht, Gier – und zwar in existenzieller Form. Je nach Ausprägung sind diese Gefühle verbunden mit Abhängigkeit, Antriebslosigkeit und dem Wunsch nach Versorgung.

Die innere Realität ist ein Wesen, das aus Mangel entstanden ist, dementsprechend trägt sie auch alle Gefühle in sich, die damit verbunden sind.

Abhängig davon, wie häufig wir unsere innere Realität in unserem Leben bereits »wiederhergestellt und als äußere Realität erfahren haben«, sind diese Emotionen ausgeprägt und tief in uns eingeprägt.

Selbstreflexion

Führen Sie sich bitte den Ursprung Ihrer inneren Realität vor Augen. Wodurch ist sie entstanden? Welches sind die Hauptemotionen, mit denen sie Sie konfrontiert? Durch welches Gefühl hält sie Sie »gefangen«? Je mehr Sie Ihren »inneren Feind« in seinem Ursprung verstehen, umso mehr werden Sie auch seine Gefühle einordnen können, mit denen er Ihnen gegenübertritt, und umso leichter wird es Ihnen fallen, diesen zu begegnen.

Wichtig: Die meisten inneren Realitäten sind in den ersten Jahren entstanden und wir haben sie in unserem Leben nur vertieft. Wenn wir im Erwachsenenalter die Erfahrung einer Trennung, von Betrug, Mobbing oder Ablehnung gemacht und daraus eine scheinbar neue innere Realität entwickelt haben – wie zum Beispiel »den Kollegen ist nicht zu trauen«, »Frauen sind Betrügerinnen«, »Chefs wollen mir nichts Gutes« etc. –, werden wir feststellen, dass wir diese Überzeugung auf bereits vorbereitetem Boden entwickelt haben, und nicht selten erkennen, dass es sich um eine selbsterfüllende Prophezeiung handelte. Die Emotionen, mit denen wir es also zu tun haben, sind Emotionen aus den ersten Jahren, die wir durch die wiederholte Erfahrung nur vertieft haben. Für die Auflösung der inneren Realität ist es wichtig, zu der ursprünglichen Emotion zu finden und diese zu lösen. Auf dieser Grundlage können dann auch die weiteren Erfahrungen und damit verbundenen Emotionen gelöst und verarbeitet werden.

Wut

»Am liebsten würde ich meinem Vater die Nase brechen«, sagte ein Mann während einer Sitzung. »Ich könnte meine Mutter umbringen«, rief eine Frau – beide hatten sich, nachdem sie wegen ihrer inneren Realität beruflich und privat gescheitert waren, auf den Weg gemacht, diese aufzulösen. Sie kamen irgendwann an den Punkt, an dem sie erkannten, dass ihre Aggression, die eine Ursache für ihr Scheitern gewesen war, sich eigentlich an eine ganz andere Person richtete als gegen die Gesellschaft, den Vorgesetzten und die Partnerin.

> Die Wut auf die ersten Bezugspersonen ist ein zentraler Bestandteil der inneren Realität – wenn wir sie nicht in ihrem ganzen Ausmaß erkennen, aufarbeiten und lösen, dann können wir nicht nur unsere innere Realität nicht auflösen, sondern wir werden mit dieser Wut an anderen Stellen konfrontiert.

Nicht angenommen zu werden, wo Annahme lebensnotwendig ist, nicht gesehen und anerkannt zu werden zu einem Zeitpunkt, da man sich selbst noch nicht sehen und (an)erkennen kann, verursacht eine tiefe Kränkung, Spuren von Ohnmacht und Hilflosigkeit – und darin eine Spur der Wut, die bis zu einem abgrundtiefen Hass gehen kann.

> Wut ist ein zentrales Gefühl der inneren Realität, das genauso wie der Schmerz von den meisten unterdrückt wird. Aus diesem Grund spüren wir unsere Wut häufig auch nicht direkt, sondern vielmehr durch indirekte Phänomene.

Wenn wir uns diese Wut nicht eingestehen und auflösen, sondern sie verdrängen, dann laufen wir Gefahr, dass unsere innere Realität sich andere Wege suchen wird, um der Wut Ausdruck zu verleihen und – ohne dass wir es merken – uns und unser Leben dadurch beginnt zu blockieren.

Gesichter der Wut – was geschieht, wenn wir unsere Wut unterdrücken

Wissen Sie, was resiliente Menschen tun, die einen stinkenden Käse vorfinden? Sie entsorgen ihn. Nicht resiliente Menschen tun das Gegenteil, sie verstecken den Käse, so lange, bis der ganze Raum verpestet ist und sie keine Luft mehr bekommen.

In diesem Abschnitt möchte ich mit Ihnen schauen, wie unterdrückte und versteckte Wut unser Leben verpesten kann, so stark, dass wir keine Luft mehr bekommen und ein Spurwechsel aussichtslos wird.

Vor einiger Zeit schrieb mich eine Leserin an und wollte sich für ein Seminar anmelden. Da dieses zu dem Zeitpunkt schon voll war, entschied sie sich für eine Intensivwoche Einzelcoaching. Wir führten ein telefonisches Erstgespräch und ich fragte die Frau, was bei ihr im Vordergrund stehen würde. Sie berichtete, seit einiger Zeit unter wachsender Panik zu leiden. Diese sei mittlerweile so schlimm, dass sie immer wieder Attacken hätte mit dem Gefühl, gleich ohnmächtig zu werden. Im Laufe des Gesprächs stellte sich ein langjähriger Konflikt mit einem Arbeitskollegen heraus, in dem sich die Frau ohnmächtig hilflos erlebte. Ob sie denn in den Konflikt gegangen sei, fragte ich. Nein, war die Antwort, das traue sie sich nicht.

Ich fragte sie, was sie intuitiv sagen würde, mit welchem Gefühl sie die größte Schwierigkeit hätte. Daraufhin antwortete die Frau: »Wut. Ich bin eigentlich nie wirklich wütend.« Sie schwieg einen Moment und sagte dann: »Wobei, wenn ich ehrlich bin, stimmt das nicht ganz.« Sie dachte einen Moment lang nach und während unseres weiteren Gesprächs stellte sich heraus, dass sie voller Wut war, die sie aufgrund ihres Wunsches nach Harmonie jedoch schon seit vielen Jahren unterdrückte. Die Unterdrückung ließ die Wut in ihr immer weiterwachsen, sodass die Frau regelrecht Panik davor bekam, die ihr die Bewältigung des Alltags immer mehr verunmöglichte.

Während der folgenden Gespräche brach dann die über Jahre angesammelte Wut aus der Frau heraus. Sie führte von dem Konflikt mit dem Arbeitskollegen über unterdrückte weitere Konflikte mit dem Ehepartner zurück zu ihrem Ursprung in der Nichtannahme der Mutter, die ihre Tochter zusätzlich mit Ablehnung strafte, wenn diese nicht ihren Wünschen folgte und Widerstand zeigte. Die innere Realität zwang die Frau vor diesem Hintergrund, jeden Konflikt aus Angst vor Ablehnung zu vermeiden, den »Ärger« lieber zu schlucken, und vergiftete dadurch zunehmend ihre privaten und beruflichen Beziehungen. Gleichzeitig machte ihre eigene Unterdrückung sie zunehmend krank. Als der Frau dies bewusst wurde und sie ihrer Wut zu begegnen begann, verschwand nicht nur ihre Panik, sondern ihr gelang es auch, die Augenhöhe in Konfliktsituationen einzunehmen und ihre Wünsche und Störgefühle direkt zu äußern. Darüber »entmachtete« sie nicht nur ihre innere Realität, sondern sie entspannte auch ihre Beziehungen. »Am Ende war es meine Angst vor Ablehnung, die mich meine Wut unterdrücken ließ und mich regelrecht hemmte zu sagen, was ist und was nicht. Entweder war ich eine Spur ›drüber‹ und der andere fühlte sich unter Druck gesetzt, oder ich zog mich wütend zurück – am Ende trat das ein, was ich befürchtete: Eskalation.«

Alles, was wir unterdrücken, staut sich auf und sucht sich irgendwann seinen Weg. Je länger ich Menschen berate, umso deutlicher zeigt sich mir, was für eine zentrale Rolle unterdrückte Wut bei psychischer und physischer Erschöpfung, aber auch bei äußeren Blockaden spielt und welch unterschiedliche Wege sie sich sucht, wenn wir uns ihr nicht stellen und sie auflösen.

So klagte eine Frau über Depression und Antriebslosigkeit und erkannte, dass ihre unterdrückte Wut irgendwann angefangen hatte, sich gegen sie selbst zu richten. Ein Mann fand heraus, dass seine Wut sich in Konsum und Kaufrausch ihren Weg bahnte, und eine andere Frau stellte fest, dass ihre verdrängte Wut über die Ablehnung des Vaters sie an einer Partnerschaft festhalten ließ, in der sie permanent vergeblich um Anerkennung kämpfte und sich darüber immer weiter erschöpfte. Ein junger Mann fand heraus, dass sich seine körperlichen Schmerzen trotz organischem Befund größtenteils auflösten, als er mit seinem Vater über die ihm zugefügten emotionalen Schmerzen abrechnete.

Nicht nur für unser Leben und unsere Gesundheit, sondern auch für die Auflösung unseres inneren Feindes kommen wir nicht umhin, unseren Gefühlen bis auf den Grund zu gehen und ihnen in ihrem tatsächlichen Ursprung zu begegnen. Dies gilt gerade auch für die Emotionen, vor denen wir Angst haben und die gesellschaftlich »nicht erlaubt« sind: Wut, Aggression und manchmal auch Hass.

Darf man wütend sein?

Sich der Wut auf die eigenen Eltern zu stellen – und dabei geht es nicht um die jetzigen Eltern, sondern um die verinnerlichten Eltern von damals –, ist für viele eine große Herausforderung, der sie ausweichen. Ist es richtig, die eigenen Eltern zu verurteilen, wo sie es doch nicht besser wussten? Ist es in Ordnung, dort zu wüten, wo es meist nicht anders gekonnt wurde? »Meine Eltern wollten doch nur mein Bestes«, sagen sich viele, »kann ich dann wütend sein?« Ja! Denn unabhängig davon, ob Ihre Eltern es besser wussten oder nicht: Die Konsequenzen für Sie sind dieselben. Wir können die Verletzungen in uns nur heilen, wenn wir sie anerkennen und ihnen voll Rechnung tragen. Dies können wir nicht, wenn wir in das Verständnis für unsere Eltern ausweichen und den Blick für uns selbst verlieren. Erkennen wir unsere Kränkung und Verletzung nicht an, dann bleiben wir gekränkt und verletzt und unser Leben krankt.

> **Innere Realitäten aufzulösen bedeutet, sich der Wut, die wir in uns tragen, zu stellen und mit denjenigen abzurechnen, die uns verletzt haben.**

Häufig erkennen die Betroffenen nach einiger Zeit, dass sich hinter dem Verständnis für die Eltern meist noch etwas anderes verbirgt: Es ist die Angst, die Eltern für immer zu verlieren und das Kindsein aufzugeben. Gerade dort, wo es keine wirkliche Kindheit gegeben hat, ist diese Angst und gleichzeitig auch die Wut umso größer.

Wütend zu sein und mit den Eltern »abzurechnen« beinhaltet die Bereitschaft, erwachsen zu werden und auf kindliche Versorgung und Wiedergutmachung für immer zu verzichten. Es ist keine Handlung des wütenden Kindes, sondern der Akt eines erwachsenen Menschen, der seine Verletzung in sich anerkennt und sich von ihr befreien will. Zu Beginn des Kapitels hatte ich erwähnt, dass ein Grund für einen nicht gelingenden Spurwechsel darin liegt, dass viele nicht dazu bereit sind. Die innere Realität hält sie in der kindlichen Spur gefangen, lässt sie verletzt auf Wiedergutmachung beharren und verhindert so, dass »einmal richtig« an der richtigen Stelle »abgerechnet« und dann losgelassen wird. Stattdessen sucht sich die Wut Nebenkriegsschauplätze und führt uns in wütende Kämpfe und Überreaktionen – uns selbst und unserer Umwelt gegenüber.

Es ist meist das unbewusste Festhalten an der Kindheit, der innere Widerstand, sich von der Kindheit zu verabschieden, der uns an der Wut festhalten lässt – und einen Spurwechsel verhindert.

»Ich bin einfach nicht wütend«, sagte ein Mann. »Meine Eltern haben nur das Beste gewollt – ich kann ihnen nichts vorwerfen. Was mich jedoch wütend macht: wenn es um Ausgrenzung geht.« Er berichtete, wie er im sozialen Bereich wütende Kämpfe kämpfte, immer da, wo es um die Ausgrenzung von Minderheiten und sozial Schwächeren ging. Darüber habe er zwei Freundschaften verloren – die letzte sei an der

Flüchtlingsdiskussion zerbrochen. Überhaupt führe seine aggressive Art dazu, dass die Leute begännen, sich von ihm zurückzuziehen.

Im Laufe der Beratung kamen wir irgendwann auf seine Herkunft zu sprechen. Der Mann gab an, in bescheidenen Verhältnissen aufgewachsen zu sein, mit einem bemühten Vater, der selbst aus armen Verhältnissen kam und alles dafür getan hat, dass sein Sohn es besser haben sollte. Die ganzen Ersparnisse wurden für die Ausbildung des Sohnes zurückgelegt – der sich in der Schule von Anfang an aufgrund seiner Herkunft als Außenseiter fühlte. Seine innere Realität entstand durch die Nichtannahme des Vaters, der seinen Sohn nicht in seinem Wesen erkennen und fördern konnte, sondern versuchte, in diesem das eigene Schicksal wiedergutzumachen und die eigenen Wünsche zu erfüllen. Die innere Realität lautete unter anderem: »Ich bin dazu da, meinen Vater glücklich zu machen – so, wie ich bin, reiche ich nicht« – verbunden mit der zusätzlichen Erfahrung der sozialen Ausgrenzung in der Schule.

Mit dem Ziel »Ich werde es allen zeigen!« trieb ihn die innere Realität in eine steile Karriere, an deren Ende die Erschöpfung stand. Gleichzeitig suchte sich seine Wut über die eigene Ausgrenzung Nebenkriegsschauplätze in gesellschaftspolitischen Diskussionen und sozialem Engagement. »Rückblickend kann ich sagen«, berichtete der Mann nachdenklich, »dass ich die Leute richtiggehend massakriert habe in der Wut und Verletzung über meine eigene Herkunft und Erfahrung – und in dem Kampf um Wiedergutmachung. Ich kann verstehen, dass die Menschen sich von mir zurückgezogen haben. Am Ende hat mich meine innere Realität genau dorthin geführt, wo sie entstanden und wo der Grund meines Kampfes zu finden ist – in die eigene Ausgrenzung.«

Die Wut auf seinen Vater wurde für ihn erst nach einiger Zeit deutlich, da er sie aus schlechtem Gewissen über das erfahrene Leid des Vaters tief in sich vergraben und gegen sich selbst gerichtet hatte in Form von tiefen Selbstzweifeln verbunden mit der tiefen Verachtung von Status und Kultur. Je mehr es ihm gelang, sich seiner Wut zu stellen, und er den Hass über die eigene Ausgrenzung nicht mehr verdrängen musste, sondern zulassen konnte – die Wut über die eigene Verletzung fühlen konnte –, veränderte sich seine Haltung den Menschen gegenüber. Er wurde ruhiger und weicher. »Es ist merkwürdig«, beschrieb er, »erst jetzt erkenne ich, dass ich immer auf Angriff gepolt war und in einer ständigen Grundanspannung stand. Ich habe die Welt durch die Brille der Vergangenheit gesehen. Es ist, als wäre ich aus einem falschen Traum aufgewacht. Ich fühle mich wie befreit.«

Wenn uns diese Herausforderung nicht gelingt, die Herausforderung, mit unserer Herkunft abzurechnen und unsere verinnerlichten Eltern für das, was sie uns angetan haben, wenn notwendig symbolisch zu erschlagen, wenn wir uns nicht trauen, der gesamten Wut, dem gesamten Hass, der sich in uns über das erfahrene Leid aufgestaut hat, Ausdruck zu verleihen, uns nicht trauen, das, was wir zu Recht empfinden, im vollen Ausmaß zu fühlen, dann werden wir in unserer alten Spur bleiben. Solange wir unsere Wut nicht an der richtigen Stelle ausgetragen haben und auflösen, holt sie uns an anderen Stellen immer wieder ein. Egal, wie alt wir vom Lebensalter her sind – wir werden auf dem Status des wütenden und gekränkten Kindes bleiben, das über das klagt, was es nicht bekommen hat, aber gleichzeitig Angst hat, innerlich diejenigen loszulassen, die ihm dies angetan haben.

Ich habe immer wieder Klienten bei mir in der Praxis, die durch die unterdrückte Wut über die Eltern ihre Partnerschaften zerstört, ihre Karrieren blockiert oder Freunde verloren haben. Sie haben – gesteuert von der inneren Realität – ihr Umfeld mit unrealistischen Erwartungen bombardiert und berufliche und private Kämpfe ausgetragen, die keine wirkliche Grundlage hatten, sondern Nebenkriegsschauplätze waren. Es waren Ausweichmanöver der Angst, den eigentlichen Kampf zu kämpfen, Ausweichmanöver der kindlichen Wiedergutmachung, endlich gesehen und so versorgt zu werden, wie es nicht stattgefunden hat, Ausweichmanöver davor, sich dem tiefen Schmerz über die eigene Herkunft zu stellen und darüber endlich bereit zu sein, Frieden zu finden.

Selbstreflexion: Der eigenen Wut auf der Spur

Die meisten von uns haben ihre Wut unterdrückt und gar keinen Zugang zu ihr. Machen Sie sich auf die Spur Ihrer Wut – mit welchem Gesicht tritt sie in Ihr Leben? Ist es das Gesicht der Sucht? Das Gesicht der Selbstopferung? Das Gesicht des Kampfs im beruflichen und privaten Bereich? Das Gesicht politischen, gesellschaftlichen oder sozialen Kampfes? Das Gesicht von körperlicher oder psychischer Krankheit? Das Gesicht des grenzenlosen Erfolgsanspruchs? Das Gesicht der eigenen Minderwertigkeit?

Wo wüten Sie in Ihrem Leben – ohne es möglicherweise bisher wahrgenommen zu haben? Sich selbst und Ihrem Umfeld gegenüber?

Notieren Sie sich ganz konkret die einzelnen Situationen und Lebensbereiche.

Wenn Ihnen dies gelungen ist, dann gehen Sie mit dieser Wut in den Dialog – stellen Sie sich ihr und finden Sie heraus, wo ihr tatsächlicher Ursprung ist und gegen wen sie sich tatsächlich richtet. Sind es Ihre beiden Eltern? Ist es Ihr Vater? Ihre Mutter? Worüber sind Sie wütend? Worin besteht Ihre Kränkung? Was werfen Sie ihnen vor?

Treten Sie mit Ihren *verinnerlichten* Eltern in den Dialog und klagen Sie sie an. Äußern Sie Ihre Wut über das, was Sie verletzt hat, was Ihnen gefehlt hat. Werfen Sie ihnen das vor, worüber Sie wütend sind, ohne Tabu. Ob Sie laut schreien, schimpfen, weinen oder die Eltern verprügeln oder erschlagen müssen – finden Sie Ihren persönlichen Weg.

Denken Sie aber daran: Es handelt sich hier um die *verinnerlichten* Eltern – die äußeren Eltern sind nicht mehr die Eltern von damals und haben mit diesem Prozess nichts zu tun. Sie können bestenfalls einen Dialog mit ihnen führen, wenn Sie mit den verinnerlichten Eltern abgerechnet und sich von diesen befreit haben. Dann haben Sie die Augenhöhe eines erwachsenen Menschen und sind nicht mehr das Kind von damals. Nur auf Augenhöhe können heilende und konstruktive Gespräche über Verletzungen geführt werden.

Wie Sie mit Ihren verinnerlichten Eltern symbolisch abrechnen und Ihrer Wut Ausdruck verleihen, steht Ihnen ganz frei. Ob Sie in einem geschützten Raum auf ein Kissen oder einen Sandsack einschlagen oder eintreten, ob Sie in die Natur gehen, durch Kunst oder Musik oder

Bildhauerei Ihrer Wut Ausdruck verleihen – wichtig ist nur, dass Sie dies im Dialog tun. Das heißt mit offenen Augen und auf Augenhöhe. In dem Moment, in dem Sie Ihrer Wut Ausdruck verleihen, müssen Sie sich bewusst sein, auf wen diese Wut gerichtet ist, wem diese Wut gilt. Dass Sie bei dieser Abrechnung niemanden tatsächlich verletzen, ist natürlich selbstredend.

Machen Sie sich bewusst, worum es in diesem Prozess geht: *Abrechnen, nicht (mehr) um zu zerstören, sondern um sich zu befreien* – darum geht es. Es ist der Prozess des Erwachsenwerdens – ein Prozess auf Augenhöhe, in dem es nur um uns selbst geht. Um uns und unser Leben.

Der aufgestauten Wut begegnen

Die Wut auf unsere ersten Bezugspersonen – meist die Eltern – ist die Wut, die die größte Macht über uns hat, denn sie ist entstanden, als wir noch kein eigenständiges Ich hatten, und damit Teil unserer scheinbaren Identität. Aber natürlich kann es auch noch weitere Wut geben, die wir in uns angesammelt und unterdrückt haben, und auch dieser Wut gilt es, sich auflösend zu stellen. So, wie viele eine Schmerzmauer um sich herum aufgebaut haben, haben etliche dies auch mit ihrer Wut getan. Diese gilt es nun genauso abzutragen wie den Schmerz – meist geht dies Hand in Hand.

Vergebung

Jede Abrechnung sollte mit dem Ziel begonnen werden, am Ende zu vergeben – sonst bleibt sie ein endloses und blindes Wüten. Dieser Schritt kommt ganz zum Schluss und wird im übernächsten Kapitel eingehender beleuchtet. An dieser Stelle nur so viel: Ohne Vergebung können wir nicht zum Frieden finden, und ohne Frieden werden wir keine Freiheit erlangen. Wir können jedoch nicht zum Frieden finden, wenn wir vergeben, ohne vorher die ganze Verletzung und alles, was damit verbunden ist, »durchgefühlt« zu haben. Viele von uns versuchen, die Vergebung vorzuziehen, um einer Abrechnung auszuweichen, und erreichen so lediglich einen Scheinfrieden, der früher oder später wieder in den Kriegszustand wechselt. Wenn Sie aus Angst vor Ihrer Wut (und Ihrer Verletzung) schon vorher vergeben statt am Ende aus der vollen Anerkennung Ihrer Verletzung, werden Sie keinen Frieden finden – genauso wenig, wenn Sie mit Ihren tatsächlichen, »äußeren« Eltern den Kontakt abbrechen. Erst wenn Sie die Verletzung im vollen Ausmaß fühlen, können Sie wissen, was Sie zu heilen und was Sie zu vergeben haben. Auf dieser Grundlage können Sie dann tatsächlichen Frieden schließen mit den verinnerlichten Eltern, um die es in diesem Prozess geht, und können dann den äußeren Eltern auf einer geklärten und erwachsenen Ebene begegnen. Denken Sie bei Ihrer Abrechnung also daran, dass Sie nicht Schritt 5 vor den Schritten 1 bis 4 machen können, und nehmen Sie sich die Zeit, die Sie brauchen, um Ihre Verletzung zu heilen.

Wir haben also nicht unbedingt nur mit unseren verinnerlichten Eltern abzurechnen, sondern möglicherweise auch mit anderen Bezugspersonen, die uns im Laufe unseres Lebens gekränkt und verletzt haben und wo wir aufgrund unserer ersten verdrängten Wut weitere Wut »geschluckt« haben. Sehr häufig sind dies ehemalige Partner bzw. Partnerinnen, aber auch Vorgesetzte.

Manchmal kann es sich aber auch um Wut über eine Lebenssituation, eine Krankheit oder die Wut auf ein System handeln. Egal, um welche Wut es sich handelt, es gilt, dass wir uns ihr stellen und ihr Ausdruck verleihen müssen – und am Ende zum Frieden finden. Häufig werden wir feststellen, dass uns die meiste Wut aus dem Erwachsenenalter zur ursprünglichen Wut auf die ersten Bezugspersonen zurückführen wird. Wir werden erkennen, dass diese der Nährboden dafür gewesen ist und wir sie häufig sogar einfach nur auf die neue Situation oder Person übertragen haben. Je mehr wir unsere erste Verletzung anerkennen und uns unsere tiefe Kränkung darüber eingestehen können, je mehr wir auf dieser Grundlage unsere Wut zu- und loslassen werden, umso weniger Wut wird zurückbleiben und umso gelassener können wir mit aktuellen Lebenssituationen umgehen.

Zusammenfassung

Ein Großteil der Dialoge – im persönlichen, beruflichen, ja auch im politischen Bereich – scheitert an der unterdrückten und unverarbeiteten Wut über Verletzungen durch die ersten Bezugspersonen. Die damit verbundene fehlende eigene Identität lädt zu falschen Identifizierungen ein und lässt so unbemerkt jedes Thema schnell zu einem persönlichen Überlebenskampf werden. Wenn wir uns fragen, warum wir mehr Debatten statt Dialoge führen, warum die Kämpfe auf unterschiedlichen Ebenen zunehmen, warum wir in einer immer wütender werdenden und immer stärker wütenden Welt leben, dann werden wir nicht umhinkommen, auf den Ursprung unserer menschlichen Existenz zu stoßen und die Folgen anzuerkennen, die entstehen, wenn das existenziell Notwendige nicht stattfindet: »*So, wie du bist, bist du gut – ich heiße nicht alles gut, was du tust, aber dich, dich heiße ich gut und ich verhelfe dir jeden Tag ein Stück mehr dazu, zu der Identität zu finden, die deinem Wesen entspricht und die Grundlage deines Wesens ist.*«

Spurwechsel bedeutet nicht nur, die eigene Spur zu wechseln, sondern anzuerkennen, wodurch die falsche Spur entstanden ist, und auf der Grundlage dieser Erkenntnis zu beginnen, dem, was so wesentlich notwendig ist, Rechnung zu tragen. Dafür zu sorgen, dass in der Welt, in der wir leben, der Blick für das Wesentliche entsteht und dieser Einsicht Rechnung getragen wird – von Beginn an. Und der Beginn ist nicht nur dort, wo neues Leben auf die Welt kommt, sondern der Beginn ist dort, wo die Erkenntnis entstanden ist über das, was ist. Dazu gehört die Umsetzung im Privaten wie im Beruflichen, im Wirtschaftlichen wie im Sozialen – wenn uns dies gelingt, jedem von uns in seiner Welt, in seinem Umfeld, wir könnten viel bewirken.

Selbstreflexion

Wenn Sie feststellen, dass Sie sich in Kämpfen befinden, wenn Sie erkennen, dass Sie in Diskussionen wütend werden und die Augenhöhe verlieren, dann gilt es innezuhalten und sich zu fragen: Gegen wen richtet sich meine Wut tatsächlich? Was werfe ich wem vor?

Trauer

... und als die Tränen auf die Wunde fielen, begann sich diese wie durch Geisterhand zu schließen ... orientalisches Märchen

»Die ganze Welt kotzt mich an«, schimpfte ein Manager während einer Sitzung, »wenn ich schon morgens die lahmen Gesichter meiner Mitarbeiter sehe, würde ich sie am liebsten alle rausschmeißen.« Der Mann ließ sich in allen möglichen Beschimpfungen über seine Mitarbeiter und deren Unfähigkeiten aus und stellte die verschiedensten Überlegungen an, wie dem wohl beizukommen wäre. Irgendwann hielt er inne und brach in Tränen aus. Auf Sitzungen voller Wut folgten – endlich – Sitzungen der Trauer. All seine Trauer über den Verlust seiner Ehe und dahinter die Trauer über den frühen Verlust seiner Mutter brachen aus ihm hervor. Alles, was er zuvor durch seine Wut unterdrückt hatte, wurde nun »hochgeschwemmt« und bahnte sich seinen Weg in bitteren Tränen.

So wie manche in der Depression »versacken«, weil sie die Wut unterdrücken, war dieser Mann in seiner Wut »versackt«, weil er die Trauer vermieden hatte. Wenn wir mit denjenigen abrechnen, die uns verletzt haben, und unserer Wut Ausdruck verleihen, dann werden wir irgendwann spüren, dass hinter jeder Wut noch ein anderes Gefühl steht: tiefe Traurigkeit.

Manche von uns spüren eher die Trauer, die anderen eher die Wut – wir müssen beides fühlen, um uns von der inneren Realität zu befreien und unsere Spur zu wechseln.

»Nun weiß ich, warum diese Dinger da stehen«, sagte ein Anwalt während einer Sitzung und zog sich ein Taschentuch aus der Box, die auf dem Tisch stand. »Ich hätte nie gedacht, dass ich das mal brauchen würde.«

Wenn wir nicht betrauern, was uns verletzt hat, dann werden wir uns am Ende von dieser Verletzung nicht erholen.

Mit einer Situation abzuschließen, eine Wunde zu schließen bedeutet auch, über sie zu weinen. Und manchmal bitterlich. So lange wie nötig. So lange, »bis es in mir still wird«, wie eine Klientin kürzlich sagte.

»Jetzt erwarten Sie sicherlich von mir, dass ich weine«, sagte ein anderer Klient, als er über den Schmerz seiner Ablehnung durch seinen Vater berichtete, und als ich ihn fragte, wie er darauf käme, war seine Antwort: »Weil man das wohl normalerweise tun müsste – aber ich kann mich nicht erinnern, wann ich das letzte Mal geweint habe.« Es ist nicht nur die Wut, mit der uns die innere Realität »im Griff hält«, sondern bei sehr vielen auch die ungelebte Trauer. So, wie viele verlernt haben, wütend zu sein, haben viele verlernt zu weinen.

»Ich habe Angst, dass, wenn ich einmal anfange traurig zu sein, ich überschwemmt werde und da nicht mehr rauskomme«, sagte eine Klientin. »Ich habe Angst, dass ich dann nur noch im Bett liegen bleibe und die Depression gewonnen hat.«

»Seien Sie als Mann mal traurig«, sagte ein Klient, »das ist nicht normal.«

So haben viele von uns nicht nur eine Mauer aus Wut oder Schmerz aufgebaut, sondern sehr oft auch aus Trauer. Die Angst, davon überschwemmt zu werden, und gleichzeitig auch die Unbeholfenheit, »einfach traurig zu sein«, führt dazu, dass wir in den Widerstand gehen und verdrängen. Wir verhärten emotional, erkalten oder weichen in andere Gefühle aus.

Dabei brauchen wir die Trauer, um unsere Verletzung zu heilen, wir müssen das, was uns verletzt hat, betrauern, um damit abzuschließen und weiterzugehen. Solange wir das nicht tun, bleiben wir in der Verletzung stecken und in der damit verbundenen inneren Realität gefangen.

Die Frau, die Angst davor hatte, von ihren Depressionen überschwemmt, von ihnen beherrscht zu werden, erkannte im Laufe der Therapie, dass es genau umgekehrt war, wie sie ursprünglich befürchtet hatte. Weil sie ihre Traurigkeit unterdrückt hatte, war sie immer depressiver geworden, immer antriebsloser und gelähmter. Als sie jedoch begann, den Widerstand gegen die Trauer in sich aufzugeben und diese voll zuzulassen, kam Schritt für Schritt die Energie zurück. Nach einiger Zeit veränderte sich auch ihr Aussehen. Die fahle und teigige Haut wurde rosig und die trüben Augen strahlender.

Die Unterdrückung von Schmerz und Emotion zeigt sich irgendwann auch in unserer Verkörperung – glücklicherweise aber auch die »Fähigkeit des Loslassens«.

Selbstreflexion

Begeben Sie sich auf die Spur Ihrer Traurigkeit. Haben Sie über Ihre Verletzungen ausreichend getrauert? Treten Sie dafür mit dem, was Sie verletzt hat, in den Dialog. Wo, durch wen und wodurch sind Sie verletzt worden? Um welche Verletzung handelt es sich bei Ihrer inneren Realität? Was haben Sie dadurch verloren? Was war Ihnen dadurch nicht möglich? Geben Sie Ihrer Traurigkeit über das, was

war und was nicht war, den Raum, den sie braucht. Wenn Ihnen der Zugang zu Ihrer Trauer schwerfällt, so suchen Sie sich Wege, die Sie darin unterstützen. Bei manchen ist es ein bestimmtes Musikstück, andere finden einen Zugang über Kunst, über Meditation, in der Natur – finden Sie Ihren persönlichen Weg und darin auch Ihr persönliches Trauerritual.
Trauern Sie aktiv – so lange, bis Sie fühlen, dass »es still in Ihnen wird und Frieden einkehrt«.

Angst

»Morgens um vier ist es am schlimmsten«, sagte eine Frau. »Ich wache auf, mein Herz rast und mir jagen alle möglichen Gedanken durch den Kopf. Ich habe das Gefühl, ich schaffe das Leben nicht mehr. Ich habe vor allem Möglichen Angst. Ich habe Angst, dass ich meinen Job verliere, dass ich später im Alter alleine bin, dass ich krank werde. Es ist unerträglich. Ich bin wie gelähmt.«

»Die Angst kommt wie aus heiterem Himmel«, sagte ein Mann. »Das letzte Mal kam sie während eines Auftritts. Ich dachte, ich müsse die Bühne verlassen, würde gleich umkippen.«

Es ist wohl das mächtigste Gefühl, mit dem uns die innere Realität entgegentritt und das uns am meisten lähmen kann: Angst. Spurwechsel sind immer mit Angst verbunden – manchmal sogar mit Panik.

Dies führt häufig dazu, dass wir in der alten Spur bleiben, obwohl wir sie eigentlich wechseln wollen.

»Am Ende«, sagte ein Klient, »war ich nur noch Angst. Ich konnte überhaupt nicht mehr unterscheiden, was eigentlich der wirklichen Realität entsprach oder nur Ausdruck meiner inneren Realität war, die alles dafür tat, dass ich meine Situation nicht veränderte.«

Damit Sie nicht aus lauter Angst in der alten Spur stecken bleiben, hilft es, zu verstehen, was eigentlich dahintersteckt. Verstehen Sie die Ursache, entzaubert dies nicht nur die Angst, sondern gibt Ihnen auch die Möglichkeit, richtig mit ihr umzugehen.

Es gibt drei Arten von Ängsten, die Ihnen in diesem Prozess begegnen und – so ungesund sie sich anfühlen – ganz natürlich und normal sind.

Die Angst des verwundeten Kindes

Wir brauchen als Kind die Atmosphäre der liebevollen Geborgenheit, um uns sicher zu fühlen. Die Annahme durch die Eltern, die nicht nur Eltern, sondern auch ein Paar sind. Ein geborgenes Zuhause und äußere Heimat, um die innere Heimat zu finden. Wenn dies nicht stattgefunden hat, dann entstehen tiefe (Verlust-)Ängste, die, sobald wir mit der inneren Realität in Kontakt kommen, deutlich werden und immer dann hervorbrechen, wenn wir im Erwachsenenalter das verlieren, womit wir uns identifiziert und wodurch wir Halt gefunden haben.

Die Angst, die wir dann spüren, ist die Angst des verwundeten, heimatlosen und ungeborgenen Kindes, das keinen Halt in sich entwickelt hat.

Die Angst zu sterben

Die Angst vor dem Sterben ist eine typische Angst, von der Menschen berichten, die sich im Veränderungsprozess befinden. Es ist die Angst der inneren Realität, die immer stärker wird, je mehr sie in der Auflösung begriffen ist. Sind Sie noch mit Ihrer inneren Realität identifiziert, umso mehr werden Sie diese Angst als Ihre eigene erleben und das Gefühl haben, dass Sie es sind, der sich gerade auflöst und stirbt. Spurwechsel sind immer Prozesse des Werdens und des Sterbens. Damit wir in unserem Wesen werden können, muss unser »innerer Feind« sterben.

Die Angst durch das Getrenntsein von unserem Wesenskern

Diese Angst fühlen Sie vor allem dann, wenn das im Außen wegbricht, womit Sie sich identifiziert haben – und Sie auf sich selbst zurückgeworfen werden. Je stärker Ihr innerer Dialog ist, umso weniger Angst werden Sie spüren – je getrennter Sie jedoch noch von sich selbst sind, umso ängstlicher und haltloser werden Sie sich fühlen.

Selbstreflexion

Der Weg aus der Angst ist der Weg durch die Angst. Nehmen Sie sich Ihre Angst vor der Angst, denn diese macht die ursprüngliche Angst so mächtig und viel mächtiger, als sie tatsächlich ist. Um Sie aufzulösen, gilt auch hier das Dialogprinzip:

Treten Sie mit Ihrer Angst in den Dialog und machen Sie sich bewusst, welche Angst Sie spüren. Wehren Sie sich nicht, sondern lassen Sie sie voll zu. Sehen Sie Ihre Angst direkt an. Entzaubern Sie sie, indem Sie sie in ihrem Ursprung erkennen.

Um welche Angst handelt es sich? Wodurch ist sie entstanden? Nehmen Sie die Situation gemeinsam mit der Angst an. Wenn es die Angst des verwundeten Kindes ist, machen Sie sich bewusst, dass Sie nicht mehr das Kind sind und dass Sie dabei sind, die Wunde zu heilen.

Wenn Sie das Gefühl haben zu sterben, ermutigen Sie sich, dass damit immer auch ein Werden verbunden ist, dass in diesem Moment bereits Neues in Ihnen zu entstehen beginnt. In beiden Fällen gilt es, die Angst zuzulassen und – nachdem Sie sie voll gefühlt haben – auch wieder loszulassen. Lenken Sie dafür das Bewusstsein auf sich selbst, treten Sie bewusst in den inneren Dialog und fühlen Sie die Liebe und Geborgenheit Ihres Wesens. Suchen Sie die Geborgenheit in sich selbst. Nehmen Sie sich selbst aktiv an.

Sucht

Wenn echtes Sehnen nicht erfüllt wird, dann entsteht aus jedem Sehnen eine Suche, die irgendwann zu einer Sucht wird.

»Ich komme einfach nicht von diesem Mann los«, sagte eine Frau, »ich muss ständig an ihn denken, ich kann nicht ohne ihn sein.«

»In mir ist ein ständiger Hunger – sosehr ich es auch versuche, ich kann auf Süßes einfach nicht verzichten, ich muss mir einfach am Abend etwas Gutes tun.«

»Es ist dieser innere Druck, noch besser zu werden, noch mehr zu erreichen.«

»Innere Realitäten sind gierige Biester, die nie genug bekommen«, sagte kürzlich ein Mann während eines Workshops, als er von einer Freundin berichtete, die sich durch ihre Sucht nach Versorgung immer mehr ins Abseits manövriert hatte.

Wenn wir in den ersten Lebensjahren nicht die emotionale Versorgung bekommen haben, die wir brauchen, und wir nicht selbstverständlich das Gefühl von Liebe und Annahme erfahren haben, dann wird aus uns, dem sehnenden Kind, ein zukünftig sehnsüchtiger Erwachsener werden, der rastlos auf der Suche ist, sich das zu erfüllen, was so unerfüllt in ihm lebt.

Wenn wir in das Gesicht der inneren Realität aus den ersten Jahren blicken, dann blicken wir in das Gesicht eines hungrigen und frierenden Kindes, das sich nach Geborgenheit und Wärme sehnt.

Bei den meisten von uns sind innere Realitäten mit Sucht verbunden, die unter anderem eine Ursache dafür ist, dass uns ein Spurwechsel nicht gelingt. Alkoholsucht, Tablettensucht, Drogensucht, Arbeitssucht, Personensucht, Perfektionssucht, Erfolgssucht, Sportsucht, Beziehungssucht, Kaufsucht, Esoteriksucht, Religionssucht … Sucht kann unendlich verschiedene Gesichter haben und diese immer wieder wechseln. Immer gleich ist sie in ihrem Grund: Ich versuche, das echte Sehnen in mir, das nicht erfüllt wurde, durch Kompensation an anderer Stelle zu erfüllen – und komme dadurch niemals an. Mehr noch, durch das Suchen an falscher Stelle werde ich immer hungriger und erschöpfter und lande irgendwann in dem Ruin von damals, aus dem meine Sucht entstanden ist – fehlende Begegnung –, mit zusätzlicher Erschöpfung auf personeller, gesundheitlicher und nicht selten materieller Ebene.

> Der Ursprung jeder Sucht ist die Suche nach Liebe. Nach Annahme und nach Geborgenheit. Die Annahme und Geborgenheit, die uns in den ersten Jahren nicht zuteilwurde.

Nicht immer ist es für uns auf den ersten Blick erkennbar, dass wir längst »süchtig« geworden sind. Ist die Sucht bei Substanzmitteln relativ schnell sichtbar, so gibt es andere Bereiche, in denen sie lange Zeit unentdeckt bleibt. So erkannte ein Mann während der Beratung, dass die Kälte und Lieblosigkeit seines Elternhauses zu einer Sucht nach Harmonie geführt hatte, deren Zwang kein Störgefühl in seiner Familie erlaubte, was am Ende zu aufbrechenden Konflikten und Brüchen innerhalb der Familie geführt hatte. Eine andere Klientin erkannte, dass ihre innere Realität sie in die Leistungssucht getrieben hatte, in der es ihr nicht möglich war, Grenzen zu akzeptieren, und die darüber am Ende sich und ihr Team in die Erschöpfung trieb. Ein anderer Klient wurde auf der vergeblichen Suche nach seiner als Kind nie »emotional gehabten« Mutter von seiner inneren Realität in Affären getrieben, die seine Ehe am Ende scheitern ließen und ihn zusätzlich finanziell ruinierten.

»Ich löse die Sucht nicht durch äußeren Verzicht, sondern durch die Auflösung meiner inneren Fixierung.«

Jeder, der sich befreien und die Spur seines inneren Gefängnisses verlassen will, muss sich fragen, in welchem Bereich seines Lebens er ein Süchtiger ist bzw. womit er die fehlende Geborgenheit und Liebe in seinem Leben und aus den ersten Jahren zu kompensieren versucht, und er muss bereit sein, sich davon zu verabschieden.

Selbstreflexion

Wo Sucht ist, gibt es keine Grenzen. Sie entsteht dort, wo ich »muss« und nicht mehr frei bin zu wollen – das merke ich, wenn ich das, was ich scheinbar will, nicht lassen kann. Halten Sie einen Moment inne und finden Sie heraus, wo Ihre Sehn-Sucht liegt. In welchem Bereich müssen Sie etwas haben oder tun? Fragen Sie sich, wo und wodurch Sie kompensieren, und vor allem, was Sie kompensieren. In welche Richtung treibt Ihre innere Realität Sie, um Ihre Sehnsucht zu erfüllen? Finden Sie heraus, was Ihnen fehlt und wonach Sie sich tatsächlich sehnen. Was versuchen Sie wiedergutzumachen, was Sie an anderer Stelle nicht erfahren (haben)?

Verzicht auf vergebliches Sehnen

> Je mehr Sie mit sich in Beziehung sind, umso weniger müssen Sie sich auf andere Menschen, Objekte, Inhalte fixieren.

Kennen Sie den Aufbau eines Hühnerauges am Fuß? Die Eigenheit eines Hühnerauges ist, dass man sich nur dann von ihm befreien kann, wenn man den Stachel in der Tiefe entfernt. Viele tragen die oberen Hornhautschichten ab und verspüren eine kurzfristige Entlastung, aber solange die Wurzel noch da ist, wächst die Hornhaut immer wieder nach und beginnt wieder zu drücken.

> Unsere Sucht aufzulösen bedeutet, für immer auf die fehlende Liebe in der Kindheit zu verzichten, sich auf den Weg der Selbstliebe zu begeben und den Halt in sich zu finden.

Wenn wir verstehen wollen, warum es so schwer ist, sich von der Sucht zu befreien, dann liegt der Grund darin, dass wir den »Stachel des Hühnerauges« im Außen sehen. Das bedeutet, dass wir versuchen, unsere Sucht dadurch zu lösen, indem wir uns vornehmen, auf das jeweilige Suchtmittel zu verzichten, und die Leere, die dadurch automatisch entsteht, mit Disziplin oder Ablenkung zu überwinden – was meist nur eine kurze Zeit gelingt. Entweder kommt die Sucht dann an derselben Stelle verstärkt zurück, oder wir suchen uns ein anderes »Suchtmittel«, um uns zu beruhigen. Tatsächlich lösen können wir unsere Sucht nur, wenn wir bereit sind anzuerkennen, dass der Stachel *nicht* die Droge ist, die wir uns ausgesucht haben; es ist nicht das Substanzmittel, die andere Person, die Beziehung, die Arbeit, die Anerkennung, der Erfolg, der Sport, sondern der Stachel sitzt in uns selbst. Wir selbst sind der Stachel.

Es ist der Stachel der fehlenden Anerkennung und Liebe aus den ersten Jahren, den wir in uns tragen und der dazu geführt hat, dass wir keine oder nur eine schwache Verbindung zu uns selbst haben. Um diesen fehlenden inneren Halt zu ersetzen, müssen wir uns im Außen fixieren auf der Suche nach der Geborgenheit und Liebe, die wir damals nicht bekamen. Sucht aufzulösen – egal, welches Gesicht sie trägt – bedeutet, für immer auf diese Liebe zu verzichten und sich auf den Weg der Selbstliebe, auf den Weg des inneren Dialogs zu begeben und den Halt in sich zu finden. Es bedeutet aufzuhören, an der falschen Stelle zu suchen, und zu erkennen, dass die Lösung nicht im Außen zu finden ist, sondern in unserem Inneren. Es bedeutet zu erkennen, dass der Verzicht, den wir zu leisten haben, vielmehr der innere als der äußere Verzicht ist, der Verzicht auf Wiedergutmachung, der Verzicht auf kindliche Versorgung und die Bereitschaft anzuerkennen, dass das unerfüllte Sehnen, das wir in uns tragen, niemals mehr erfüllt werden kann. Wenn wir dies tun, werden wir erkennen, dass die »Droge« am Ende vollkommen unerheblich ist und der Verzicht am Ende *wie von selbst* stattfinden wird – und sei es nur, dass wir das richtige Maß entwickeln.

Wie löse ich mich von meiner Sucht?

»Sucht löst man nicht im Außen, sondern im Inneren.«

Folgender Abschnitt soll Ihnen eine Hilfestellung geben, wie Sie sich konkret von Ihrer Sucht befreien können. Dies kann die Sehnsucht sein, perfekt sein zu müssen, »alles und jeden versorgen zu müssen«, die Sehnsucht nach einer anderen Person, die Sehnsucht danach, immer besser sein zu müssen, oder eben auch die klassische Sehnsucht, sich durch Substanzmittel zu beruhigen. Entwickeln Sie ein Gespür für das Gefühl der Sehnsucht in sich – finden Sie heraus, worauf diese sich richtet, und fangen Sie an, sie aufzulösen.

> Jede Droge ist so lange eine Droge, solange ich ihr die Bedeutung gegeben habe, mich zu retten.

Konkret bedeutet dies im Alltag: In jedem Moment, in dem Sie sich (sehn)süchtig »angezogen« fühlen, richten Sie unmittelbar den Blick auf sich selbst. Konzentrieren Sie sich nicht auf das Suchtmittel, sondern auf Ihre innere Fixierung. Erkennen Sie, dass es die fehlende Nähe aus den ersten Jahren ist, die Sie treibt und die auf dieser Ebene nicht mehr wiedergutzumachen ist. Sich von der Sucht zu befreien heißt, Stück für Stück die Kindheit loszulassen, indem Sie konsequent auf das Verlangen nach kindlicher Geborgenheit und Wiedergutmachung verzichten.

Machen Sie sich immer bewusster, dass das Verlangen in Ihnen die unerfüllte Sehnsucht des einstigen Kindes ist. Wenn das Verlangen auftritt, verzichten Sie bewusst auf den Wunsch nach Versorgung und konzentrieren sich auf sich und darauf, die Verbindung zu Ihrem Wesen aufzunehmen. Praktizieren Sie dafür den inneren Dialog (siehe das Kapitel »Heilung durch den inneren Dialog« ab Seite 211) und leben Sie auf dieser Grundlage das im Außen, was machbar ist und echte Erfüllung bringt.

Bauen Sie sich selbst mit jedem Schritt auf, mit dem Sie Ihre Sucht abbauen. So lange, bis es immer selbstverständlicher und immer befreiender wird: Das Verlangen kommt, Sie bleiben bei sich und lassen das Verlangen gerne los, weil Sie immer mehr spüren, wie Sie durch den Verzicht an der richtigen Stelle immer stärker werden. Spüren Sie, wie der Verzicht der Sucht Sie (er)wachsen und frei werden lässt. Verschwenden Sie keine Energie, sich gegen das Verlangen oder das, was Sie begehren, zu wehren – versuchen Sie nicht, die Droge zu verdrängen, zu ignorieren, sondern lenken Sie Ihre Konzentration auf sich um. Diese Bewusstseinsumleitung ist ein zentraler Schritt der eigenen Befreiung. Solange Sie der Meinung sind, sich von Ihrer Droge befreien zu müssen, bewegen Sie sich noch auf der falschen Ebene und sind im permanenten, kraftraubenden Widerstand, der meist zusammenbricht.

Sich von inneren Realitäten zu verabschieden und die Spur zu wechseln bedeutet, dass wir uns von der falschen Suche verabschieden und uns auf die echte Suche machen.

Je mehr wir erkennen, dass die Droge an sich nur deswegen Bedeutung hat, weil wir ihr die Bedeutung gegeben haben, umso stärker werden wir. Je mehr wir erkennen, dass es die fehlende Anerkennung, Liebe und Geborgenheit *in uns* ist, die uns treibt, und wir spüren, dass es nicht die Droge ist, die uns zieht, sind wir nicht mehr das Opfer in diesem Geschehen.

Zusammenfassung

Je mehr wir lernen, unseren Gefühlen zu begegnen, umso mehr werden wir erkennen, dass am Ende die Gefühle miteinander verbunden sind und kein Gefühl ohne das andere existiert – auch wenn wir häufig nur eines zurzeit fühlen. Unser innerer Feind ist ein Zusammenspiel aus allen Emotionen, die aus Kränkung, Ohnmacht und Mangel entstanden sind. Um ihn aufzulösen, müssen wir jedem seiner Gesichter im Dialog begegnen, dem Gesicht der Wut, dem Gesicht der Angst, der Trauer, des Schmerzes, dem Gesicht der Sucht. Dazu gehört auch, dass wir uns nicht von einem Gesicht ablenken lassen, um nicht dahinterblicken zu müssen. Erst wenn alle Masken gefallen sind, kann unser eigenes Gesicht zum Vorschein kommen.

Geben Sie sich dafür die Möglichkeit und machen Sie sich auf die Suche: Bin ich depressiv, weil ich Angst vor meiner Wut habe? Bin ich wütend, weil ich Angst vor meiner Trauer habe? Bin ich voller Angst, weil ich Angst habe, wütend zu sein, oder befinde ich mich in einer Wutschleife, weil ich voller Angst bin? Was für eine Rolle spielt Kränkung in mir? Hält sie mich in meiner Wut, Sucht, Trauer und Angst gefangen, weil ich meine, den Schmerz über die Verletzung nicht ertragen zu können? Finden Sie die Ursache Ihrer Gefühle und lösen Sie sie in ihrem Grund auf.

Wann wird es endlich leichter?

»Ich habe das Gefühl, dass ich da nie rauskomme«, sagte ein Klient während einer Sitzung. »Wann ist nur diese Wut endlich vorbei?«

»Ich sitze schon wieder in dem Loch der Depression, dabei war ich doch schon draußen«, sagte eine Frau.

»Irgendwann muss es doch einmal vorbei sein«, sagte ein Mann.

So leicht sich ein Spurwechsel auf der einen Seite anhört, so braucht er auf der anderen Seite seine Zeit und auch Geduld. Ich möchte Ihnen an dieser Stelle Mut machen, geduldig und offen zu bleiben: »Rom ist nicht an einem Tag erbaut worden«, und auch dieser Prozess – Ihr eigenes Werden – braucht Zeit. Lassen Sie sich durch Tiefen nicht frustrieren oder beängstigen.

Machen Sie sich bewusst, dass der Weg ein Teil Ihres Ziels ist, gerade dann, wenn Sie das Gefühl haben, dass Sie die Schmerzen und Gefühle nicht ertragen können, dass Sie keine Kraft mehr haben und sich fragen, wie lang der Weg noch ist, den Sie zu gehen haben.

Sagen Sie sich in solchen Momenten, dass Sie gerade jetzt, da es Ihnen gelingt, Ihre Gefühle und Schmerzen anzunehmen, das Ziel schon erreicht haben: Sie sind bei Bewusstsein geblieben und bereits ein Stück stärker geworden.

Sagen Sie sich: *Je mehr ich zulasse und jetzt, in diesem Moment, spüre, umso weniger liegt noch vor mir. Alles, was ich jetzt verdränge, kommt später an anderer Stelle wieder hoch.*

Je mehr Sie Ihren Gefühlen begegnen können, umso mehr werden Sie spüren, dass Sie stärker, ruhiger und selbstsicherer werden – auch im Umgang mit den Gefühlen anderer.

Wenn wir das erste Mal beginnen, eine Entlastung zu spüren, wenn wir das erste Mal die Erfahrung gemacht haben, »dass es tatsächlich funktioniert«, wie einmal kürzlich ein Klient sagte, der jahrelang seinen Schmerz über den Verlust seines Vaters verdrängt hatte und dadurch seine Beziehungen immer nur mit emotionaler Handbremse leben konnte – wenn wir die Erfahrung machen, dass der Schmerz dadurch, dass wir ihn fühlen, am Ende nicht nur weniger wird, sondern wir auch stärker werden, können wir daraus immer mehr Motivation für unsere weitere Befreiung ziehen.

»Irgendwann geht es wie von selbst«, sagte ein Klient zu mir, »ich werde nicht mehr depressiv, wenn mich der Schmerz oder die damit verbundenen Emotionen überkommen, sondern im Gegenteil, ich sehe es als Teil meiner Arbeit an, die ich zu machen habe, um frei und unabhängig zu werden. Ich sage mir: Gut, dass ihr kommt, denn dann kann ich euch endlich auflösen und mich endlich von euch befreien.«

Ermutigung

An dieser Stelle möchte ich schon auf einen Punkt vorgreifen, der ein entscheidender Teil des Dialogprinzips ist und an späterer Stelle ausführlich besprochen wird: Energieverlust und Schmerz entstehen am Ende nur durch unseren Widerstand.

Wenn Sie Zweifel und Erschöpfung auf diesem Weg verspüren, sagen Sie sich: *Ja, ich will die Wut, die Angst, die Trauer, den Schmerz fühlen. Ich lasse alles zu, was in mir ist, ja, es ist jetzt gerade schwer, und ja, es ist kaum erträglich – aber es geht auch vorbei.* Wenn Sie es schaffen, ohne Widerstand zu bleiben, dann werden Sie immer mehr spüren, dass das Ganze eine Wellenbewegung ist.

Die Welle kommt, und in dem Moment, in dem es unerträglich erscheint, bricht sie und läuft aus.

Schritt 4: Verzicht auf Wiedergutmachung

Das, was gewesen ist, ist gewesen. Egal, was wir tun, wir werden es nicht wiedergutmachen können.

Sich von den inneren Realitäten zu befreien bedeutet, sich radikal von der Rolle des Opfers zu verabschieden – und zwar auch dort, wo wir das Opfer gewesen sind. Am Ende bedeutet dies für viele, auf eine nicht gehabte Kindheit endgültig zu verzichten und sich von jedem Anspruch auf Versorgung zu verabschieden.

So schmerzhaft und so unerträglich es ist, nicht das erfahren zu haben, was wir eigentlich mit allem Recht verdient hätten - irgendwann werden wir dorthin kommen, denjenigen zu vergeben, die uns verletzt haben. Wenn wir uns ausgewütet und zu Ende getrauert haben, dann wird irgendwann die Zeit kommen, in der es gilt, das anzuerkennen, was gewesen ist, und zu verzeihen. Zu verzeihen und loszulassen. Loszulassen und weiterzugehen.

Damit uns dies gelingt, müssen wir bereit sein, endgültig auf Wiedergutmachung zu verzichten.

Die Sucht nach dem eigenen Leid und Schmerz

Wenn wir unsere Spur wechseln wollen, dann kommen wir immer auch an die Stelle, an der wir uns fragen, warum einigen ein Spurwechsel gelingt, während andere sich dies zwar immer wieder vornehmen, am Ende aber stehen bleiben. Warum verharren einige ihr Leben lang in der Schleife des Schmerzes, beklagen sich über ihr Leid und können sich nicht befreien, während andere weitergehen und weiterleben?

> Spurwechsel werden nicht von Opfern unternommen, sondern von Menschen, die erkennen, dass sie, sobald sie erwachsen sind, selbst verantwortlich sind für ihr Leben – und damit auch für ihr eigenes Leid.

»Es ist so ungerecht«, sagte kürzlich ein Klient, dessen Partnerschaften immer wieder daran scheiterten, dass die Frauen seinen Ansprüchen nach Aufmerksamkeit und Zuwendung nicht gerecht werden konnten. »Ich muss anerkennen, dass meine Eltern mir keine wirkliche Grundlage für mein Leben geben konnten und ich vor diesem Hintergrund beziehungsunfähig bin. Ich hatte keine Kindheit, ich bin Ende 30 und habe keine Familie. Finden Sie es gerecht, dass das Einzige, was ich jetzt tun kann, ist, mir all das selbst zu geben, was meine Eltern mir damals versagt haben? Finden Sie es gerecht, dass der Einzige, der jetzt dran ist – nur ich selbst bin?«

»Es tut mir leid«, sagte ein 43-jähriger Klient kurz bevor er sich in die Frühberentung aufgrund einer nicht aufhörenden Erschöpfung verabschiedete. »Von Anfang meines Lebens an war ich für andere da – jetzt bin ich dran.«

»Ich gehe bis zum Gericht da kenne ich nichts«, sagte eine Klientin, die unter chronischen Rückenschmerzen und einem Arbeitsplatzkonflikt litt, »ich lasse mich nicht von noch einem Mann respektlos behandeln. Mein Vater langte mir.«

»Ich werde mich nicht scheiden lassen«, sagte eine Frau, deren Eltern sich trennten, als sie vier Jahre war, »bei mir gibt es keine Scheidung.«

Es ist wohl einer der entscheidenden Gründe, warum wir es nicht schaffen, unsere innere Realität aufzulösen und uns ein Spurwechsel in unserem Leben nicht gelingt:

Wir sind nicht bereit, die Spur des Kindes in uns zu verlassen und anzuerkennen, dass der Mangel und das Leid, was wir erfahren haben, nie wiedergutzumachen und durch nichts zu ersetzen sind. Stattdessen halten wir an ihnen fest: Wir wollen nicht anerkennen, was gewesen ist! Wir sind nicht bereit, die tiefe Missachtung unserer Person zu verzeihen! Wir wollen Wiedergutmachung dafür! Vergeblich versuchen wir mit aller Kraft und Vehemenz, die kindliche Versorgung und Heilung der damaligen Verletzung auf anderen Ebenen nachzuholen, und blockieren so uns und unser Leben.

Selbstreflexion

Nachdem Sie sich mit dem Ursprung Ihrer inneren Realität und Ihren Emotionen auseinandergesetzt haben: Fragen Sie sich nun, ob Sie selbst es sind, die diese unbemerkt am Leben hält, und ob Sie damit selbst Ihr Leben blockieren, weil Sie einen inneren Wiedergutmachungs- und einen Versorgungsanspruch in sich tragen? Wenn ja, in welchen Bereichen Ihres Lebens suchen Sie nach kindlicher Versorgung? Wo versuchen Sie, den erfahrenen Mangel und die Kränkung aus den ersten Jahren wiedergutzumachen?

Das Glück des eigenen Unglücks

Der kindliche Wiedergutmachungsanspruch hält nicht nur unsere innere Realität am Leben, sondern lässt uns dadurch automatisch zu Opfern in unserem weiteren Leben werden. So paradox sich dies auf den ersten Blick anhört, so oft findet doch genau das statt: Es gibt unendlich viele Menschen, die nicht glücklich werden wollen, weil sie ihr Glück in dem bekannten Unglück gefunden haben, in der kindlichen Hoffnung, nun endlich gerettet und erlöst zu werden. Sie bleiben in einer Beziehung, die ihnen nicht guttut, verharren in einer beruflichen Situation, von der sie wissen, dass sie etwas anderes wollen, oder können die Vergangenheit, die ihnen Schmerzen bereitet hat, nicht hinter sich lassen. Zutiefst gekränkt stehen sie noch immer – ohne verzeihen zu können – ihrem ersten Schmerz und auf dieser Grundlage allen weiteren schmerzhaften Situationen in ihrem Leben gegenüber. So kommen immer wieder Menschen in die Beratung, die zum Teil noch nach zehn Jahren und mehr eine alte Beziehung nicht abgeschlossen oder den Verlust des Jobs nicht verwunden haben. Sie sind verbittert und verhärtet, leiden häufig unter Körpersymptomen und ihr Leben ist blockiert. »Das Leben meint es nicht gut mit mir«, »Ich bin nicht liebenswert«, »Die anderen Menschen sind schlecht« sind typische Aussagen von Betroffenen, die in ihrer inneren Realität gefangen leben. Sie haben sich in eine Klage-

> Sich ein Leben aufgebaut zu haben, in dem man sich nicht von dem lösen kann, was nicht mehr ist oder was nicht richtig ist, hat seine Ursache im ungelösten Wiedergutmachungsanspruch an unsere ersten Bezugspersonen.

schleife über ihr Leben begeben, über die nicht nur die Betroffenen selbst, sondern auch ihre Umwelt längst resigniert hat.

Wenn wir beginnen, uns in unserem Leben als Opfer zu fühlen, und der Überzeugung sind, dass wir unsere Situation nicht ändern können, dann ist es höchste Zeit, dass wir uns daran erinnern: Es gibt keinen erwachsenen Grund, im Leid vergangener Beziehungen zu verharren. Es gibt keinen Grund, an Personen, Situationen oder Beziehungen beruflich wie privat festzuhalten, die uns schaden und in denen wir nicht glücklich sind. Es gibt keine Grundlage, »es nicht zu schaffen, zu gehen, oder es nicht zu schaffen, klärend auf Augenhöhe zu bleiben«. Sich als Erwachsener als Opfer zu fühlen kann nur dann geschehen, wenn wir uns nicht von der kindlichen Ebene verabschieden wollen. Ein Kind ist Opfer – ein Erwachsener ist immer auch Täter. Solange wir nicht bereit sind, das anzuerkennen, haben wir unser Elternhaus noch nicht verlassen und erwarten als kindlicher Erwachsener von unserem Umfeld hilflos wie vergeblich die nächste Wiedergutmachung.

Ich als Täter, nicht als Opfer

Jede innere Realität beginnt dort, wo das Opfersein anfängt, und endet dort, wo Augenhöhe beginnt.

Wenn wir uns von unserer inneren Realität befreien wollen, dann müssen wir bereit sein, die uns zugefügte Verletzung zu akzeptieren, und anerkennen, dass es keine Wiedergutmachung mehr für das erfahrene Leid gibt.

Ein tatsächlicher Spurwechsel bedeutet:

1. Ich bin bereit, mich endgültig von meiner unerfüllten Kindheit zu verabschieden, und erkenne an, dass es keine Erfüllung auf dieser Ebene mehr geben wird.
2. Die einzige Chance, die ich habe, ist, im Hier und Jetzt meine Erfüllung als Erwachsener zu suchen.

Gelingen kann uns dies, wenn wir uns bewusst machen, was für Auswirkungen die innere Realität auf unser Leben hat und bereits gehabt hat. Je deutlicher wir sehen, wie wir unser Leben dadurch blockiert und manchmal auch zum Teil schon zerstört haben, umso bereiter werden wir sein, »loszulassen«.

Solange ich mich als Opfer der Situation betrachte, so lange gibt es keinen Bedarf für Veränderung und keine Kraft für einen Spurwechsel.

Unsere Heilung und Befreiung besteht eben auch darin, dass wir bereit sind, unsere »Täterschaft« anzuschauen. Dazu zählt unter anderem, sich dessen gewahr zu werden, dass wir das, was wir erfahren haben, längst begonnen haben weiterzugeben: Die innere Realität enthält nicht nur den Schmerz der Verletzung, sondern auch das Wissen, was verletzen kann. Dieses Wissen nutzen wir automatisch,

Wenn wir uns von unserer inneren Realität befreien wollen, dann können wir dies nur, wenn wir uns auch den Teil unseres Lebens anschauen, in dem wir durch sie zum Täter geworden sind, wo wir Beziehung und Begegnung zerstört und abgelehnt haben, wo wir verletzt haben.

wenn wir uns ohnmächtig und hilflos fühlen. Der eine wählt die kalte Ignoranz, die emotionale Härte und Kälte, die er schmerzhaft erfahren hat, der andere das Schweigen, der Nächste die wütende Beschimpfung, wieder ein anderer die Lüge und den Betrug und der Nächste die Verachtung durch Entwertung. Um uns zu schützen, greifen wir auf die Mittel zurück, unter denen wir damals durch unsere Bezugspersonen gelitten haben, und werden zu den Tätern, die uns damals verletzt haben – obwohl wir uns als Opfer fühlen.

Selbstreflexion

Nachdem wir uns nun damit auseinandergesetzt haben, was uns angetan wurde, müssen wir im nächsten Schritt schauen: Was davon habe ich, ohne es zu bemerken, übernommen und tue dies anderen Menschen an? Innere Realitäten aufzulösen bedeutet nicht nur, sich dem Schmerz zu stellen, der uns zugefügt wurde, sondern auch dem Schmerz zu stellen, den wir anderen zugefügt haben.

Übung

Machen Sie sich eine Liste der inneren Realität, die Sie auflösen wollen und von der Sie das Gefühl haben, dass diese Sie fest im Griff hat. Notieren Sie, was Ihnen damals entgegengebracht worden ist, und überprüfen Sie dann, welche Verhaltensweisen Sie davon übernommen haben. Wo haben Sie Beziehung zerstört? *Wodurch* haben Sie sie zerstört? Übernehmen Sie Verantwortung für Ihre Täterschaft, die durch Ihre innere Realität entstanden ist, und sorgen Sie dafür, das durch Sie entstandene Leid wiedergutzumachen.

Verlassen Sie ab jetzt Ihre Opferposition. Es gilt nun nicht mehr: *Was wurde mir angetan?*, sondern: *Was tue ich?*

Erkennen Sie in der Frage nach Ihrer Täterschaft keine Anklage, sondern die Möglichkeit, Ihre Selbstwirksamkeit wiederherzustellen. Je mehr es Ihnen gelingt, zu sehen, dass Sie die Situation mit Ihrem Handeln, Denken und Fühlen immer mit beeinflussen, umso mehr werden Sie spüren, dass Sie in Ihre Kraft zurückkommen.

Betroffenheit und Selbstverantwortung

Wenn wir uns in der inneren Realität nicht mehr nur als Opfer fühlen, sondern erkennen, dass wir durch sie längst zu Tätern geworden sind, ist der erste Schritt getan. Erkennen wir darin dann noch, wie aussichtslos unser Handeln auf der Grundlage der inneren Realität ist, werden wir umso mehr Kraft finden, uns von ihr zu befreien. »Die Erkenntnis, zu was mich die innere Realität gemacht hat, war der erste entscheidende Schritt, mich von ihr zu befreien«, sagte ein Klient. »Als ich erkannte, wie ich Jahr um Jahr das vergeblich um Liebe bettelnde Kind gewesen bin und dadurch meine Partnerschaften in den Sand gesetzt habe, da wollte ich nicht mehr. Da hatte ich endgültig genug. Als mir bewusst wurde, wie ich die Menschen, die mir nahestanden, durch die Wut auf meine Mutter verletzte, indem ich sie mit derselben Kälte bestrafte, wie ich bestraft wurde, als ich erkannte, wie ich jedem Menschen, der mir nahekommen wollte, keine Chance gab, so wie ich damals keine Chance hatte, da begann ich innezuhalten und zu sagen: Es reicht. Ich will nicht mehr. Ich will nicht mehr mein Leben durch das zerstören, was mich damals verletzt hat, ich will nicht mein Leben lang an dem festhängen, was nicht gewesen ist, und andere Menschen dafür benutzen, dass sie das wiedergutzumachen haben, was meine Eltern verursacht haben. Ich will nicht mehr das Kind bleiben, das nicht angenommen worden ist – ich will endlich leben.«

Das Drama vom inneren Kind

»Liebe Frau Prieß«, schrieb mir vor einiger Zeit ein Klient in einer Mail, »ich möchte mich erkundigen, ob Sie noch Kapazitäten für eine Beratung haben – ich habe zwar schon viel Therapie gemacht, aber ich glaube, ich muss mich mal wieder um mein inneres Kind kümmern, es wird wieder unruhig in mir.«

»Jahrelang habe ich Therapie gemacht und mich um mein kleines Mädchen in mir gekümmert«, sagte eine Frau, »ich habe es versorgt und ihm alles Gute getan, aber das hat mein Leben nicht verändert. Im Gegenteil. Ich habe angefangen, mich als Kind zu behandeln, obwohl ich keines mehr bin – und bin in meinem Leben immer kindlicher geworden.«

> Das Einzige, was wir nachzuholen haben, ist zu lernen, die Verbindung zu uns selbst aufzunehmen, zu unserem Wesen – und nicht, in uns eine kindliche Ebene zu versorgen, die längst vorbei ist.

Die Literatur ist voll von »dem inneren Kind« und den Empfehlungen, diesem ein Zuhause zu geben. Ich stehe diesem Konzept kritisch gegenüber. Nicht, weil ich es nicht für notwendig halte, den tiefen Verletzungen und Wunden aus der Kindheit heilend Rechnung zu tragen. Nicht, weil ich nicht der

Überzeugung bin, dass, wenn diese Verletzungen nicht geheilt werden, ein erwachsenes Leben nicht wirklich stattfinden kann – sondern weil ich einen entscheidenden Punkt darin vermisse: Augenhöhe.

Ich vermisse in dem Bemühen um die Verletzung die Anerkennung, dass wir kein Kind mehr sind. Ich vermisse in dem tiefen Verstehen des Schmerzes die Notwendigkeit des Verzichts. Und ich vermisse in dem Mitgefühl für die Verletzung das Benennen der Destruktivität der Wiedergutmachung. Wenn wir beginnen, uns in innere Kinder aufzuteilen, dann besteht die Gefahr, dass wir anfangen, uns als Kinder zu behandeln, und die Augenhöhe verlieren – uns selbst gegenüber, unserem Leben und auch unserer Heilung gegenüber.

Meiner Erfahrung nach kann das Bild eines inneren Kindes unter anderem ein Grund sein, warum Therapien nicht zu einem Spurwechsel führen, sondern am Ende dazu, dass wir uns über unsere Verletzungen zwar bewusst geworden sind, aber die Lösung darin sehen, im übertragenen Sinne unsere Wunden zu lecken.

Wenn in den ersten Jahren existenzielle Bedürfnisse nicht erfüllt werden, dann hinterlässt das eine tiefe Wunde und damit verbunden den verständlichen Anspruch, dass das, was damals zu Unrecht geschah oder nicht geschah, wiedergutzumachen. Wenn wir jedoch nicht anerkennen, dass dies nicht mehr möglich ist, und nicht nach einer ausreichenden Zeit der Trauer bereit sind, unsere Kränkung darüber aufzugeben, dann scheitern wir nicht nur in unseren Beziehungen – sondern auch in unseren Therapien. Auch wenn es nur ein kleiner Unterschied in der Formulierung scheint, so verbirgt sich dahinter doch Entscheidendes. Es ist etwas anderes, ob ich mich um die Wunde kümmere, die in meiner Kindheit entstanden ist, oder ob ich mich um das Kind in mir kümmere. Es ist ein Unterschied, ob ich in die Vergangenheit zurückkehre, um mich von ihr zu befreien, oder um sie nachzuholen. Wir können die kindliche Wunde nur heilen, wenn wir gleichzeitig anerkennen, dass wir erwachsen sind. Wir können unsere innere Realität nur auflösen, wenn wir nicht mehr in der kindlichen Geborgenheit und im (gekränkten) »Kleinsein« die Erlösung sehen, sondern im »Großsein« die Chance auf Befreiung erkennen.

Immer wieder berichten Klienten von ihren Versuchen, »ihrem inneren Kind« das zu geben, was sie damals von ihren Eltern nicht erfahren haben, ohne jedoch eine Befreiung zu erleben – im Gegenteil: Sie haben sich dadurch unter anderem die Chance auf ein erfülltes Leben als Erwachsener genommen.

> Die tatsächliche Heilung liegt am Ende nicht in der Anerkennung der kindlichen Verletzung, sondern in der Bereitschaft, in dieser Anerkennung auf die Kindheit endgültig zu verzichten und die kindliche Ebene für immer zu verlassen.

Das Nachholen dessen, was damals nicht stattgefunden hat, ist zweifelsohne notwendig für die Heilung – aber es findet auf einer anderen Ebene statt: Das, was wir nachholen müssen, ist zu lernen, mit unserem Wesen, unserer Seele in den Dialog zu treten, die Verbindung zu uns selbst aufzubauen und auf dieser Grundlage der Welt zu begegnen. Fähig werden zur Begegnung und auf dieser Grundlage fähig werden zur Vergebung: Dort liegt die Kraft, unser

Potenzial und die Heilung – und nicht in der Versorgung eines inneren Kindes.

Schritt 5: Vergebung

Vergeben heißt loslassen. Alles.

»Acht Jahre hielt ich an einer Beziehung zu einem Mann fest, der mich immer wieder und wieder abgelehnt hat«, sagte eine Frau. »Erst als ich meinen Wiedergutmachungsanspruch in dieser Beziehung erkannte, als ich erkannte, dass es meine Kränkung über die Ablehnung meiner Mutter gewesen ist, die mich an dieser leidvollen Beziehung festhalten ließ, wachte ich auf. Ich war nicht nur über meine Kränkung erschüttert, sondern auch darüber, wozu diese mich getrieben hat. In diesem Moment wusste ich: Es reicht! Sieh dich an – bist du das wirklich? Was ist mit deinem Leben? Wie lange willst du noch unverzeihlich bleiben? Und ich begann, Schritt für Schritt meiner Mutter für ihre Ablehnung zu vergeben. Von diesem Tag an war ich mit einem Mal nicht mehr das Opfer in meiner Partnerschaft. Ich war auch nicht mehr das Opfer in meinem Leben, das darauf wartete, dass die Rettung an die Tür klopfte. Es gab keine Zweifel mehr für mich. Ich tat das, was ich längst hätte tun müssen, aber nie konnte – ich ging.«

Auf Wiedergutmachung endgültig zu verzichten wird erst in dem Moment stattfinden, wenn wir erkennen, wie aussichtslos diese Forderung ist. Die kindliche Versorgung werden wir erst dann endgültig aufgeben wollen, wenn wir erkennen, wer wir tatsächlich sind. Wenn wir erkennen, wie befreiend es ist, endlich erwachsen zu sein und das Potenzial unseres Wesens leben zu können. Je mehr wir spüren, dass der endgültige Verzicht auf die Kindheit keine Bestrafung, sondern im Gegenteil unsere Rettung ist, werden wir die Lust und Kraft in uns spüren, diesen Weg zu gehen.

In diesem Moment werden wir auch bereit sein, denjenigen zu vergeben, die uns das verwehrt haben, was wir dringend gebraucht hätten. Denen zu vergeben, die uns möglicherweise um einen grundlegenden Teil unseres Lebens betrogen haben – und uns dadurch manchmal sogar fast um unser ganzes Leben gebracht hätten. Denen, die uns verletzt und manchmal zutiefst gekränkt haben, weil sie uns das Selbstverständlichste auf der Welt verweigert und unser Vertrauen missbraucht haben. Wir werden bereit sein, ihnen zu vergeben, weil wir spüren, dass wir mehr sind als das Kind von damals, dass wir *trotz allem* – trotz all der Härte, der Kälte, dem Leid und dem Mangel – *am Leben* sind. Dass wir trotz aller Verletzung da sind. Dass wir mehr sind als der Mangel und der Schmerz, den wir erfahren haben, und dass wir alle Chancen für Leben in uns tragen, wenn wir uns endlich von dem befreien, was uns am Leben gehindert hat. Wenn wir endlich unsere eigene Spur gehen.

Je bewusster wir uns über unser tatsächliches Wesen werden, umso mehr sehen wir in unserem Erwachsensein die Chance, dieser Fülle in uns endlich Gestalt zu geben.

»Wie lange habe ich damit gehadert, was mir mein Vater angetan hat«, sagte ein Klient. »›Du musst ihm vergeben‹, hat meine Frau immer gesagt, aber ich war nie bereit. Warum ich es jetzt bin? Weil ich vergeben *will*. Ich *will* vergeben, weil ich weitergehen will!«

»Ich will nicht länger in der Vergangenheit leben!«, sagte eine Klientin, »ich will endlich im Hier und Jetzt ankommen.«

»Ich will Zukunft gestalten«, sagte ein Mann, »ich will endlich eine glückliche Partnerschaft.«

Vergeben können nur diejenigen, die erkennen, dass sie mehr sind als das, was sie zu vergeben haben. Der innere Dialog lässt Sie dies erkennen.

Je mehr wir die Kraft in uns spüren, die Kraft unseres inneren Wesens, und die Chance, es als Erwachsener endlich leben zu können, je mehr wir im inneren Dialog mit uns selbst sind, umso mehr sind wir auch bereit zu vergeben, anstatt zu verurteilen und unsere Eltern in ihrem Wesen und in ihren inneren Realitäten zu sehen. »Meine Mutter wollte mich nicht«, sagte eine Frau, »und meine Großmutter wollte meine Mutter nicht.«

»Mein Vater hat mich mit Kälte bestraft und mein Großvater hat seine Kriegserfahrungen an meinem Vater ausgelebt«, sagte ein Mann.

»Mein Vater hat mich und meinen Bruder zu Höchstleistung getrieben. Er kommt aus einem armen Elternhaus, was ihm kein Studium erlaubte«, sagte ein Klient.

Wir werden erkennen, dass es die Unfähigkeit unserer Eltern gewesen ist, aus dem eigenen Wesen heraus zu handeln, und feststellen, dass es kein Vorsatz, sondern deren innere Realitäten waren, die uns Leid zugefügt und schließlich zu unseren eigenen geführt haben. Je bereiter wir sind, endgültig auf das zu verzichten, was uns damals zu Unrecht verwehrt wurde, und die Kraft dazu in uns selbst spüren, umso menschlicher werden wir und umso mehr werden wir auch die menschlichen Verstrickungen erkennen, die von Generation zu Generation weitergegeben werden – in den wenigsten Fällen aus Bösartigkeit, sondern aus Hilflosigkeit. Und in diesem Sehen und Verstehen werden wir bereit sein zu vergeben.

Wenn wir aktiv den inneren Dialog praktizieren, dann empfinden wir es als Freiheit und Freude, unser Leben zu gestalten – und nicht als Last. Dann wollen wir nicht mehr in der Vergangenheit verharren, sondern im Jetzt leben.

Wir werden bereit sein zu vergeben, weil wir diesen Kreislauf durchbrechen wollen. Weil wir das, was wir erfahren haben, nicht an unsere Kinder weitergeben wollen. Wir wollen vergeben, weil wir leben wollen.

Auflösung der inneren Realitäten von den ersten Bezugspersonen

Im folgenden Abschnitt möchte ich Ihnen als Unterstützung und abschließende Zusammenfassung einen Leitfaden geben, der Ihnen die einzelnen Schritte zur Auflösung der inneren Realität zeigt, die wir in den ersten Jahren entwickelt haben.

Leitfaden

Sie haben festgestellt, dass Sie einen tiefen Mangel in Ihrer Kindheit erfahren haben. Dieser hat dazu geführt, dass Sie eine innere Realität entwickelt haben, die anstatt Ihrer selbst Ihr Leben führt, es blockiert und Sie daran hindert »anzukommen«. Sie haben erkannt, dass Sie zu sich selbst nur wenig oder gar keine Verbindung mehr haben.

Stellen Sie sich im nächsten Schritt bitte die folgenden drei Fragen:

Möchten Sie in der Enttäuschung und Verbitterung über das, was Ihnen zu Unrecht angetan oder Ihnen nicht gegeben wurde, Ihr restliches Leben verbringen?

Möchten Sie weiterhin im Leid bleiben und immer wieder Situationen erleben, die Ihnen Leid zufügen?

Möchten Sie auf das verzichten, wonach Sie sich sehnen – gelingende Beziehung und erfülltes Leben im Hier und Jetzt?

Wenn Sie diese drei Fragen mit einem klaren Nein beantworten können und in sich die Entscheidung getroffen haben, dass Sie *Ihr* Leben *leben* wollen, dann wenden Sie sich nun Ihrer inneren Realität und damit Ihrer Herkunft zu.

Stellen Sie sich Ihren ersten Bezugspersonen und dem, was Sie erlitten haben. Sehen Sie es sich genau an. Beschönigen Sie nichts. Übersteigern Sie nichts.

Machen Sie sich deutlich, welche innere Realität daraus entstanden ist. Wodurch, wann und wie wirkt sie?

Sie werden irgendwann an den Punkt kommen, an dem Sie vergeben müssen. Erst wenn Sie vergeben, werden Sie frei sein und die Vergangenheit hinter sich lassen können. Bevor Sie jedoch vergeben, müssen Sie all den Schmerz zulassen, der in Ihnen ist. Den Schmerz, der in Ihnen verursacht wurde. Nehmen Sie sich bewusst Zeit dafür.

Führen Sie sich vor Augen, wo der Schmerz liegt und wodurch er entstanden ist. Fühlen Sie ebenfalls bewusst all Ihre Gefühle und verleihen Sie ihnen den Ausdruck, der Ihnen entspricht.

Geben Sie jeden Widerstand auf. Unterdrücken Sie nichts, aber sorgen Sie dafür, dass Sie sich nicht verlieren.

Finden Sie heraus, wie sich der damals erfahrene Mangel HEUTE äußert und mit welchen Konsequenzen er verbunden ist. Verzichten Sie auf jede Kompensation und üben Sie sich im inneren Dialog.

Wenn Ihnen dies gelungen ist, treten Sie Ihren inneren Eltern erneut gegenüber. Zunächst Ihrer Mutter und Ihrem Vater, und dann beiden gemeinsam. Setzen Sie sich nacheinander zuerst auf den Platz Ihrer Mutter, dann auf den Platz Ihres Vaters und schließlich auf den gemeinsamen Platz der beiden. Fühlen Sie sich in die jeweiligen Personen hinein.

Was fühlen Sie als Ihre Mutter? Was fühlen Sie als Ihr Vater? Und was fühlen Sie, wenn Sie sich in die Beziehung der beiden hineinversetzen?

Erkennen Sie an, was Sie sehen, und nehmen Sie es an – heißen Sie es jedoch nicht gut.

Betrachten Sie in diesem Verstehen Ihre Verletzungen. Reflektieren Sie, wo Sie aufgrund Ihrer inneren Realität zum Täter geworden sind, was genau Sie weitergegeben haben. Wo Sie das fortgesetzt haben, was Sie damals verletzt hat – an sich selbst und an anderen Menschen.

Nun kommt der schwierige Teil: Erkennen Sie an, dass das, was gewesen ist, längst vorbei und nicht mehr wiedergutzumachen ist. Besinnen Sie sich darauf, wer Sie jetzt sind – ein erwachsener Mensch. Erkennen Sie, dass die Lösung dort liegt, wo sie von Anfang an gelegen hat: in Ihrem Wesen, in der Verbindung zu Ihnen selbst, im inneren und äußeren Dialog.

Erst wenn Sie die kindliche Bewusstseinsebene verlassen, bekommen Sie einen freien Blick auf die Welt und auf Ihre tatsächlichen Potenziale. Erst dann werden Sie zum Gestalter in Ihrem Leben. Seien Sie bereit für den Verzicht, in dem Wissen, dass Sie Opfer sind, solange Sie Kind bleiben.
Wenn Sie so weit sind, vergeben Sie Ihren Eltern bzw. Ihrem Vater oder Ihrer Mutter – in der Reihenfolge, die Ihnen entspricht. Vergeben Sie sich selbst, wo Sie aufgrund Ihrer Verletzungen ebenfalls verletzt haben, und bitten die Menschen um Vergebung, die Sie verletzt haben.
Verlassen Sie endgültig die kindliche Bewusstseinsebene und konzentrieren Sie sich auf den inneren und äußeren Dialog. Praktizieren Sie bewusst die fünf Elemente des Dialogs – sich selbst und Ihrer Umwelt gegenüber.

Selbstreflexion

Wenn wir all unserer Wut, unserer Trauer, unserem Schmerz genügend Ausdruck verliehen haben, wenn wir ausreichend den Blick auf uns selbst gerichtet haben und bereit sind, auf Wiedergutmachung zu verzichten – dann gilt es, den Blick auf die Eltern zu richten und diese zu sehen. Mit ihnen in den Dialog zu treten, sich für sie zu interessieren, zu öffnen und sich auf deren Platz zu setzen: Welche Atmosphäre ist Ihren Eltern in deren Kindheit entgegengebracht worden? Wer waren Ihre Eltern in ihrer Situation als Eltern? Wer waren sie in ihrer Verstrickung? Versetzen Sie sich in die Lage Ihrer Eltern und fühlen Sie mit ihnen mit. Wenn Ihnen dies gelungen ist, treten Sie einen Schritt zur Seite. Betrachten Sie sich und Ihre

Wunde wie auch Ihre Eltern auf Augenhöhe. Nehmen Sie an, was Sie sehen, und wenn Sie so weit sind, vergeben Sie ihnen.

Übrigens: Vergebung findet nicht im Kopf oder unter Zwang statt, sondern aus einem inneren Frieden. Wenn Sie diesen Frieden in sich noch nicht spüren, überprüfen Sie, woran Sie innerlich noch festhalten. Was wollen Sie nicht anerkennen? Woran halten Sie noch fest? Was brauchen Sie, um dies loszulassen?

Nutzen Sie dafür auch die Kraft des inneren Dialogs – in dem Wissen, dass nur diejenigen vergeben können, die erkennen, dass sie mehr sind als das, was sie zu vergeben haben. Das Kapitel ab Seite 211 ist dem inneren Dialog gewidmet. Nehmen Sie es als Unterstützung für den Prozess des Verzeihens – gerade wenn Sie erkennen, dass Ihnen der Verzicht und das endgültige Loslassen schwerfallen.

Für die Auflösung unserer inneren Realität ist es ebenfalls notwendig, all die Verletzungen zu heilen, die durch sie in unseren Leben entstanden sind. Für einen Spurwechsel gehört also nicht nur der Frieden mit unseren Eltern, sondern auch die Heilung der aus dem Unfrieden entstandenen Folgen. Der folgende Leitfaden ist für diejenigen, die aufgrund ihrer inneren Realitäten gescheiterte Beziehungen und damit verbundene Verletzungen in sich tragen. Er soll ihnen die Möglichkeit geben, diese zu heilen, um sie loszulassen.

Heilung für Verletzungen durch innere Realitäten in Beziehungen

Sie haben sich aufgrund Ihrer inneren Realität in eine berufliche oder private Verstrickung begeben, die entweder zum Scheitern, zumindest aber zu vielen Trümmern geführt hat.

Stellen Sie sich folgende Fragen:

- Möchten Sie das Geschehene als Bestätigung für eine »schlechte Welt« nehmen und in der Enttäuschung und Verbitterung über das, was gewesen ist, Ihr restliches Leben verbringen?
- Möchten Sie im Leid Ihrer inneren Realität bleiben und immer wieder Situationen erleben, die Ihnen Leid zufügen?
- Möchten Sie auf das verzichten, wonach Sie sich sehnen – gelingende Beziehung und erfülltes Leben im Hier und Jetzt?

Wenn Sie jede Frage ehrlich mit Nein beantworten können und sich entschieden haben, in Ihrem Leben doch noch das zu erreichen, was Sie sich wünschen, dann werden Sie irgendwann an den Punkt kommen, wo Sie vergeben müssen. Der anderen Person für das, was sie Ihnen angetan hat. Sich selbst für das, was Sie getan haben. Und dann müssen Sie beiden Parteien vergeben. Erst wenn Sie vergeben, werden Sie frei sein und weitergehen können.

Bevor Sie jedoch vergeben, müssen Sie all den Schmerz zulassen, der in Ihnen ist. Den Schmerz, der in Ihnen durch die andere Person/Beziehung verursacht wurde, und die damit verbundenen Emotionen. Nehmen Sie sich bewusst Zeit dafür. Führen Sie sich vor Augen, wo der Schmerz liegt und wodurch er entstanden ist – finden Sie dabei heraus, ob es sich um einen bekannten Schmerz handelt, der sich nur verstärkt hat. Fühlen Sie die damit verbundenen Emotionen und unterdrücken Sie nichts. Finden Sie den Ausdruck, den es braucht, damit Sie alles loslassen können. Wählen Sie dabei immer eine Ausdrucksform, die keinen neuen Schmerz entstehen lässt. Es genügt nicht, den Schmerz anzuschauen, der in Ihnen ist, sondern Sie müssen sich auch den Schmerz anschauen, den Sie (aufgrund Ihrer inneren Realitäten/Ihres Schmerzes) verursacht haben. Nur dann werden Sie auch loslassen können. Machen Sie dazu folgende Übung.

Übung

Konzentrieren Sie sich auf die andere Person und auf Ihr gemeinsames Erleben, auf Ihre gemeinsame Zeit. Führen Sie sich alle Situationen vor Augen und dann versetzen Sie sich in die andere Person.

Stellen Sie sich bildlich vor, dass Sie sich gegenübersitzen und dann die Plätze wechseln. Sie setzen sich auf den Platz der anderen Person und versetzen sich mit Ihren Gedanken und Gefühlen in ihre Lage.

Versuchen Sie zu fühlen und zu denken, was die Person denkt. Fragen Sie sich, wo ihr Schmerz sitzt, den Sie ihr zugefügt haben.

Eine andere Möglichkeit ist, sich einmal in Ruhe hinzusetzen und in den inneren Dialog zu treten. Stellen Sie sich die folgende Frage: Wo habe ich die andere Person verletzt? Grübeln Sie nicht darüber nach, sondern versuchen Sie, die Antwort auf der emotionalen Ebene zu finden.

Diese Übung erfordert sehr viel mehr Stärke, als sich die Verletzungen anzuschauen, die einem zugefügt worden sind. Es ist auf den ersten Blick immer leichter, Opfer als Täter zu sein – aber die Befreiung findet nicht auf der Opferebene statt.

Überlegen Sie ganz konkret, »wo Sie aufgrund Ihrer inneren Realität zugeschlagen haben«. Nutzen Sie diese Übung dafür, um sich Ihrer Täterschaft bewusst zu werden.

Heilende Betroffenheit

Manchmal wacht man erst dann auf, nachdem man alles in Trümmer geschlagen hat. Vielen von uns wird erst bei der Aufarbeitung ihrer inneren Realität bewusst, wie viel wechselseitiger Schmerz durch sie entstanden ist – und wie wir durch sie den Partner oder auch andere Menschen verletzt haben.

Wenn wir dies erkennen, dann fühlen wir eine tiefe Bestürzung in uns, die nichts mit Selbstmitleid, Angst oder mit schlechtem Gewissen zu tun hat, sondern die einem Gefühl der echten Erkenntnis entspringt – verbunden mit tiefer Trauer über die zerstörerische Auswirkung des eigenen Handelns.

Diese Momente sind unendlich kostbar für die Befreiung und Lösung Ihrer inneren Realität und damit für zukünftige *heilvolle* Beziehungen in Ihrem Leben!

Die Momente, in denen Sie ohne Selbstanklage erkennen, wie grausam die innere Realität sein und was für ein Zerstörungspotenzial sich in ihr verbergen kann.

»Mich traf diese Erkenntnis wie ein Schlag«, sagte ein Manager, »mitten im Flieger, als ich über das Scheitern meiner Ehe nachdachte – da lief es dann plötzlich wie eine Kaskade vor meinen Augen ab, diese unendliche Härte in mir, mit der ich meine Frau gezwungen habe, sich mir anzupassen – ich war zutiefst erschüttert über das Leid, das ich ihr dadurch zugefügt hatte. Gleichzeitig erinnerte ich mich plötzlich an Entlassungen meiner Mitarbeiter, an vergangene Freundschaften und war betroffen, wie sich diese Härte durch mein Leben zog. Mir tat es zutiefst leid, was ich damit verursacht hatte.«

Diese heilenden Momente des Erkennens sind von Gefühlen der Verantwortung und der Akzeptanz getragen: In solchen Momenten können wir nicht umhin, als anzuerkennen, was wir verursacht haben, und nicht selten bedauern wir es zutiefst. Solange Sie sich schuldig fühlen, sich immer und immer wieder selbst anklagen oder einseitig auf den Anteil des anderen ausweichen, so lange sind Sie noch dabei, gegen das, was gewesen ist, anzukämpfen, und noch nicht dort, wo Sie sein müssten, um sich wirklich zu befreien. Erst wenn es Ihnen gelingt, »bei sich zu bleiben«, Ihren Anteil an der Situation auf Augenhöhe zu betrachten, echte Bestürzung fühlen und bereit sind, dafür die volle Verantwortung zu übernehmen, erst dann setzt Heilung ein – Ihre und die Ihres Lebens.

Je mehr Sie erkennen, dass Sie den Schmerz in sich vervielfachen, wenn Sie Ihr Gegenüber verletzen, umso mehr werden Sie in Zukunft Abstand davon nehmen.

Selbstreflexion

Machen Sie sich bewusst, was Ihr Anteil in schmerzhaften und gescheiterten Beziehungen gewesen ist. Was in Ihnen hat dazu geführt, dass Sie so gehandelt und Ihr Gegenüber verletzt haben? Lernen Sie Ihre innere Realität kennen. Fühlen Sie deren Schmerz und deren Verletzung, die Sie hat so handeln lassen, und fragen Sie sich, wo sie ihren eigentlichen Ursprung hat.

Wo waren Sie das Opfer, was hat Sie jetzt zum Täter werden lassen? Welchen Schmerz, welche Verletzung haben Sie weitergegeben?

Nutzen Sie den Moment des Erschreckens, um sich von Ihrem »inneren Feind« zu befreien und ihn in Zukunft davon abzuhalten, wenn er das Ruder in die Hand nehmen will. Überlegen Sie dafür konkret, in welchem Moment, in welcher Situation »es gekippt« ist. Wo haben Sie sich zurückgezogen und dem Feind das Ruder überlassen, dass es zu der Verletzung kommen konnte?

Befreiung durch Lernen

Jeder Befreiungsprozess ist ein Lernprozess. Die Erkenntnis, warum wir so gehandelt haben, ist dabei genauso wichtig wie die, welche Konsequenzen unser Handeln gehabt hat. So haben wir die Möglichkeit, in Zukunft anders zu handeln.

Wenn Sie nun die Betroffenheit und die Erschütterung über den Schmerz fühlen, den Sie durch Ihre innere Realität verursacht haben, werden Sie auch spüren, dass Sie am Ende immer sich selbst verletzen, wenn Sie Ihr Gegenüber verletzen – und Ihrer inneren Realität nur weiter Nahrung geben und Ihr Schmerzkonto erhöhen.

Nutzen Sie die Erkenntnis für Ihr zukünftiges Leben. Dazu gehört auch zu erkennen, wie Sie reagieren, wenn Sie verletzt werden oder wenn Sie sich durch Ihr Gegenüber verletzt fühlen. Wie ist Ihre Reaktion?

Die meisten von uns reagieren mit einer Gegenverletzung und verstärken dadurch den Schmerz. Den Schmerzkreislauf zu durchbrechen würde bedeuten, in dem Moment, in dem Sie sich verletzt fühlen, nicht mehr aus der Verletzung heraus zu handeln, sondern diese zu heilen und dann, wenn nötig, zu reagieren.

Verantwortung übernehmen

»Ich kann es mir einfach nicht vergeben, dass ich so wütend gewesen bin«, sagte ein Mann. »Ich habe mit meiner Wut die Beziehung zerstört. Mit so jemandem wie mir will keiner mehr etwas zu tun haben.«

»Ich kann es mir nicht vergeben, dass meine Kinder als Trennungskinder aufwachsen. Wie kann ich mir da noch in die Augen schauen? Wie kann ich der Welt da noch in die Augen schauen? Man trennt sich einfach nicht!«

»Ich werde es mir nie vergeben, dass ich meinen Mann betrogen habe«, sagte eine Klientin, »ich habe damit unsere Partnerschaft zerstört und unseren gemeinsamen Traum, für den wir so lange gekämpft haben. Ich habe das Glück meines Mannes auf meinem Gewissen. Ich habe es nicht verdient, glücklich zu werden.«

Am Ende jeder gescheiterten Beziehung oder leidvollen Situation steht die Vergebung – dazu gehört auch die Selbstvergebung. Sie können sich nur von Ihrer inneren Realität befreien, wenn Sie sich dafür vergeben, was Sie durch sie getan bzw. nicht getan haben.

Dies setzt Augenhöhe und Verantwortung voraus. Es bedeutet anzuerkennen, wer Sie sind – und das schließt Ihre innere Realität mit ein. Ihre innere Realität wird diesen Moment der Selbsterkenntnis und Selbstverantwortung scheuen, denn sie weiß: Je betroffener Sie sind, umso mehr entsteht der Wunsch nach Veränderung. Sie wird also alles dafür tun, um zu verhindern, dass Sie betroffen sind, und – wenn Sie die Betroffenheit fühlen – dafür sorgen, dass Sie darin verharren. Entweder lässt sie Sie in ein lähmendes Schuldgefühl rutschen oder in die destruktive Selbstanklage, die alles, was Sie getan haben, und auch Sie als Person in einem Rundumschlag vernichtet – sodass eine Veränderung »sinnlos« für Sie erscheint. Lassen Sie sich davon nicht beeinflussen: Sich schuldig zu fühlen ist nur ein subtiler Mechanismus der inneren Realität, Sie davon zu überzeugen, alles beim Alten zu belassen.

Es genügt nicht, dem anderen zu vergeben, es gilt auch, sich selbst zu vergeben.

Selbstreflexion

Zu einem echten Spurwechsel gehört immer auch die eigene Vergebung. Verabschieden Sie sich von der Selbstanklage wie auch vom falschen Selbstmitleid. Sie wollen sich von Ihrer inneren Realität verabschieden und Ihr Leben verändern, oder?

Begegnen Sie sich dafür auf der Grundlage der fünf Elemente des Dialogs.

Interesse und Offenheit: Ich begegne mir offen für das, was ich getan habe, und interessiere mich für die Ursache.

Empathie und Wertschätzung bzw. Liebe: Ich verstehe mein Handeln, ohne es gutzuheißen. Ich nehme mich auch in meiner »Schuld« an.

Augenhöhe anstatt Selbstanklage und Selbstverurteilung: Ich übernehme Verantwortung für meine Schuld, ohne mich dafür kleinzumachen.

Beginnen Sie, sich selbst in Ihrer inneren Realität zu verstehen, sich anzunehmen und dafür Verantwortung zu übernehmen. Erkennen Sie, dass Sie in dem Moment nicht anders konnten – nicht im Sinne einer Gewissensberuhigung, sondern im Sinne der Selbsterkenntnis. Verharren Sie nicht in der Schuld darüber, sondern entscheiden Sie sich, dieses **Nicht-anders-Können** aufzulösen. Vergeben Sie sich auf der Grundlage der Bereitschaft, sich zu verändern.

Auf der Grundlage der eigenen Vergebung kehren Sie bitte noch einmal zurück zu den Schmerzen, die Sie durch die andere Person erfahren haben. Beurteilen Sie diese erneut. Entscheiden Sie sich auch dort für Vergebung. Halten Sie Ihre innere Realität nicht durch Nichtverzeihen anderen Personen gegenüber am Leben. Vergeben Sie, was noch zu vergeben ist, und werden Sie frei.

4. Kapitel

Spurwechsel in der Partnerschaft

Wenn wir in den ersten Jahren nicht das Glück und die Notwendigkeit der liebevollen Annahme auf allen Ebenen erfahren haben, dann tragen wir, je nach unserer individuellen Erfahrung, die Beziehung in uns, die uns unsere ersten Bezugspersonen vermittelt haben – und (über)tragen diese, ob wir wollen oder nicht, in unsere Beziehung mit der nächsten engsten Bezugsperson – unserem Partner bzw. unserer Partnerin. Wir begegnen diesem oder dieser nicht mit unserem Wesenskern, sondern mit unserer inneren Realität, und wiederholen, ohne es zu wollen, unser kindliches Leid. Auf dieser Grundlage werden viele von uns selbst zu Eltern, und so wiederholt sich der Kreislauf – so lange, bis wir innehalten und beginnen, ihn zu durchbrechen.

Ferien vom Ich

Wenn Paare zu mir in die Beratung kommen, dann häufig nach Jahren der Zerrüttung, des Kampfes und der Leere. Meist suchen sie die Beratung wegen gemeinsamer Kinder auf, innerlich verspüren jedoch beide oder zumindest einer das Drängen, sich aus dieser Situation »nur noch befreien zu wollen«, und Befreiung scheint Trennung zu sein.

Nicht selten ist eine dritte Person im Spiel, die das zu geben scheint, was in der Partnerschaft gefehlt hat, und die die vermeintliche Lösung darstellt. Der Kampf der inneren Realitäten hat tiefe Spuren hinterlassen und man ist nicht mehr wirklich bereit, sich dem anderen zu öffnen – im Gegenteil: Hinter dem Graben hat jeder seine Mauer hochgezogen.

Was ist die Lösung in so einer Situation? Was bedeutet Spurwechsel? Bedeutet Spurwechsel Partner- und Situationswechsel? Oder bedeutet Spurwechsel, aus der Spur der inneren Realität herauszutreten und zu schauen, ob eine gemeinsame Spur möglich ist?

In den 1950er-Jahren gab es einen Film, der »Ferien vom Ich« hieß – und der mit seinem Titel auf treffende Art und Weise beschreibt, wonach wir uns häufig in Krisensituationen sehnen: einfach alles hinter uns zu lassen und noch einmal ganz neu anzufangen.

Doch jeder, der auf der Suche nach Entspannung und Erfüllung im Außen die Lösung zu finden geglaubt hat, wird früher oder später die Erfahrung machen, dass das, was der Titel des Filmes verspricht, eben *nicht* möglich ist: Egal, wohin wir gehen – in jede neue Stadt, in jeden neuen Beruf, in jede neue Partnerschaft –, wir nehmen uns überall mit hin – und damit auch unsere inneren Realitäten.

Vor jedem Neuanfang kommt der Abschluss

Wir können erst etwas Neues beginnen und dort Erfüllung finden, wenn wir das Alte abgeschlossen haben. Tun wir dies nicht, wird uns das Alte im Neuen beeinflussen – und gerade auch das im Alten, was zum Scheitern geführt hat. Haben wir unsere Kindheit nicht abgeschlossen, dann wird sie uns in unserem Erwachsenenleben beeinflussen; dasselbe gilt auch für unsere Partnerschaft: Ist die alte nicht abgeschlossen, sind wir mit unserer Aufmerksamkeit noch dort gebunden oder tragen unverarbeitete Emotionen in uns, die die neue Partnerschaft beeinflussen. Manche fühlen weniger, weil sie durch die unverarbeitete Enttäuschung verhärtet sind, andere sind das Gegenteil – sie sind »überempfindlich« und angstbesetzt oder tragen in sich Überzeugungen durch nicht geheilte Verletzungen, die einen Neustart behindern. Erst wenn wir mit der alten Welt abgeschlossen haben, können wir in eine neue Welt eintreten.

»Rückblickend kann ich sagen«, so ein Klient, »dass es vielmehr der Wunsch war, endlich wieder glücklich zu sein, als dass ich tatsächlich schon dafür bereit gewesen wäre. Mit meinem heutigen Wissen hätte ich mich zu dem damaligen Zeitpunkt auf meine neue Beziehung nicht einlassen dürfen. Es war chancenlos und konnte nicht gelingen.«

»Natürlich habe ich mit der alten Sache abgeschlossen – das ist längst vorbei«, sagen sich viele und stellen spätestens bei dem nächsten Scheitern fest, dass sie sich getäuscht haben.

Im Folgenden möchte ich Ihnen vor diesem Hintergrund eine kurze Übersicht zusammenstellen, die Ihnen zeigt, wann eine Situation tatsächlich abgeschlossen ist und Sie frei für einen neuen Abschnitt sind, dem Sie von Beginn an voll Rechnung tragen und den Sie voll genießen können:

- Ich spüre keine Schmerzen mehr in mir, sondern Frieden.
- Ich kann mir, meinem Partner und der Situation auf Augenhöhe begegnen.
- Ich sehe mich nicht mehr als Opfer und habe erkannt, was mein Anteil an dem Scheitern, was meine Verantwortung ist.
- Ich habe aus der Situation gelernt.
- Ich setze das Gelernte um und habe mich in den Punkten verändert, die von meiner Seite aus die Situation oder die Beziehung haben scheitern lassen.

Zusammenfassung

Viele begehen den Irrtum zu meinen, durch eine äußere Veränderung die Spur zu wechseln, obwohl sie die innere Spur halten.
Ein tatsächlicher Neuanfang kann nur dann stattfinden, wenn ich mich von der inneren Realität befreit habe, die mich auf die alte Spur gebracht und dort gehalten hat.

Eine Situation ist nicht dadurch abgeschlossen, dass wir sie verdrängen oder im Außen beendet haben. »Abgeschlossen« beinhaltet immer einen Spurwechsel, das heißt, ich habe gelernt und mich verändert – ich habe mich nicht nur im Außen getrennt, sondern ich habe auch im Inneren die alte Spur verlassen.

Weil *ich* eine neue Richtung *in mir* eingeschlagen habe, nimmt mein Leben eine neue Richtung an. Ich gehe weiter. Das Leben geht weiter. Das, was gewesen ist, ist vorbei.

»Hätte ich doch …«

»Wenn ich damals mit meiner Frau das Gespräch gesucht hätte«, sagte ein Mann, »vielleicht hätten wir die Dinge doch noch klären können und unsere Beziehung gerettet.«

»Hätte ich meinem Mann doch die Chance auf eine gemeinsame Beratung gegeben«, sagte eine Klientin, die ihre zehnjährige Ehe unmittelbar für eine neue Beziehung beendet hatte und nach einem Jahr feststellte, dass es doch nicht das war, was sie sich erhofft hatte. »Wer weiß, was dann gewesen wäre!«

Bevor wir uns zu einer Trennung entscheiden und mit einer Beziehung abschließen, sollten wir uns die Frage stellen, ob wir alles dafür getan haben, diese Beziehung vor dem Scheitern zu bewahren. Viele Betroffene berichten, im Nachhinein mit einer Situation nicht abschließen zu können, weil sie damit hadern, nicht alles getan zu haben. Sie machen sich Vorwürfe und leben in den verpassten Möglichkeiten der Vergangenheit.

Nicht immer haben wir die Chance, »alles zu tun« – wenn wir sie aber noch haben, das heißt, wenn unsere Partnerschaft noch nicht beendet ist, dann sollten wir diese Chance nutzen.

Das Gefühl »alles getan zu haben« entsteht dadurch, indem wir alle Realitäten anerkennen und auf dieser Grundlage eine Entscheidung für das Mögliche und Unmögliche treffen.

Wenn wir das nicht tun, dann bleibt im tiefsten Inneren immer ein ungutes Gefühl; der Welt können wir möglicherweise etwas vormachen – uns selbst im tiefen Inneren jedoch nicht. Wir können uns zwar »aus dem Staub« machen – aber wir werden das Ungleichgewicht, das wir verlassen haben, mitnehmen.

Gerade die Paare, die zusätzlich durch eine Elternschaft verbunden sind, haben nicht nur ihre Realität und die Realität der Partnerschaft anzuerkennen, sondern auch die Realität, dass Kinder wollen, dass diejenigen, aus denen sie gekommen sind, zusammenbleiben. In meinen Beratungen erlebe ich gerade dort zum Teil jahrzehntelanges schlechtes Gewissen, konfliktbeladene Beziehungen zu den Kindern und vergebliche Neuanfänge, weil dies eben nicht anerkannt worden ist und eine Trennung vorschnell und ohne Augenhöhe stattgefunden hat. Wenn wir als Eltern nicht alles für eine Klärung versucht haben, bleibt immer ein schlechtes Gewissen – was niemandem hilft, im Gegenteil. Wir brauchen die Augenhöhe uns selbst und unseren Kindern gegenüber, damit wir durch die Trennung nicht in unseren Kindern das fortsetzen, was zu unserer Trennung geführt hat.

> Die meisten Paare sind kaum im Dialog gewesen, es waren die inneren Realitäten, die Anziehung und Abstoßung verursacht haben. Die Wesen der beiden Menschen sind sich jedoch nicht wirklich begegnet.

»Aber soll ich dann meinen Kindern zuliebe unglücklich bei meinem Mann bleiben?«, fragte eine Klientin. Nein. »Alles zu tun« bedeutet nicht, um jeden Preis mit dem Partner zusammenzubleiben. Es bedeutet vielmehr, alles zu tun, um im Dialog herauszufinden, ob eine echte Partnerschaft möglich ist.

Die meisten von uns tragen innere Realitäten in sich – und sehr vielen von uns sind diese gar nicht bewusst. Wir spüren einfach nur die Anstrengung und Unmöglichkeit im Außen und sehen häufig dann nur noch die Möglichkeit einer Trennung.

Wenn beide sich von ihrer inneren Realität befreit haben, schaffen sie jeweils Raum für eine wesentliche Begegnung. In diesem Raum kann dann geschaut werden, ob eine Partnerschaft möglich ist.

Das muss jedoch nicht immer sein, im Gegenteil. Das Gute ist, dass wir auch in einer zunächst gescheiterten Beziehung durchaus die Chance haben, das noch zu bekommen, wonach wir uns sehnen – wenn wir bereit sind, gemeinsam mit unserem Partner anzuschauen, was zu unserem Scheitern geführt hat und ob dies nicht vielmehr in den inneren Realitäten der Beteiligten und deren Zusammenspiel begründet liegt als in der tatsächlichen Unmöglichkeit, genau mit diesem Menschen eine erfüllte Partnerschaft und Familie zu leben.

Weg von der Anklage, hin zum Dialog

Der erste Schritt zum Spurwechsel in der Partnerschaft ist, dass wir die gegenseitige Anklage verlassen, den Dialog wiederaufnehmen und uns auf die Suche nach dem machen, was uns hat scheitern lassen.

Die fünf Elemente des Dialogs sind auch hier unser Leitfaden, dem anderen zu begegnen. Damit uns dies gelingt, muss jeder der Partner anerkennen: Ich bin nicht nur Opfer, sondern immer auch Täter in meiner Beziehung. Dies gilt vor allem auch dafür, wie wir uns in der Partnerschaft und mit dem Partner gefühlt haben und fühlen. Wir tun dies zwar nicht immer direkt, aber indirekt machen wir den anderen dafür verantwortlich. Selbst wenn wir nur sagen: Du löst das und das in mir aus, sehen wir im Gegenüber noch immer den Auslösenden für unser Gefühl und meist auch die Ursache für die Unmöglichkeit der Situation. Der erste Schritt für einen Spurwechsel – ob für die bestehende oder zukünftige Partnerschaft – ist, das Ruder wieder in die Hand zu nehmen und grundsätzlich anzuerkennen, dass wir selbst die Ursache für das sind, was wir tun, fühlen und denken.

In dieser Erkenntnis gilt es, das System von »Täter und Opfer« zu verlassen, den Blick nach innen zu richten und sich die Frage nach sich selbst in dieser Partnerschaft zu stellen: Was in mir hat dazu geführt, dass ich die Augenhöhe meinem Partner gegenüber verloren habe? Welche innere Realität trage ich in mir, die mich bzw. meinen Partner und unsere Partnerschaft be- bzw. verhindert? Diese Fragen haben sich beide Partner für sich zu stellen – fernab von der Frage nach Schuld, sondern auf der Suche nach echter (Auf-)Klärung.

Je mehr wir erkennen, dass die Ursache dessen, wie wir uns fühlen und wie wir auf den Partner reagieren, in uns selbst liegt, umso mehr Entspannung tritt dem anderen gegenüber ein. Wir können wieder die Augenhöhe einnehmen und auf dieser Grundlage den Dialog führen. »In dem

Moment, als ich erkannt habe, dass das, was ich meinem Mann gegenüber fühle, genau so gewesen ist, wie ich mich damals meinem Vater gegenüber gefühlt habe«, sagte eine Frau, »in diesem Moment trat eine Veränderung ein. Und zwar von jetzt auf gleich. Ich konnte plötzlich loslassen. Es war wie eine Entzauberung der Situation. Wie ein Aufwachen aus einem falschen Film. Lange Zeit konnte ich rational sagen, dass ich mir denselben Typ Mann gesucht habe, wie mein Vater war – aber es hat nichts an der Situation geändert. Ich war ständig am Kämpfen. Ich war der Überzeugung, dass ich im Recht war, dass das, was ich gefühlt habe, durch meinen Partner verursacht worden ist, und ich habe dagegen angekämpft. Ich habe für Respekt gekämpft und dass er mich endlich sieht. Als ich jedoch gespürt habe, dass das Gefühl ein ganz altes Gefühl ist, das Gefühl von damals, dieselbe Ohnmacht wie meinem Vater gegenüber, der mich nicht respektiert und gesehen hat – in diesem Moment konnte ich innehalten und von meinem Partner ablassen. Plötzlich erkannte ich, dass meine ganze Wut und Enttäuschung, diese ungeheure Intensität, der unendliche Schmerz der Schmerz von damals gewesen ist, den ich die ganze Zeit in mir getragen und verdrängt habe. Als ich dies erkannte, konnte ich meinem Partner ganz anders gegenübertreten, und wir konnten nach Jahren endlich einen ruhigen Dialog führen.«

Selbstreflexion

Machen Sie sich auf die Suche, ob und welche innere Realität in Ihnen zum Scheitern Ihrer Partnerschaft beigetragen hat. Wodurch verhindert Ihre innere Realität den Dialog, wodurch hindert sie Sie am Ankommen in Ihrer Beziehung? Nehmen Sie sich dafür Ihre Notizen, die Sie sich über Ihren »inneren Feind« gemacht haben. Mit welchen Überzeugungen ist er verbunden und mit welchen Emotionen? In welchen Momenten tritt er auf? Legen Sie einen extra Abschnitt in Ihrem Notizbuch an mit der Überschrift »Wie mein innerer Feind meine Partnerschaft verhindert« und zählen Sie die konkreten Punkte auf.

»Es war wie eine Befreiung für uns beide«, sagte ein Mann, »als mir bewusst wurde, dass meine Frau nur einen Zustand aus meiner Kindheit ausgelöst hat. In dem Moment, als ich bereit war, diesen Schmerz zu fühlen, und ihm auf die Spur gegangen bin, trat eine Befreiung zwischen uns beiden ein. Es war, als hätte man einen Schalter umgelegt: Als ich den Schmerz in mir als meinen akzeptierte und endlich annahm, verschwand der Schmerz aus meiner Beziehung.«

»Als mir deutlich wurde, dass es meine innere Realität war, die mich in dem Angstzustand von damals hielt, wieder verlassen zu werden«, sagte ein anderer Klient, »konnte ich sehen, dass es nicht meine Frau war, die mich betrog, sondern ich meine Ex-Partnerin in ihr sah. Als ich dies erkannte, war Nähe wieder möglich.«

»Es ist unendlich hilfreich, dass ich erkannt habe, dass mich die innere Realität meiner tobenden Mutter überwältigt, wenn mein Mann ärgerlich ist, und dass es nicht mein Mann ist, der mich überwältigt«, berichtete Susanne.

»Für uns war es der Weg wieder zueinander, als wir beschlossen haben, gemeinsam den Kampf gegen die inneren Realitäten aufzunehmen.« »Wir waren nicht mehr Gegner, sondern wir waren Verbündete.«

»Wir haben uns nicht mehr gegenseitig verurteilt, sondern wir konnten immer mehr erkennen und verstehen und so den Kreislauf aus Macht und Ohnmacht durchbrechen«, sagte Tobias.

Zusammenfassung

In dem Moment, wenn wir spüren, dass die Ursache unseres Fühlens in uns begründet liegt und nicht die andere Person der Grund dafür ist, beginnen wir, uns zu befreien. Wir können erkennen, dass die Blockade in uns liegt, und die Last des Schmerzes von der Situation und Person nehmen. Dadurch bekommen wir einen klaren Blick.

Wir müssen nicht mehr projizieren, um uns des Schmerzes zu entledigen, und befreien dadurch die Situation.

Wer sind wir tatsächlich?

Je bereiter beide Partner sind, sich ihren inneren Realitäten zu stellen, und dadurch die wechselseitige Verstrickung erkennen, umso häufiger tritt die Erkenntnis ein, dass tatsächliche Begegnung kaum und manchmal sogar nie wirklich stattgefunden hat. »Eigentlich sind sich unsere inneren Realitäten begegnet und haben irgendwann in den Kampfmodus gewechselt«, stellen viele Betroffene fest. Mit diesem Bewusstsein kann dann der Dialog geführt werden, der wirklich fruchtbar ist.

Auf der einen Seite kann heilend über die stattgefundenen Verletzungen gesprochen werden, und auf der anderen Seite über die folgenden Fragen: Wer bist du in deinem Wesen? Wer bin ich in meinem Wesen? Gibt es genügend Verbindendes? Dieser Klärungsprozess ist nicht nur für jeden Einzelnen fruchtbar, sondern auch für die Partnerschaft. Es ermöglicht einen ganz neuen Blick auf sich selbst und auf den anderen und gemeinsam zu wachsen.

Diejenigen, die diesen Weg gegangen sind, blicken alle – unabhängig von der am Ende stehenden Entscheidung – mit Frieden und Dankbarkeit zurück. Gegner wandeln sich in Freunde, in dem wachsenden Erkennen: Der andere hilft mir, das aufzulösen, was mich am Ankommen in meinem Leben hindert. Er ist nicht mein Feind, sondern er ist der Feind meiner inneren Realität. Er gibt mir die Chance, sie zu erkennen und aufzulösen – und unterstützt mich darin, zu dem zu finden, wer ich tatsächlich bin.

Wenn sich beide dafür entscheiden, »es noch einmal miteinander zu versuchen«, stellen sie häufig fest, dass dies dann gar kein zweiter Versuch ist, sondern im Grunde ein erster. »Eigentlich habe ich meine Frau erst jetzt wirklich kennengelernt«, sagte ein Mann in diesem Prozess.

»Das, was ich nun von meinem Mann erfahre«, so berichtete eine Frau, »das kam zu Beginn, als wir uns kennenlernten, kurz zum Vorschein. Ich bin dankbar dafür, dass wir die Chance hatten, das, was uns an einem tatsächlichen Zusammensein gehindert hat, zu lösen. Wir haben jetzt das, was wir beide wollten – wir leben jeder unser volles Potenzial und wir fühlen uns beieinander zu Hause.«

So kann diese Arbeit, wenn beide bereit sind, diesen Weg zu gehen, ein Weg der Befreiung sein – nicht nur eine gemeinsame Befreiung in eine erfüllte Partnerschaft und Familie, sondern auch der Weg der eigenen Befreiung – unabhängig von der Entscheidung, die am Ende getroffen wird.

> Den Partner bzw. die Partnerin nicht mehr als Gegner, sondern als Verbündeten und tatsächlichen Freund zu erkennen, verändert die gemeinsame Arbeit in einen fruchtbaren Klärungs- und Lösungsprozess.

Selbstreflexion

Spurwechsel bedeutet, aus der Spur des faschen Ichs herauszutreten und sich von dem Beziehungsmuster zu lösen, das daraus entstanden ist. Es bedeutet, Beziehung nicht mehr auf der Grundlage von Schmerz zu leben, sondern auf der Grundlage von Liebe, die wir nur in unserem eigenen Wesen finden können.

Beginnen Sie dafür zu erkennen, dass Ihr Partner genauso wie Sie innere Realitäten besitzt und genauso wie Sie darunter leidet. Sehen Sie in ihm nicht mehr den Gegner, sondern einen Verbündeten und Freund. Beenden Sie den Kampf untereinander und nehmen Sie gemeinsam den Kampf gegen Ihrer beiden inneren Feinde auf.

Suchen Sie dafür den Dialog über Ihre beiden inneren Realitäten: Beschreiben Sie Ihrem Partner Ihre eigene und geben Sie ihm eine Rückmeldung, wie Sie seine innere Realität erleben und wozu diese bei Ihnen führt.

Betrachten Sie die wechselseitigen Verstrickungen Ihrer beider inneren Realitäten und sprechen Sie offen über die Verletzungen, die dadurch aufgetreten sind. Bitten Sie um Vergebung und suchen Sie den Weg des gegenseitigen Verzeihens. Nutzen Sie dafür auch die Anleitung auf Seite 177f. zur Unterstützung.

Bleiben oder gehen?

> Wenn nur einer an seinen Mustern arbeitet, heißt es noch lange nicht, dass eine Begegnung mit dem anderen möglich wird. Das, was gelöst wird, ist die Verstrickung, mehr aber nicht.

Wenn wir feststellen, dass wir unsere Partnerschaft vor allem auf der Grundlage von inneren Realitäten gelebt haben und es diese gewesen sind, die zum Scheitern, zur Leere und zu einer Unzufriedenheit geführt haben, dann ist das immer der erste Schritt für Veränderung. Was aber ist die Konsequenz daraus? Bedeutet diese Erkenntnis, dass wir mit dem Partner zusammenbleiben sollten und an den inneren Realitäten arbeiten? Wäre eine Trennung dann Flucht und Vermeidung?

Wenn ich erkenne, dass ich mir einen Partner oder eine Partnerin gesucht habe, die über dieselben Muster verfügt, die ich in meinen ersten Jahren schmerzhaft erfahren habe, dann kann ich auch die Entscheidung treffen zu gehen – und zwar in der Erkenntnis, dass für mich nicht genügend Grundlage für eine Partnerschaft da ist.

Marika macht die Erfahrung eines dominanten Vaters, der sie von Beginn an in Besitz genommen hat – gleichzeitig erfährt sie eine Mutter, die sie ablehnt und mit Schweigen straft. Sie sucht sich einen dominanten Partner, der in der Partnerschaft die Regeln aufstellt und entweder wütend oder mit Rückzug reagiert, wenn seine Partnerin nicht seinem Willen entsprach. In der Beratung wurde Marika deutlich, dass sie durch dieses Verhalten in den Zustand von damals versetzt wurde. Ein Jahr lang reagierte sie auf das Verhalten ihres

Partners aus ihrer inneren Realität heraus; sie kämpfte verzweifelt um Respekt und Anerkennung und reagierte mit Angst und Wut auf die Rückzüge. Die Beziehung führte dazu, dass sie jeden Zugang zu ihrem Wesenskern verlor und nur noch in der Identifikation mit dem falschen Ich lebte. Sie selbst jedoch war »nicht mehr da«. Als ihr dies deutlich wurde und sie erkannte, dass ihr Partner sie lediglich in den alten Schmerz versetzt hatte, trat eine erste Distanzierung und Entlastung ein. Je mehr sie diesen in sich auflöste, umso freier wurde sie ihrem Partner gegenüber. Sie fiel nicht mehr in Angst und Hoffnungslosigkeit, wenn dieser mit Rückzug reagierte, noch musste sie wütend gegen seine Versuche ankämpfen, die Regeln vorgeben zu wollen.

Die Fähigkeit zum Dialog bedeutet auch die Fähigkeit zu gesunden Kompromissen – und diese ist mit der Fähigkeit verbunden, zwischen der eigenen Komfortzone und der eigenen Integrität zu unterscheiden. Auf Komfort kann und muss ich manchmal verzichten – auf meine Integrität nicht.

Dies führte auf der einen Seite dazu, dass die Streitereien zwischen den beiden aufhörten – gleichzeitig trat eine wachsende Distanz ein. Der Partner war von seiner Seite aus nicht bereit, in die Veränderung zu gehen und folgte weiter der Spur seiner inneren Realität. Nach einiger Zeit entschloss sich Marika für die Trennung – ohne Aggression oder Vorwurf, sondern in ruhiger Erkenntnis. Je mehr sie die innere Spur ihrer Vergangenheit verließ, umso mehr entstand in ihr die Notwendigkeit, die äußere Spur zu wechseln. Sie fand weder Verbindendes noch mehr genügend Grundlage zwischen sich und ihrem Partner.

Ein gemeinsamer Spurwechsel kann nur dann gelingen, wenn beide Partner bereit für einen inneren Spurwechsel sind. Wenn beide bereit sind, sich dem inneren Schmerz zu stellen und ihn zu lösen. Wenn dies nicht der Fall ist, dann ist eine Trennung meist unumgänglich.

Selbstreflexion

Reflektieren Sie die Verstrickung Ihrer beider inneren Realitäten, die Ihres Partners und Ihre eigene.

Sind Sie beide bereit, jeder für sich und Sie beide gemeinsam, daran auflösend zu arbeiten? Wie sieht dies konkret im Alltag aus? Welche gemeinsamen Lösungsmöglichkeiten gibt es?

Wenn innere Realitäten zum Festhalten zwingen

Vor einiger Zeit kam eine Frau in die Praxis. Ihr Partner habe sie nun erneut verlassen – das vierte Mal in acht Jahren. Sie wolle eine Beratung, die sie darin unterstütze, die Kraft aufzubringen, um ihn zu kämpfen. »Er hat nun einmal aufgrund seiner Kindheit große Probleme«, berichtete die Klientin. Außerdem sei er ihr Schicksal. Die Frau selbst befand sich in einem zweiten Burn-out und war seit vier Wochen krankgeschrieben.

Wenn wir uns in unserer Partnerschaft auf die Suche nach unserer inneren Realität machen, dann müssen wir nicht nur schauen, ob sie der Grund für unser Scheitern ist, sondern genauso, ob sie uns zum Festhalten zwingt. Ich erlebe in meiner Praxis immer wieder Klienten, häufig Frauen, die um jeden Preis an ihrem Partner festhalten. Sie begründen dies dann mit bedingungsloser Liebe und damit, dass ja nur die innere Realität gelöst werden müsste. »Wenn ich meine innere Realität auflöse, dann werden wir glücklich«, ist Tenor der Aussage, oder auch: »Solange ich nicht meinen Anteil an der Situation auflöse, kann ich doch gar nicht sagen, ob wir nicht vielleicht doch zusammenpassen.«

> Die Frage nach Gehen oder Bleiben gilt in beide Richtungen; solange innere Realitäten die Ursache für Gehen oder Bleiben sind, erreichen Sie keine Lösung.

Tatsächlich aber ist es vielmehr die innere Realität, die sie zum Festhalten zwingt, indem sie raffiniert die eigene Auflösung als Lösung vorgaukelt und den Betroffenen den Grund dafür gibt, dort zu bleiben, wo es überhaupt keine Voraussetzung für echte Partnerschaft gibt. Nicht bedingungslose Liebe, sondern bedingungslose Abhängigkeit und tiefe Angst sind es, die die Betroffenen festhalten lassen und deren Lösung nicht nur das innere, sondern auch das äußere Loslassen wäre.

Dasselbe gilt für Männer. Hier ist es häufig die Frage von Schuld und Verantwortung, deren Ursprung nicht in der Partnerschaft, sondern vielmehr in der eigenen Vergangenheit begründet liegt und ebenfalls ein Ausdruck der inneren Realität ist, die die Betroffenen zum Festhalten zwingt, wo eigentlich ein Loslassen längst nötig wäre.

… oder doch lieber arrangieren?

In solchen Prozessen wird häufig gefragt, ob es nicht möglich ist, irgendwie mit seiner inneren Realität zurechtzukommen. »Das ist doch schon ganz schön anstrengend!«, sagte eine Frau um die 50. »Muss man das denn wirklich auflösen und durch all den Schmerz gehen?«

Diese Frage stellen sich viele Betroffene und suchen die Lösung in einem Arrangement. Entweder indem sie erwarten, dass der aktuelle Partner sich ihrer inneren Realität anpasst und fügt oder indem sie sich so lange auf die Suche nach einem Partner machen, der zu der eigenen inneren Realität passt. Zum Abschluss dieses Kapitels möchte ich einige Beispiele dieser Versuche geben.

Eine Frau geht nach einer gescheiterten Beziehung, in der sie von ihrem Partner belogen und betrogen wurde, eine neue Beziehung ein. Jedes Mal, wenn der neue Partner auf sein Handy schaut, keimt in ihr Misstrauen auf und sie wittert einen erneuten Betrug. Sie erwartet von ihren Partnern eine ständige Erklärung, wem sie schreiben, und einen Bericht darüber, was sie tun, wenn sie nicht mit ihr zusammen sind.

Ein Mann macht die Erfahrung einer ihn überbehütenden, hochemotionalen Mutter, in der nicht der Sohn in seinem Wesen, sondern die Ängste der Mutter im Vordergrund stehen. Er erlebt seine Mutter sofort in Tränen, wenn er nicht ihren Vorstellungen entspricht. In seinen Partnerschaften beschreibt er die Unfähigkeit »anzukommen« und die Angst, »wenn ich die Kontrolle aufgebe, werde ich in eine Richtung gedrängt, die nicht gut für mich ist«. Sobald die Partnerinnen ihre Bedürfnisse äußerten, zog er sich zurück – mit der

Erwartung an die Partnerin, dass diese sich ihm anzupassen und ihn nicht in Besitz zu nehmen habe.

Ein Mann wächst in einem emotional kargen Elternhaus auf, in dem die Mutter den Bruder vorzieht. In seiner Partnerschaft wacht er eifersüchtig über die Aktivitäten seiner Partnerin und fordert uneingeschränkte Aufmerksamkeit und Priorität seiner Person.

Wenn wir beginnen, unsere Partnerschaften nach den inneren Realitäten auszurichten, bzw. von unseren Partnern verlangen, dass diese das tun, dann sollten wir uns bewusst sein, dass dies das Ende von Partnerschaft ist und wir darüber bestenfalls eine Lebensgemeinschaft aufbauen, die auf Abhängigkeiten anstatt auf Freiheit basiert. Wir bleiben das ohnmächtige verwundete Kind und sind ohne Augenhöhe uns selbst und unserer Umwelt gegenüber. Auch wenn wir es bewusst nicht wollen, machen wir unseren Partner unbewusst verantwortlich für unseren Schmerz, indem wir erwarten, dass er oder sie sich nach unseren Wunden ausrichtet und uns so aus unserer Ohnmacht erlöst.

Zusammenfassung

Grundsätzlich gilt: Erst wenn wir die Entscheidung, ob wir bleiben oder gehen, auf der Grundlage des inneren Dialogs treffen, ist es eine tragfähige Entscheidung.

Egal, ob wir feststellen, dass die Verstrickungen zu groß sind oder nicht genügend echte Übereinstimmungen vorhanden sind und eine Trennung notwendig ist – wichtig ist, diese Entscheidung auf Augenhöhe und im Bewusstsein über die innere Realität zu treffen. Solange wir als Opfer gehen, erschweren wir einen Neuanfang und kreieren meist die Fortsetzung des Alten.

Die Entscheidung des Arrangements mit der inneren Realität bedeutet die Entscheidung, in der Welt des Defizits zu bleiben – selbst wenn alle Beteiligten damit einverstanden sind. Am Ende gilt auch für die Partnerschaft: Wir können erst dann ankommen, wenn wir unsere innere Realität aufgelöst haben.

5. Kapitel

Heilung durch den inneren Dialog

Wenn wir beginnen, uns von unseren inneren Realitäten zu befreien und ihnen entgegenzutreten, dann kann uns dies nur gelingen, wenn wir parallel dazu aktiv den Kontakt zu unserem eigentlichen Wesen suchen.

Wenn wir wissen, dass die Ursache unserer seelischen Wunden immer in einem zu finden ist, nämlich in fehlender Begegnung, dann haben wir gleichzeitig den Schlüssel für unsere Heilung in der Hand. Wir müssen nachholen, was wir damals von unseren Eltern hätten lernen müssen: die Fähigkeit zur Begegnung – und auf dieser Grundlage zu unserer tatsächlichen Identität finden.

Heilung durch Begegnung heißt, nicht nur dem zu begegnen, was uns verwundet hat, sondern gleichzeitig das zu suchen, was uns heilt. Wir brauchen die Verbindung zu uns selbst, um durch diesen Prozess zu gehen und ihn auch durchzustehen.

Da die meisten von uns ihre Identität auf der inneren Realität aufgebaut haben, bedeutet das Abtragen gleichzeitig auch, unsere Identität abzutragen. Dadurch entsteht bei vielen das Gefühl, »nichts mehr zu haben«, »nichts mehr zu sein« oder auch, wie es im gewissen Sinne tatsächlich ist, »zu sterben«.

Dies kann dazu führen, dass wir den Prozess des Spurwechsels abbrechen. Aus Angst vor dem Nichts bleiben wir lieber in der alten Spur. Damit dieser Prozess nicht in einem Zusammenbruch endet, sondern im Gegenteil in einem Aufbruch und im Wechseln der Spur, müssen wir von Anfang an neben dem »Sterben« auch für ein »Werden« sorgen.

Der innere Dialog – in Kontakt mit dem eigenen Wesenskern treten

Wenn wir erkennen, dass hinter allem die Suche nach Liebe steht, haben wir die Liebe zu suchen – und zwar in uns selbst.

»Das mit dem äußeren Dialog, das klappt schon ganz gut«, sagte ein Unternehmer während eines Workshops vor Kurzem zu mir, »aber das mit dem inneren Dialog, das müssen Sie noch mal erklären.«

So, wie du bist, bist du gut; schön, dass du da bist! Auf dieser Grundlage erfahren wir in den ersten Jahren, wer wir sind. Nicht, weil es die Vorstellung und die Annahme unserer Eltern ist, sondern weil unsere Eltern uns erkennen und darin bestätigen, was tatsächlich ist: *Es ist gut, dass wir da sind, und es stimmt: So, wie wir sind, sind wir gut!* Es stellt sich nicht die Frage, ob wir nicht genügen – es stellt sich nur die Frage, wie wir das, was in uns ist, zum Leben bringen können. In den nächsten beiden Kapiteln geht es also darum, sich endgültig von der falschen Überzeugung der inneren Realität zu verabschieden und zu erkennen, wer wir tatsächlich sind.

Der Wunsch, in seinem Leben »ich selbst zu sein«, der Wunsch nach Authentizität liegt in jedem von uns begründet und ist weit mehr als ein egoistischer Akt der Selbstverwirklichung. Er ist der natürliche Wunsch nach Leben. Unser Wesen ist dafür die Grundlage. In ihm ist alles enthalten – unsere Möglichkeiten und unsere Fähigkeiten –, dort liegen unsere Kraft und unsere Energie. Ein gesundes und erfülltes Leben ist ein wesensgerechtes Leben, ein Leben, das uns in unserem Wesen entspricht.

In meiner Arbeit als Ärztin ist es für mich mittlerweile Fakt, dass Krankheit und Gesundheit unmittelbar damit im Zusammenhang stehen. Alle Patienten, die ich damals während meiner Zeit in der Klinik mit einem Burn-out behandelt hatte, hatten die Beziehung zu sich selbst verloren. Aber auch die Menschen, die mit anderen psychosomatischen Symptomen in die Klinik kamen, standen kaum, nicht mehr oder nicht gut in Beziehung zu sich selbst. Sie alle führten ein Leben gesteuert durch ihre innere Realität – fernab ihrer selbst. Sie konnten weder auf ihre tatsächliche Kraft zurückgreifen noch auf ihre Möglichkeiten und »gingen in ihrem Leben richtiggehend ein«. Die Symptome, unter denen sie litten, waren alles Anzeichen eines an sich gesunden Menschen, der aus dem Gleichgewicht geraten ist.

Wenn wir die Verbindung zu uns selbst verlieren, spüren wir dies unter anderem immer auf der emotionalen Ebene. Wir sind zunächst unzufrieden, gereizt, rast- und ruhelos und fühlen eine unbestimmte Leere, die vor allem dann auftritt, wenn wir mit uns alleine sind. Je weiter wir von uns entfernt sind oder, umgekehrt, je mehr wir uns selbst durch unsere innere Realität unterdrücken, umso kraftloser werden wir und umso mehr nimmt die Leere in uns zu. Wir sind antriebslos, traurig, niedergeschlagen und hoffnungslos. Wir betrauern den »Verlust« unserer Seele – ohne dies direkt in einen Zusammenhang bringen zu können. Jeder spürt, dass er nicht mehr mit sich im Dialog steht – und sei es in einem kurzen Gefühl, einer flüchtigen Ahnung, dass, obwohl im Außen eigentlich alles gut ist, *etwas nicht stimmt.*

Symptome wie Erschöpfung und Depression sind nichts anderes als der Ausdruck davon, dass das eigene Wesen unterdrückt ist. Wer mit sich nicht in Verbindung steht, fühlt sich verständlicherweise »leer«, antriebslos und niedergeschlagen und ist voller Angst.

Auch die Umwelt zeigt uns, wo wir stehen: Je mehr uns die Beziehung zu uns selbst fehlt, umso weniger können wir einen Dialog im Außen führen. Die Beziehungen, die wir haben, werden entweder immer oberflächlicher, oder sie sind von Abbrüchen und wachsenden Konflikten gekennzeichnet.*

Die Beziehung zu uns selbst ist die Grundlage für unser Leben. Wollen wir Gesundheit und Erfüllung finden, können wir das nur, wenn wir wir selbst werden. Dafür brauchen wir den inneren Dialog. Er stellt die Verbindung zu unserer Seele her, durch ihn begegnen wir uns in unserem Wesen und kommen in unser inneres Gleichgewicht. Wir finden Antworten darüber, wer wir sind und was wir brauchen, und bekommen so die Möglichkeit, richtig zu handeln.

* Im Anhang finden Sie eine Übersicht über die vier Phasen, in denen wir die Verbindung zu uns selbst verlieren, wie sich dies äußert und wie innere Realitäten dies verursachen können.

Jeder von uns trägt das Wissen in sich, was es heißt, mit sich im Dialog zu sein: Einige beschreiben es als ein Gefühl des »Angekommenseins«, als Gefühl »so, wie es ist, ist es richtig, so fühlt es sich gut an«. Fernab von rationalen Überlegungen, sondern aus einem tiefen »Bauchgefühl« heraus. »Ich weiß einfach, dass es stimmt«, sagte kürzlich eine Klientin. »Es ist das Gefühl, bei sich zu sein.«

Wenn wir mit uns im Dialog sind, *dann fühlen wir uns*, und wir fühlen uns in uns zu Hause. Es ist ein Zustand geistiger und emotionaler Klarheit.

Während unsere innere Realität uns vermittelt: *So, wie du bist, bist du nicht gut*, und uns auf dieser Grundlage in falsche Werte treibt, führt uns der innere Dialog zu unserem echten Wert. Wir erfahren durch ihn, wer wir in unserem Kern sind, und die damit verbundene innere Gewissheit: So, wie ich bin, bin ich gut. Schön, dass ich da bin!

Auf dieser Grundlage erkennen wir auch, was um uns herum ist, und können in dem Wissen um das eigene Potenzial das Beste aus dem Möglichen machen. Je mehr wir den inneren Dialog praktizieren, umso mehr werden wir die Erfahrung machen, dass sich Türen öffnen, die vorher verschlossen waren. Wir werden Möglichkeiten erkennen und bekommen, die uns vorher verwehrt geblieben sind. »Für mich gibt es keine rationale Erklärung dafür«, sagte ein Klient, »aber in dem Moment, als ich begann, mit mir in Kontakt zu treten, die Verbindung zu meiner Seele wiederaufzunehmen, in dem Moment erhielt ich berufliche Angebote, die ich mir vorher nur gewünscht habe.« Der innere Dialog führt uns zurück in den Fluss des Lebens. Wir werden erkennen, dass, je mehr wir mit uns in Verbindung sind, wir auch in Verbindung mit der Welt sind, dass, je mehr wir »die Tür zu uns selbst öffnen«, sich Türen in unserem Leben öffnen.

»Die Menschen veränderten sich mir gegenüber«, sagte eine andere Klientin, »meine Beziehungen wurden ›seelenvoller‹, und es kamen neue Menschen in mein Leben.«

»Je mehr ich mit mir in Beziehung stand«, sagte eine Klientin, »umso einfacher waren die Beziehungen, die ich führte. Ich war gelassen und entspannt, denn ich war in mir. Es war eine ganz andere Ebene des Kontakts, den ich bisher gewohnt war.«

»Je stärker die Verbindung zu mir wurde«, sagte ein Klient, »umso unabhängiger wurde ich in meinem Leben. Ich musste nicht mehr Bestleistung bringen und war am Ende sogar besser als zuvor. Ich schöpfte einfach um der Sache willen aus dem Guten in mir.«

»Der innere Dialog brachte mir das Gefühl von Heimat zurück«, so eine Klientin. »Durch ihn konnte ich die Kraft schöpfen, meine äußere Heimat zu suchen, die ich bis dahin vermisst hatte. Durch ihn fand ich meinen heutigen Mann.«

Der Weg des inneren Dialogs heißt:
ich selbst werden.

Der Weg des inneren Dialogs heißt, sich selbst von all dem zu befreien, was unserem Wesen nicht entspricht, und dem Ausdruck geben, wer wir tatsächlich sind. Er ist das klare Bekennen zu sich selbst und der konsequente Verzicht auf das Ego, die Fähigkeit zum Du und zum Wir – auf der Grundlage eines identischen Ichs.

Er bedeutet: *ich selbst werden.*

Die fünf Elemente des inneren Dialogs – Leitfaden für den Kontakt zu sich selbst

Wer bin ich tatsächlich? Was macht mich in meinem Wesen aus? Wo liegen meine Fähigkeiten und Möglichkeiten? Wo liegt meine Bestimmung? Wenn wir jahrelang, und manche von uns sogar ihr Leben lang, durch unsere innere Realität gelebt haben, ist es nun an der Zeit, sich die Frage nach sich selbst zu stellen. Finden wir die Heimat in uns selbst, werden wir auch in unserem Leben ankommen.

Eine gute Möglichkeit, den Kontakt zu sich selbst aufzunehmen, ist, sich an den fünf Elementen des Dialogs zu orientieren. Je nachdem, wie ausgeprägt Ihre innere Realität ist und wie sehr Sie diese zu Ihrer Identität gemacht haben, wird es Ihnen leicht- oder nicht so leichtfallen, sich selbst unmittelbar zu begegnen.

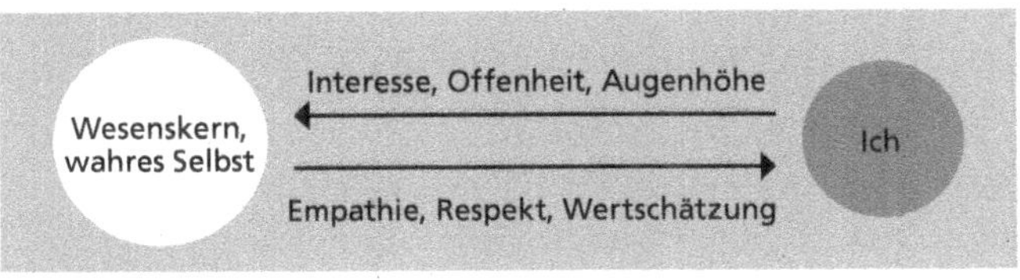

1. Interesse: Wer bin ich in meinem Wesen? Was entspricht mir? Wie geht es mir? Was fühle ich? Was brauche ich? Wo sind meine Grenzen?
2. Offenheit: Ich öffne mich für mich selbst, für meine Gedanken und Gefühle. Ich lasse alles zu. Ich verabschiede mich von der Haltung: *Das, was nicht sein darf, ist auch nicht,* und von jeder Vorstellung von mir selbst. Ich will wissen, wer ich tatsächlich bin.

3. Empathie: Ich fühle mich in mich hinein. Wie fühle ich mich an? Ich begegne mir in meinen Gedanken, in meinen Gefühlen und in meinem Verhalten mit Mitgefühl.
4. Augenhöhe: Ich sehe mir mitten ins Gesicht – in meinen Stärken und Schwächen. Weder überhöhe ich mich noch erniedrige ich mich.
5. Wertschätzung bzw. Liebe: Ich nehme mich in Liebe an und lebe folgende Haltung mir selbst gegenüber: *So, wie ich bin, bin ich gut; ich heiße nicht alles gut, was ich tue – aber mich, mich in meinem Wesen heiße ich mich gut und ich unterstütze und vertrete mich in dem, wer ich bin. Ich freue mich, dass ich da bin!*

Die fünf Elemente des Dialogs sind das Transportmittel zu uns selbst – mit ihnen bahnen wir uns den Weg zu unserem Wesen, durch sie halten wir die Verbindung zu uns selbst aufrecht.

Ich empfehle meinen Klienten, neben der Auflösung ihrer inneren Realitäten von Beginn an den inneren Dialog auf der Grundlage der fünf Elemente – den Voraussetzungen – zu üben und sich dafür jeden Tag ein paar Minuten Zeit zu nehmen.

Einige bauen ihn in ihre Meditation ein oder beginnen dies als eine Form von Meditation zu praktizieren, andere nehmen sich dafür einen Spaziergang, wieder andere nutzen ihre Mittagspause oder beenden ihren Tag damit. Ein Manager, der viel auf Reisen ist, berichtete kürzlich, dass er begonnen hatte, sich grundsätzlich einige Momente während des Fliegens bewusst auf den inneren Dialog zu konzentrieren. Am Ende ist es unerheblich, wo Sie den inneren Dialog praktizieren; wichtig ist nur, dass Sie dies tun, damit Sie ein Selbstverständnis dafür entwickeln, »bei sich« zu sein. Je bewusster Sie sich allerdings dafür Zeit nehmen und je ungestörter Sie sind, umso leichter wird es Ihnen gelingen, »zu sich zu kommen«. Am Ende ist der innere Dialog die Grundlage Ihres Lebens; unabhängig von dem, was Sie tun und wo Sie sind – sind Sie »bei sich«.

Meditationsübung für den inneren Dialog

Im Folgenden möchte ich Ihnen eine kleine Übung als Hilfe geben, die Sie darin unterstützt, Verbindung zu sich aufzunehmen oder bei sich zu bleiben. Sie können diese als Meditation nutzen, aber auch im Alltag anwenden – wenn Sie spüren, dass Ihre innere Realität überhandnimmt, Sie »sich verlieren«, nicht mehr »bei sich« sind oder »sich nicht zur Seite stehen« können.

Schließen Sie – wenn es die Situation zulässt – die Augen und nutzen Sie die Atmung, um zur Ruhe zu kommen. Konzentrieren Sie sich auf sich selbst und beginnen Sie mit dem ersten Element des Dialogs. Fühlen Sie das Interesse für sich und beginnen Sie, sich für sich in diesem Interesse zu öffnen. Fühlen Sie sich und fühlen Sie mit sich, wer Sie sind – was Sie gerade beschäftigt, mit Ihren Stärken und Schwächen. Fühlen Sie den klaren Blick auf sich selbst, wobei Sie sich weder kleinmachen noch überhöhen. Spüren Sie die Stärke und die Kraft der Augenhöhe und gehen Sie dann zur liebevollen Annahme über. Fühlen Sie, wie Sie sich selbst liebevoll annehmen und wie sich die Liebe in Ihnen ausbreitet.

Die fünf Elemente sollten immer mehr wie im Fluss hintereinander folgen, so lange, bis sie am Ende nebeneinander in Ihnen stehen.

»Ich fühle nichts«, sagte kürzlich ein Klient, der den Dialog zu sich selbst nicht aufbauen konnte. »Da ist nur Härte«, sagte ein anderer. Viele machen zu Beginn die Erfahrung, dass sich der innere Dialog scheinbar »alles andere als schön« anfühlt. Sie spüren eine Mauer, manchmal Ablehnung oder Aggression oder einfach nur nichts. »Da ist nur Leere«, sagte ein Mann. »Ich fühle mich tot, wenn ich mich fühle«, sagte eine Frau. »Irgendwie genervt sein«, sagte eine andere.

Diese Gefühle können sehr erschreckend sein und dazu führen, dass wir den Dialog aufgeben, bevor wir ihn begonnen haben. »Dann bleibe ich mir doch lieber weiter fern, als mich schlecht zu fühlen«, sagte kürzlich eine Klientin.

Wenn Sie eine ähnliche Erfahrung machen, dann denken Sie daran, dass wir zunächst auf dieselbe Art und Weise in Kontakt mit uns treten, wie mit uns in Kontakt getreten worden ist. Dementsprechend erleben wir häufig erst einmal das, was wir kennen. So erkannte die Frau, die »genervt sein« verspürte, dass es das »Genervtsein« ihrer Mutter war, die sich durch die Tochter gestört gefühlt hatte, während der Mann, der sich innerlich leer fühlte, wenn er sich suchte, die Leere dem fehlenden Interesse seines Vaters ihm gegenüber zuordnen konnte. Wir begegnen zu Beginn also nicht uns in unserem Wesen, sondern unserer inneren Realität, die uns mit allen Erfahrungen in Bezug auf uns selbst entgegentritt. Lassen Sie sich nicht davon beeinträchtigen, sondern nehmen Sie alles an, was Ihnen entgegentritt, und ersetzen Sie es anschließend durch die fünf Elemente des Dialogs.

Selbstreflexion

Was begegnet Ihnen, wenn Sie in den Kontakt mit sich selbst treten? Was für Gefühle verspüren Sie? Könnte es sein, dass es sich um Ihre innere Realität handelt, die Sie spüren? Machen Sie sich dafür noch einmal bewusst, wie Ihre innere Realität in Bezug auf Sie selbst aussieht. Notieren Sie sich dies und ordnen Sie die Gefühle im nächsten Schritt der jeweiligen Bezugsperson zu, auf die sie zurückzuführen sind.

Mit der Spiegelmethode die innere Realität auflösen

Wir können die Elemente des inneren Dialogs nicht nur nutzen, um Kontakt zu uns selbst aufzunehmen, sondern auch dafür, um unsere innere Realität zu heilen. Dies gelingt uns dadurch, indem wir uns auf der Grundlage der Elemente im »spiegelverkehrten Sinne« begegnen, wie wir es durch unsere Eltern erfahren haben. Das hört sich kompliziert an – ist es aber nicht.

Ich möchte dafür ein Beispiel eines Klienten anführen, der diese Methode für sich nutzte. »Bei uns fehlte zu Hause jedes Gefühl«, berichtete er. »Meine Eltern waren vollkommen auf ihr Geschäft konzentriert – wir Kinder hatten zu funktionieren. Ich erinnere mich noch an eine Situation, als ein Freund von mir sich den Arm beim Spielen brach. Es war die Mittagsstunde meiner Mutter – uns ist von Anfang an eingebläut worden, dass wir sie nicht zu stören hätten, da sie sich vom anstrengenden Geschäft erholen musste. Ich traute mich damals nicht, meine Mutter zu wecken, und lief zwei Kilometer zu unserem Nachbarn und sagte dort Bescheid. Ich war acht

Jahre alt.« Der Klient erkannte, dass er die fehlende Empathie und das fehlende Interesse seiner Eltern sich selbst gegenüber so verinnerlicht hatte, dass er sich gar nicht mehr wirklich fühlte, worüber er sich zunehmend erschöpfte.

Seine Heilung bestand darin, aktiv Mitgefühl und Interesse für sich selbst zu lernen. Dadurch erkannte er unter anderem, dass er sich überwiegend im Funktionsmodus befand und häufig Ja sagte, obwohl er Nein meinte. Je mehr er sich für sich selbst zu interessieren, in sich hineinzufühlen begann und sich täglich fragte: Wie geht es mir? Was will ich, was brauche ich? Wie fühle ich mich?, umso mehr löste er seine innere Realität, die ihm genau das jahrzehntelang verboten hatte zu tun, und umso vitaler wurde er. Gleichzeitig begann er, durch die Empathie sich selbst gegenüber die tiefe Wunde des erfahrenen Desinteresses anzunehmen und zu verarbeiten.

Wenn Sie für sich die Spiegelmethode ebenfalls nutzen möchten, schauen Sie in Ihr Notizbuch über Ihre innere Realität, in dem Sie notiert haben, wie Ihre Eltern Ihnen begegnet sind. Was ist der Hauptschmerz? Wo liegt die Ursache Ihrer Wunde? Welche Elemente des Dialogs haben in der Begegnung gefehlt? Erstellen Sie sich auf dieser Grundlage Ihr eigenes »Behandlungskonzept«. Sehen Sie die fünf Elemente als Medikament, das Sie sich je nach Art der Verletzung gezielt selbst verabreichen. Wenn Sie die Erfahrung gemacht haben, dass Ihre Eltern bzw. ein Elternteil sich selbst zum Maßstab gemacht hat und verschlossen für Ihre Bedürfnisse und Meinungen gewesen ist, dann wäre für Sie wichtig, Offenheit und Interesse sich selbst gegenüber zu praktizieren. Wenn Sie Demütigungen erlebt haben oder das Gegenteil, grenzenlos in den Himmel gehoben zu werden, dann wäre Augenhöhe der Aspekt, auf den es verstärkt zu achten gilt. Tragen Sie den Grundsatz »Stell dich nicht so an« in sich und haben Härte und Kälte erfahren, dann wären Empathie und liebevolle Annahme zu üben.

Heilen Sie sich dadurch, dass Sie so mit sich umgehen, wie mit Ihnen nicht *umgegangen worden ist.*

Nehmen Sie sich pro Woche ein Element vor, das Sie aktiv praktizieren. Wird Ihre nächste Woche die Woche der Offenheit oder die des Mitgefühls? Der Augenhöhe oder der Wertschätzung und Liebe? Wählen Sie Ihr Element und beobachten Sie, wie es Ihnen dabei geht und wie Ihre Umwelt auf Sie reagiert.

Hinweis: Nutzen Sie den inneren Dialog auch bewusst in Konfliktsituationen, wenn Sie spüren, dass Ihnen die Augenhöhe verloren geht und Sie sich ohnmächtig fühlen. Trennungssituationen können Sie mithilfe des inneren Dialogs einfacher überstehen. Wenn Sie innere Leere, Angst oder Panik verspüren, hilft Ihnen der innere Dialog, sich wieder zu fühlen und wieder »Boden unter die Füße« zu bekommen.

> Die Heilung liegt meist auf der spiegelverkehrten Seite. Der innere Dialog ist die Heilung für die Wunden, die durch einen fehlenden äußeren Dialog entstanden sind.

Tragen Sie die fünf Elemente des Dialogs mit sich wie einen »Notfallkoffer«.

Heilung durch den äußeren Dialog

Sein Glück zu finden und sich von den inneren Realitäten zu befreien bedeutet, das zu praktizieren, was Sie von der Welt bekommen möchten.

Selbststärkung und Heilung entstehen jedoch nicht nur durch den inneren Dialog – sondern auch durch den äußeren. Wir haben die Möglichkeit, unsere Heilung dadurch zu ergänzen, indem wir das, was uns verwehrt worden ist, nicht nur uns selbst gegenüber praktizieren, sondern dies auch *aktiv anderen Menschen entgegenbringen.*

Der Weg des äußeren Dialogs ist genauso wichtig wie der innere Dialog. Er befreit Sie aus dem, was die meisten tun, die ihre innere Realität zu ihrer Identität gemacht haben: um sich selbst kreisen. Der äußere Dialog beendet diese Selbstumkreisung und verhindert, dass Ihre Befreiung in der Egozentrik endet.

»Jahrelang habe ich mir den Arsch für andere aufgerissen, jetzt bin ich mal dran!«, sagte ein 43-jähriger Mann und ging in die Frühberentung. »Die ganze Zeit musste ich um die Aufmerksamkeit meiner Mutter buhlen, jetzt zähle ich«, sagte eine 40-jährige Frau und trennte sich von ihrem Mann und ihren beiden kleinen Kindern.

Wem die Verbindung zu sich selbst fehlt, der beginnt, »süchtig nach sich selbst« zu werden und als Konsequenz daraus immer mehr um sich selbst zu kreisen. »Wenn ich es rückblickend betrachte«, sagte eine Klientin, deren Eltern sie zwar finanziell, nicht jedoch emotional versorgt hatten,

»drehte sich in meinem Leben und meinen Beziehungen alles nur um mich. Ich fragte mich nie, was ich für die Beziehung tun könnte, ich fragte mich nicht, was ich geben könnte, sondern ich fragte mich ständig: *Was kann ich bekommen?* Dadurch gingen nicht nur meine Partnerschaften und viele Freundschaften in die Brüche, mir gelang es auch nicht, mir das beruflich aufzubauen, was ich wollte.«

Befreien Sie sich schnellstens von dem Irrtum, dass Sie wichtiger sind als irgendjemand anderes.

Haben wir nie wirkliche Beziehung in Form von Begegnung erlebt, erwarten wir nicht nur ständig, dass uns gegeben wird, wir fangen auch noch an, alles auf uns zu beziehen – und erwarten, dass die Welt es ebenfalls tut. Wir kommen gar nicht auf die Idee, dass der Blick der Bedienung nichts mit uns zu tun hat und die Entscheidung unseres Chefs ein Ausdruck seiner Welt ist. Alles, was um uns herum passiert, so glauben wir, hat etwas mit uns zu tun – und wir erwarten auch, dass es so ist.

Dass dies keine Lösung ist, ist klar. *Jetzt bin ich mal dran* ist die beste Einstellung, Ihre innere Realität NICHT aufzulösen.

Nur weil Ihre Eltern und Sie selbst sich nicht wichtig genommen haben, sind Sie nicht wichtiger als jeder andere Mensch auf der Welt. Lassen Sie sich dies genauso wenig von Ihrer inneren Realität einreden wie das Gegenteil. Denken Sie daran – es gibt keine Wiedergutmachung. Sie sind genauso wichtig und unwichtig wie Ihr Partner, wie Ihr Kollege, wie Ihr Nachbar und wie die Menschen, denen Sie auf der Straße begegnen. Solange Sie anderer Meinung sind, bestätigen Sie Ihre innere Realität und bleiben in Ihrer Isolation – anstatt endlich zu leben!

Selbstwert entsteht durch wertvolles Handeln – uns selbst und der Umwelt gegenüber.

Beenden Sie Ihre Selbstumkreisung nicht nur durch die Begegnung mit sich selbst, sondern auch durch Begegnung mit Ihrer Umwelt. Finden Sie zu Ihrer tatsächlichen Bedeutung, indem Sie der Welt das entgegenbringen, was Sie von der Welt erwarten.

»Es war das Beste, was ich tun konnte«, sagte ein Klient, »als ich begann, meinen Mitarbeitern das entgegenzubringen, was mir damals bei meinem Vater gefehlt hat: Augenhöhe, Respekt und Wertschätzung. Ich befreite mich selbst nicht nur aus der ständigen Übellaunigkeit, sondern veränderte auch meine berufliche Situation. Man hatte nicht mehr Angst vor mir, sondern ich wurde geschätzt.« Im Außen das zu leben, was innerlich fehlt, folgt dem Grundsatz des Dialogprinzips: *Alles, was wir tun, fällt auf uns zurück – im Positiven wie im Negativen.* Wir können unsere Verletzung und damit unsere innere Realität heilen, indem wir aus dem Kreislauf der Verletzung und Negativität aussteigen und anfangen, das Gute zu leben, anstatt den Mangel fortzusetzen, den wir selbst erfahren haben.

Dies wird sich nicht direkt auf unsere Verletzung auswirken, aber es hilft uns, uns von dem zu befreien, was uns verletzt bleiben lässt: Ärger, Hass und Wut sowie der Anspruch auf Wiedergutmachung und Versorgung. »Je mehr ich selbst das im Außen lebte, was mir innerlich fehlte«, sagte eine Klientin, die sich durch ihre innere Realität der Ablehnung immer mehr ins Abseits bugsiert hatte, »umso mehr verschwand meine Unzufriedenheit und umso erfüllter wurden meine Beziehungen.«

Selbstreflexion

Heilen Sie sich durch den äußeren Dialog, indem Sie Ihrer Umwelt gegenüber bewusst die Elemente praktizieren, die Ihnen nicht entgegengebracht worden sind und die zu Ihrer Verwundung geführt haben. Nutzen Sie diesen Weg für sich, um sich von Ihrer Opferrolle zu befreien und Ihren Wert durch wertvolles Handeln zu stärken. Machen Sie sich dafür noch einmal Ihre Verletzung bewusst – was fehlt Ihnen, und worin haben Sie sich spiegelverkehrt zu üben? Fehlen Ihnen Demut und Akzeptanz? Sind es Liebe, Annahme und Dankbarkeit? Oder Offenheit, Interesse und Mitgefühl? Augenhöhe, Wertschätzung, Respekt?

Sind Sie abgelehnt worden? Dann nehmen Sie Ihre Mitmenschen liebevoll an. Sind Sie verachtet worden? Dann üben Sie sich in Respekt und Augenhöhe. Haben Sie »Ich bin der Maßstab« erfahren, dann üben Sie sich in Offenheit. Erkennen Sie, dass Sie zur Selbst- und (An-)Klagesucht neigen, dann üben Sie sich in Dankbarkeit und Demut. Tun Sie das, was Ihnen nicht angetan wurde: Werden Sie ein guter Mensch – anstatt ein verletzter Mensch zu bleiben.

Nehmen Sie sich wie beim inneren Dialog auch hier pro Woche ein Element vor, das Sie aktiv praktizieren. Beobachten Sie, wie es Ihnen dabei geht und wie Ihre Umwelt auf Sie reagiert.

Wenn Sie neben dem inneren Dialog auch den äußeren aktiv suchen, werden Sie nicht nur erfahren, dass Ihnen meist das erwidert wird, was Sie sich wünschen, sondern Sie werden spüren, dass Sie sich selbst aus dem Bewusstseinszustand des Mangels befreien. Sie werden immer mehr zur Handlungs- und Eigenmacht finden und erkennen: *Ich* bin Gestalter meines Lebens. *Ich* habe mein Leben in der Hand – auch die Heilung meiner Wunden.

> Finden Sie zu Ihrer tatsächlichen Bedeutung, indem Sie Heilung durch Begegnung praktizieren.

Das aktive Praktizieren des inneren und äußeren Dialogs befreit Sie aus der Opferrolle. Sie müssen nicht wie ein Kind darauf warten, gerettet zu werden, sondern *Sie selbst* sind Ihre Rettung.

Das »echte« eigene Leben leben

Es geht nicht darum, enthaltsam zu leben, sondern pur zu sein.

Kennen Sie den Selbstversuch in dem Dokumentarfilm »Super Size me«, in dem sich der Regisseur Morgan Spurlock 30 Tage nur von Fast Food ernährt hat? Dann werden Sie sich sicherlich auch noch daran erinnern, dass der Proband den Versuch aufgrund körperlicher Alarmzeichen vorzeitig abbrechen musste.

So wie gute Ernährung und Bewegung auf der körperlichen Ebene für uns selbstverständlich geworden sind oder zumindest sein sollten, so gilt es auch, auf der seelischen

Ebene für sich zu sorgen und sich »gesund zu ernähren«. Dies tun wir dadurch, indem wir den inneren Dialog im Außen umsetzen und auch dort das »Echte« suchen und auf das Unechte verzichten.

Unsere innere Realität ist entstanden, weil unsere echten Bedürfnisse nicht genügend erfüllt worden sind – und wir können nicht heil werden, wenn wir die Erfüllung weiter im Unechten suchen. Wir stärken uns selbst und die Verbindung zu unserem Wesen, wenn wir beginnen, ein wesentliches Leben zu führen, das heißt, das im Außen zu leben, wo wir uns »zu Hause« fühlen.

Fast Food auf der seelischen Ebene bedeutet, die innere Realität in all ihren Facetten zu leben. Auf Fast Food zu verzichten bedeutet, auf Kompensation zu verzichten, darauf zu verzichten, ein echtes inneres Bedürfnis an einer anderen Stelle zu befriedigen. Je »echter« unser Leben wird, umso schwächer wird unsere innere Realität.

Echte Erfüllung werden wir dort finden, wo wir auf der Grundlage des inneren Dialogs Austausch erfahren – nicht nur zwischenmenschlichen Austausch, sondern grundsätzlichen Austausch –, in welchem Bereich auch immer sich unser Wesen »zu Hause« fühlt. Das kann der Sport sein, die Kunst, die Musik, die Natur, die Literatur, die Spiritualität und so weiter – es kommt nicht auf das *Was* an, das wir tun, sondern auf das *Wie*.

Selbstreflexion

Wenn wir uns auf den Weg des inneren Dialogs machen, dann unterstützen wir dies dadurch, dass wir im Außen auf Kompensation verzichten. Wir können das Echte in uns nur finden, wenn wir auch im Außen bereit sind, auf das Unechte zu verzichten.

Nehmen Sie sich noch einmal das Käfermodell von Seite 12 vor und überprüfen Sie, wo Sie in den einzelnen Lebensbereichen stehen. Wo fehlt Ihnen der innere und wo der äußere Dialog? Bitte überlegen Sie, wo und was Sie in Ihrem Leben kompensieren. Wo versuchen Sie, ein echtes unerfülltes Bedürfnis an anderer Stelle zu befriedigen? Wie sähe die Erfüllung des echten Bedürfnisses aus? Was müssten Sie dafür tun?

6. Kapitel

Stark im Leben durch das Dialogprinzip

Im folgenden Kapitel möchte ich Ihnen einige weitere Grundsätze des Dialogprinzips vorstellen, die für die Auflösung Ihrer inneren Realität hilfreich sind. Unsere innere Realität hält uns nicht nur durch die Emotionen und den Schmerz gefangen, sondern auch durch Lebensmuster, die dazu führen, dass wir in der Welt des Defizits und der Negativität bleiben. Dadurch erschöpfen wir uns nicht nur, sondern kommen auch nicht an. Die Grundsätze des Dialogprinzips bieten Ihnen die Möglichkeit, die Welt des Mangels zu verlassen und Ihr Leben so zu leben, dass Sie Ihre Ziele voller Kraft erreichen. Es sind Grundregeln für ein wesentliches Leben, die Ihnen nicht nur helfen, Umwege und Verstrickungen zu vermeiden, sondern die Sie auch in Ihrer psychischen Widerstandskraft stärken.

Stark bleiben – die Sache mit dem Strudel

Das Dialogprinzip besagt: *Jeder Widerstand verursacht nicht nur Leid, sondern verlängert auch das Leid. Je länger wir gegen das ankämpfen, was ist, umso schwächer werden wir und umso länger brauchen wir, um uns davon zu befreien.*

So wie jede Kraft ihren Ursprung in der Begegnung findet, so verlieren wir jede Kraft durch Widerstand. Je länger wir beginnen, gegen etwas anzugehen, umso mehr erschöpfen wir uns. Im Folgenden möchte ich Ihnen ein Bild beschreiben, das diesen Grundsatz veranschaulicht. Es bietet Ihnen nicht nur bei der Auflösung Ihrer inneren Realität Unterstützung, sondern vermittelt Ihnen auch eine grundsätzliche Haltung für Ihr Leben, mit der Sie psychische Erschöpfung vermeiden können.

Sie kennen sicherlich einen Wasserstrudel. Die erste Reaktion, die wir verspüren, wenn wir uns in einem Wasserstrudel befinden und den Sog spüren, der uns nach unten zu ziehen trachtet, ist der Versuch, in die entgegengesetzte Richtung zu schwimmen. Wir versuchen mit aller Kraft, nach oben zu schwimmen, während der Sog versucht, uns in die Tiefe zu ziehen. Wir verlieren immer mehr Kraft und werden immer schwächer, bis wir schließlich in die Tiefe gezogen werden und ertrinken.

Die einzige Chance, die wir haben, um dem Sog zu entkommen, ist, nicht gegen ihn anzuschwimmen, sondern uns umzudrehen und ihm mit aller Kraft entgegenzuschwimmen, bis wir den Grund erreicht haben. Dort ist der Sog am schwächsten, und wir haben die Möglichkeit, zur Seite zu schwimmen, zur Wasseroberfläche zu kommen und wieder aufzutauchen.

Auftauchen

Kürzlich kam eine Klientin in meine Praxis, die gerade dabei war, sich von ihren inneren Realitäten zu befreien. Lange Zeit hatte sie gegen ihren Schmerz angekämpft, und zwar so intensiv, dass sie keinen Zugang mehr zu ihm hatte. Ich gab ihr das Bild des Strudels mit an die Hand und bat sie, ein Gefühl für den Widerstand in sich zu entwickeln und diesen anschließend loszulassen – also ihren Schmerz zuzulassen. In der darauffolgenden Stunde kam die Frau erschöpft in die Praxis: »Ich kämpfe nun nicht mehr gegen das an, was in mir ist«, sagte sie, »aber jetzt bin ich nur noch ein einziger Schmerz und komme aus diesem nicht mehr raus.« Ich bat sie erneut, sich das Bild des Strudels vor Augen zu führen, und während der gemeinsamen Stunde wurde ihr dann deutlich, was der Grund dafür gewesen ist. Sie hatte den Widerstand nicht *aktiv* aufgegeben hat, sondern sich *passiv* in die Tiefe ziehen lassen. Sie hatte zwar nicht mehr gegen ihre Gefühle angekämpft, sie ist ihnen aber auch nicht aktiv »entgegengeschwommen«.

So wichtig die Fähigkeit des Annehmens ist, so wichtig ist die Fähigkeit des Loslassens und – um im Bild des Strudels zu bleiben – des Wiederauftauchens. Viele konzentrieren sich so sehr darauf, den Widerstand aufzugeben, dass Sie sich in die Tiefe ziehen lassen und vergessen wiederaufzutauchen.

Die beste Möglichkeit, um zu verhindern, dass wir uns während unseres Prozesses in der Tiefe verlieren und versinken, ist, dass wir uns immer wieder bewusst machen, die Augenhöhe zu unserem Schmerz zu behalten. Das bedeutet, mit offenen Augen und vollem Bewusstsein den Gefühlen entgegenzutreten. Es ist nicht der Sog, der uns bestimmt, sondern wir gestalten die Situation, wir sind in diesem Geschehen ein genauso aktiver Part wie der Sog. Das ist Augenhöhe.

Wirkliche Lösung besteht darin, in die innere Realität einzutauchen wie in einen Strudel und alles zu spüren, was damit verbunden ist – bis auf den Grund –, und dann nach oben wiederaufzutauchen.

Behalten Sie dieses Bild immer vor dem inneren Auge, wenn es darum geht, den Schmerzen und den Emotionen zu begegnen – integrieren Sie dies in Ihren Alltag, sodass Sie immer selbstverständlicher Ihren Schmerzen und Emotionen auf Augenhöhe begegnen und sie so auflösen können.

Wenn wir versuchen, »vor unseren Gefühlen wegzuschwimmen«, werden wir irgendwann in ihnen ertrinken – genauso, wenn wir uns von ihnen passiv nach unten ziehen lassen und auf dem Grund sitzen bleiben.

Selbstreflexion

Beantworten Sie für sich die folgende Frage: Woran erkenne ich, dass ich mich »in die Tiefe ziehen lasse« und »versinke«? Finden Sie konkrete Beispiele dafür – ob es sich um Ihren Umgang mit einer konkreten Situation handelt, um Ihren Umgang mit Schmerz, Gefühlen oder Gedanken. Machen Sie sich das Gefühl des »Sich-Verlierens« bewusst. Verinnerlichen Sie dieses Bild und entwickeln Sie ein Gefühl dafür, was es heißt, dem Sog entgegenzuschwimmen, und was es heißt, »den Grund« zu erreichen.

Üben Sie, wie es sich anfühlt, der aktive Part zu bleiben und die Augenhöhe zu bewahren.

Loslassen

Die Fähigkeit, sich weder zu verlieren noch im Widerstand zu verhärten, ist die Fähigkeit der Begegnung. Es ist die Kraft des Dialogs, die uns hilft, im Fluss des Lebens zu bleiben, ohne sich im Strudel zu verlieren. »Da wo Stase (Stillstand/Stauung), da Infektion«, sagte unser ehemaliger Biochemieprofessor. Schmerzen und Emotionen werden dann unerträglich, wenn wir sie unterdrücken und passiv bleiben. Wenn wir nicht im Fluss des Dialogs sind – im kontinuierlichen Nehmen und Geben.

Kürzlich saß ich am Manuskript meines Buches und spürte, wie ich in meinen Gedanken immer schwerer wurde und mein Schreibfluss immer zäher. Ich war kurz davor, meinen Laptop zusammenzuklappen und eine Pause zu machen, als ich plötzlich merkte, wie ich mich im Widerstand gegenüber einer Situation verloren habe, die mich beschäftigte. Ganz automatisch hatte ich sie weggedrängt, um mich auf mein Schreiben zu konzentrieren. Als ich dies erkannte und das Gefühl zuließ, was damit verbunden war, kam meine Konzentration wieder und ich konnte weiterschreiben. Ich befand mich wieder im Fluss.

Wir müssen dafür sorgen, im Fluss zu bleiben, in innerer Bewegung, und diese Bewegung meint Begegnung. Solange wir begegnen, so lange sind wir im Fluss, und auch der tiefste Schmerz fühlt sich »leicht« an – unerträglich werden Gefühle und Schmerzen erst dann, wenn wir stehen bleiben, gegen sie ankämpfen oder uns in ihnen verlieren.

Das Prinzip des Dialogs ist so einfach, dass wir es immer wieder vergessen, und so stärkend, je mehr wir es verinnerlichen. Es ist das Prinzips des Lebens, das wir überall, wo Leben ist, finden: aufnehmen, abgeben. Annehmen, loslassen. Wenn wir dieses Prinzip verinnerlichen in allem, was wir tun, dann verinnerlichen wir das Leben in uns und begeben uns gleichzeitig in das Leben hinein. Diejenigen, die Yoga praktizieren und meditieren, entdecken die Kraft des Dialogs unter anderem durch die Atemübungen und Meditationen.

Unser Atem symbolisiert den Dialog und ist gleichzeitig eine Form des Dialogs – wenn wir uns auf ihn konzentrieren, so können wir fühlen, was es bedeutet, im Fluss des Lebens zu sein. Bewusstes Atmen ist eine gute Übung, uns immer wieder daran zu erinnern, was es heißt, im Dialog zu sein. Wenn Sie spüren, dass Sie ihn verloren haben, so kann bewusstes Atmen Sie wieder zum Dialog zurückbringen. Wie wir auf der körperlichen Ebene selbstverständlich den Dialog in Form von Atmung praktizieren, so gilt es, auf der geistigen und emotionalen Ebene ebenfalls zu atmen. Aufnehmen, abgeben. Annehmen, loslassen. Im stetigen Wechsel – jede Emotion, jeden Schmerz, jeden Gedanken. Je mehr uns dies gelingt, umso klarer und freier werden wir.

Selbstreflexion

Nachdem Sie sich bereits Ihren Widerstand und nun auch die Gefahr des Sich-Verlierens bewusst gemacht haben, möchte ich Sie nun bitten herauszufinden, wie sich Loslassen anfühlt. Suchen Sie sich Situationen, wo Sie wissen, dass Sie festhalten, und lassen Sie aktiv los. Üben Sie dies und beobachten Sie, wie sich das Loslassen anfühlt.

Zusammenfassung

Die drei Grundsätze des Dialogprinzips für psychische Stärke und seelische Heilung:

1. Gib jeden Widerstand auf und nimm das an, was ist.
2. Sei bereit, aktiv bis auf den Grund der Dinge vorzustoßen.
3. Entwickle die Fähigkeit loszulassen und weiterzugehen.

Im Innen wie im Außen – Selbstbestimmung

Ein beliebter Grundsatz der inneren Realität ist, uns in der Überzeugung zu halten, dass wir das Opfer sind. Das Opfer in unseren beruflichen und privaten Beziehungen, das Opfer des Lebens und, wenn es gar nicht anders geht, eben auch das Opfer der inneren Realität. Wichtig ist nur, dass am Ende folgendes Ergebnis herauskommt: Wir können nichts dafür und können deswegen auch nichts machen. Nur so kann nämlich auch alles beim Alten bleiben und unsere innere Realität in ihrem Element.

Das Dialogprinzip vertritt das Gegenteil – sobald wir erwachsen sind, *sind wir Gestalter unseres Lebens.* Dafür müssen wir uns einen weiteren Grundsatz bewusst machen: *im Innen wie im Außen.*

Die Psychologie beschreibt dies mit den Worten »das Unbewusste sucht und findet stets das Unbewusste«. Wir ziehen das an, was wir in uns tragen – im Positiven wie im Negativen. Übersetzt heißt dies: Das Leben konfrontiert uns im Außen mit dem, wer wir in unserem Inneren sind.

Ich erinnere mich noch an eine Frau, die in die Beratung kam. Sie saß schon in der Praxis, als ich kam, und das Erste, was mir entgegentrat, war eine Wolke von Ablehnung und Aggression. In unserem Gespräch fragte ich sie, wie Sie mit Aggression umgehen würde. »Aggressionen? Die habe ich nicht«, kam die spontane Antwort. »Aber mein Umfeld«, sagte sie, »das ist aggressiv.« Sie beschrieb sich als wahren Unglücksraben, ständig würde sie auf Menschen treffen, die sie ausgrenzen würden. »Ich werde am laufenden Band gemobbt«, klagte die 38-Jährige. »Es ist jetzt der dritte Job – und ich gerate immer wieder an Teams, die mich nicht wollen.« Als ihr in den darauffolgenden Terminen jedoch die eigene Aggression und Ablehnung deutlich wurden, die sich nicht nur gegen sich selbst, sondern für sie vollkommen überraschend auch gegen ihr Umfeld richteten, und sie diese aufzulösen begann, veränderte sich auch ihr Umfeld. »Die Leute reden plötzlich wieder mit mir«, sagte sie.

Als ein Mann sich seiner verdrängten Wut seiner Mutter gegenüber öffnete und diese auflöste, hörten die Unfälle und Gerichtsprozesse auf, und ein anderer fand nach zwei gescheiterten Ehen in eine erfüllte Partnerschaft, als er begann, seine Egozentrik und Dominanz aufzulösen, nachdem er den Kampf gegen »das sture und uneinsichtige Finanzamt« mit großen Verlusten verloren hatte.

Wenn wir anfangen wollen, den Weg zu unserem Glück und zu uns selbst freizuräumen, dann gilt es, den Blick auf uns selbst zu richten und das in uns aufzulösen, was wir meinen, was uns im Außen als Hindernis entgegengebracht wird – das ist das Prinzip der Anziehung, das Prinzip »Im Innen wie im Außen«.

Wer nach außen blickt, der träumt, wer nach innen schaut, der erwacht – dieser Satz von C. G. Jung beschreibt die Kraft und Chance, die in der Selbsterkenntnis liegt: Wenn wir erkennen, dass wir es sind, die unser Leben gestalten, dass all das, was uns begegnet, eine Antwort auf das ist, wer wir sind – und wer wir nicht sind –, dann haben wir alle Möglichkeiten, ein anderes Leben zu kreieren: *Wir müssen das in uns lösen, was uns im Außen hindert, und das in uns entwickeln, was uns im Außen fehlt.*

Selbstreflexion

Nehmen Sie sich einen Moment Zeit und reflektieren Sie Ihr Leben in den Bereichen, in denen Sie bislang den Eindruck gehabt haben, dass Ihnen Ungerechtigkeit widerfahren ist. Notieren Sie sich, was Ihnen konkret im Außen begegnet.

Richten Sie dann den Blick nach innen und fragen Sie sich, wo Sie Übereinstimmung finden.

Lösen Sie die äußere Situation, indem Sie *sich von dem, was Ihnen im Außen entgegentritt, in Ihrem Inneren befreien.*

Im Außen wie im Innen – das Leben als Spiegel nutzen

Ich beobachte immer wieder, dass gerade die Menschen, die nur im Außen ihre Identifikation gesucht haben, vom Leben manchmal brutal aufgefordert werden innezuhalten, indem es sie im Außen damit konfrontiert, was sie in ihrem Inneren nicht wahrhaben wollen.

Nutzen Sie das Prinzip *Im Innen wie im Außen* auch in der dialogischen Umkehr, indem Sie das Leben grundsätzlich als Ihren Spiegel erkennen, der Ihnen hilft, Ihre blinden Flecke sichtbar zu machen. Dies ist gerade für diejenigen von uns hilfreich, die sich ihrer inneren Realität noch nicht oder nur ansatzweise bewusst sind. Sie können das Leben als Hilfe nutzen, ihrem inneren Feind auf die Spur zu kommen. Dafür müssen wir bereit sein, die äußeren Widerstände und Blockaden nicht mehr als Absage unserer Person, sondern als Spiegelung unseres inneren Gefängnisses zu sehen, die uns hilft, uns aus ihm zu befreien.

Selbstreflexion

Wenn ich im Außen Widerstand erfahre, richte ich den Blick nach innen und frage mich: Was hat die Blockade mit mir zu tun?

Das Prinzip der widerstandslosen Kapitulation

Glücklich werden die, die ihr Glück annehmen.

Ein weiterer Grundsatz, der auf dem Dialogprinzip beruht, lautet: Jeder von uns hat die Möglichkeit, glücklich zu werden! Glücklich zu werden heißt jedoch nicht, dass ich entscheide, was mein Glück ist, sondern dass ich mich dem, was mir das Leben bietet, öffne und darin meine Zufriedenheit finde.

Echt zu leben beinhaltet immer auch die Fähigkeit zum Verzicht, denn nicht immer sind echte Bedürfnisse zu erfüllen.

Nicht immer bietet uns das Leben das, was wir uns wünschen, sondern konfrontiert uns häufig sogar mit dem Gegenteil.

»Ich will nicht akzeptieren, dass das Leben mir meinen Freund genommen hat«, sagte eine Studentin, die ihre große Liebe durch einen Autounfall verloren hatte. »Ich will nicht akzeptieren, dass ich den Job nicht bekommen habe.«

»Ich will nicht akzeptieren, dass ich diese Krankheit habe«, »... unser Kunde, uns betrogen hat«, »... ich nicht schwanger werden kann«, »... mein Partner mich verlassen hat«, »... meine Eltern so waren, wie sie waren.« *Ich will nicht, dass es so ist, wie es ist.* Kennen Sie dies auch?

Ein erfülltes und zufriedenes Leben richtet sich nicht nur nach dem echten Bedürfnis unserer Seele, sondern auch danach, was aufgrund der momentanen Gegebenheiten tatsächlich möglich ist. Dazu gehört auch, dass wir bereit sein müssen, Lebensrealitäten anzuerkennen, die manchmal nicht so sind, wie wir es uns eigentlich wünschen.

Hör auf zu kämpfen

»In dem Moment, als ich begann, alles, was war, zu akzeptieren und anzunehmen, begann mein Heilungsprozess.«

»Am Ende«, sagte ein Klient zu Beginn einer Sitzung, »kann man es doch auf einen Grundsatz zusammenfassen: *Annehmen, was ist, und das Bestmögliche daraus machen.*«

Die Fähigkeit, anzunehmen, was ist, unabhängig von dem, ob wir es wollen oder nicht, macht am Ende die Stärke für unser Leben und auch für einen Spurwechsel aus. Der Weg des Dialogs gibt uns alle Möglichkeiten, unser Leben zu gestalten – er bedeutet jedoch nicht, dass unser Leben unserem Willen unterliegt. Wir können uns von unseren inneren Blockaden befreien und auf dieser Grundlage mit dem Leben schwimmen – wo das Leben uns jedoch hinträgt, das können wir am Ende nicht entscheiden. Wir können es bis zu einem bestimmten Punkt beeinflussen – bestimmen können wir es jedoch nicht. Zufrieden zu werden bedeutet, das eigene Glück nicht festlegen zu wollen, sondern das Glück anzunehmen, das das Leben für uns bereithält.

Damit uns dies gelingt, braucht es einen weiteren Grundsatz des Dialogprinzips: das Prinzip der widerstandslosen Kapitulation. »Mich hat das schon zu Beginn des Seminars ganz fuchsig gemacht«, sagte ein Unternehmer, »als Sie von dieser widerstandslosen Kapitulation sprachen. Was heißt das denn konkret im Geschäftsleben? Soll ich unseren Kunden, der uns gerade betrogen hat und mit Rufmord droht, ungeschoren davonkommen lassen?«

Da das Prinzip der widerstandslosen Kapitulation nicht nur eine entscheidende Voraussetzung für einen Spurwechsel, sondern grundsätzlich eine Fähigkeit ist, die Sie innerlich und äußerlich stärkt und wesentlich schneller zum Ziel kommen lässt, möchte ich zumindest kurz an dieser Stelle darauf eingehen.

Widerstandslose Kapitulation bedeutet alles, was Ihnen begegnet – Person, Situation, Emotion, Verhalten, Gedanke –, in dem Moment, da es Ihnen begegnet, widerstandslos anzunehmen. Es bedeutet, den Kampfmodus zu verlassen, in den wir automatisch verfallen, wenn uns etwas nicht gefällt. Ob es die

Bemerkung eines Kollegen ist, die Respektlosigkeit unseres Partners, der verspätete Flug, der ausgefallene Termin, die Nichterreichung eines Ergebnisses – gefällt uns etwas nicht, gehen wir normalerweise erst einmal dagegen an. Dies führt häufig dazu, dass wir entweder viel zu lange oder irgendwann nur noch mit der Sache beschäftigt sind, die wir nicht wollen.

Je schneller wir jedoch annehmen, was uns begegnet, umso schneller haben wir auch die Möglichkeit, nach einer Lösung zu suchen.

Je mehr wir gegen etwas sind, umso mehr ziehen wir es an – Kampf führt zur Anhaftung, Annahme zur Lösung.

Kapitulation bedeutet nicht Resignation, sondern klare Positionierung

Anzunehmen, was ist, bedeutet weder, dass Sie es gut finden, noch, dass Sie sich dem, so, wie es ist, fügen müssen. Es bedeutet vielmehr, das, was Ihnen begegnet, zunächst zu akzeptieren. Im nächsten Schritt haben Sie dann die Möglichkeit, nach Lösungen zu suchen und das Bestmögliche in dem Möglichen zu finden. Ich will Ihnen ein paar Beispiele geben, was dies konkret für Ihren Alltag heißt: Sie haben Ihren Flieger verpasst. Was tun Sie? Sich ärgern? Nein. Sie nehmen es ohne Widerstand an. Können Sie es ändern? Natürlich nicht. (Der Flieger ist ja schon weg.) Was ist das Beste, was Sie aus der Situation machen können? Sie können überlegen: Gibt es einen Alternativflug? Möchten Sie die Zeit dafür nutzen, einen Freund, den Sie lange nicht mehr gesprochen haben, anzurufen? Einen Artikel zu lesen, den Sie schon letzte

Woche lesen wollten? Oder wollen Sie etwas arbeiten, was Sie sonst am Abend gemacht hätten? Was ist das für Sie Bestmögliche?

Sie stehen im Stau. Schritt 1: Annehmen! Schritt 2: Können Sie es ändern? Nein. (Es sei denn, Sie steigen aus Ihrem Auto und gehen zu Fuß weiter.) Schritt 3: Was ist das Bestmögliche?

Ihr Chef beleidigt Sie. Annehmen! Können Sie es ändern? Nein. (Die Beleidigung hat bereits stattgefunden.) Was ist das Bestmögliche aus der Situation? Den Dialog suchen? Es stehen lassen?

Annehmen, was ist, ist nicht die Position des Opfers, sondern die des Gestalters, der nicht in der Negativität verhaftet bleibt, sondern durch seine Akzeptanz das Defizit in Möglichkeit wandelt. Diese Haltung ermöglicht Ihnen, auf einer hohen Konzentrationsebene im Fluss des Lebens zu schwimmen und sich auf das zu konzentrieren, was Sie wollen – Sie verschwenden keine Energie und Kraft mehr im Kampf, sondern nutzen alle Energie für die Lösung. Dies gilt nicht nur für unseren Alltag, sondern auch für Krisensituationen. Dort, wo uns das Leben durch Krankheit, finanziellen oder menschlichen Verlust oder durch privates oder berufliches Scheitern existenziell infrage stellt.

Je unannehmbarer die Situation ist, in der wir uns befinden, umso notwendiger ist die bedingungslose Annahme dieser Situation – denn nur so können wir einen Ausweg aus der Ausweglosigkeit finden. Solange wir im Kampfmodus sind, verlieren wir nicht nur Energie, sondern es gibt auch immer einen Verlierer. Selbst wenn wir der Gewinner sind, holt uns der Verlust des Verlierers auf anderen Ebenen ein – und sei es, dass die verlorene Energie durch unseren Kampf nicht an anderer Stelle gewinnbringend eingesetzt werden konnte.

Der Unternehmer, der von seinem Kunden betrogen wurde, hat den Betrug angenommen – und akzeptiert. Er hat sich gegen eine Klage entschieden und schweigend die Geschäftsbeziehung gekündigt. Die Zeit, die er für den Prozess hätte verwenden müssen, investierte er in den Aufbau eines weiteren Geschäftszweigs, der ihm nicht nur mehr Kunden brachte und seinen Ruf stärkte, sondern am Ende auch mehr finanzielle Unabhängigkeit brachte. Eine Frau, die mit Mitte 40 an Rheuma erkrankte und ihren Job verlor, akzeptierte ihre Situation widerstandslos – und schöpfte durch diese Akzeptanz so viel Energie, dass ihr nicht nur ein beruflicher Neustart gelang, sondern auch ihr Krankheitsverlauf einen für diese Diagnose geradezu unauffälligen und positiven Verlauf nahm.

Wir können das Leben weder kontrollieren noch unser Glück bestimmen, wir können es jedoch annehmen und die Kraft der Akzeptanz dafür nutzen, es dorthin zu lenken, wo es Erfüllung gibt.

Selbstreflexion

Nehmen Sie ein Blatt Papier und notieren Sie sich alle Elemente und Bereiche in Ihrem Leben, in denen Sie Kämpfe führen oder wo Sie sich im Widerstand befinden. Wogegen kämpfen Sie an? Womit in Ihrem Leben wollen Sie sich nicht beschäftigen? Was schieben Sie zur Seite? Was »wollen Sie angehen, wenn Sie mehr Zeit haben oder wenn Sie in einer anderen Lebenssituation sind«?

Verzichten Sie ab jetzt auf jeden Widerstand. Üben Sie sich in »widerstandsloser Kapitulation« – dies gilt für alle Ebenen Ihres Lebens. Nehmen Sie alles an, was ist: Situationen, Gefühle, Krankheitssymptome, Konflikte, Kritik, Scheitern, Versagen – alles, was Ihnen begegnet – einschließlich sich selbst. Überlegen Sie danach, wie eine Lösung aussehen kann oder ob die Lösung nicht schon die Akzeptanz ist.

Beziehung – der Dreh- und Angelpunkt in unserem Leben

Als mir in meiner Arbeit mit Burn-out-Betroffenen deutlich geworden ist, wie zentral der Aspekt der Beziehungen für unsere Gesundheit ist, war mir noch nicht klar, wie zentral er am Ende für unser gesamtes Leben ist und wie tief greifend er sich auf unser Leben auswirkt. Unsere Dialogfähigkeit – innen und außen – ist der Schlüssel, unser Leben und unseren Erfolg selbst zu bestimmen. Es ist unsere Beziehung zum Leben, unsere Beziehung zu Situationen, unsere Beziehung zu Dingen, unsere Beziehung zu allem, was uns im Leben begegnet, mit der wir nicht nur über Gesundheit und Krankheit, sondern auch über unseren Erfolg und Misserfolg, Freude und Leid entscheiden.

Am Ende entscheidet das, was wir tun, was wir erreichen und wo wir in unserem Leben stehen, *wie* wir es tun.

Der Grundsatz, der für zwischenmenschliche Beziehungen gilt, gilt auch für alle anderen Ebenen des Lebens: Je gestörter die Beziehungsebene ist, umso gestörter ist auch die

Sachebene und umso blockierter ist unser Leben. Sie werden es an sich selbst spüren – wenn Sie von dem, was sie tun, überzeugt sind, Sie es aus vollem Herzen tun, dann geht Ihnen das Ganze nicht nur leichter von der Hand, sondern Sie werden darin auch etwas ganz anderes erreichen als dort, wo Sie etwas nur widerwillig tun. Je mehr Sie auf der Grundlage des Dialogs handeln – Sie sich für das, was Sie machen, interessiert öffnen, dem auf Augenhöhe begegnen, es respektieren und lieben –, umso erfolgreicher werden Sie darin sein.

Doch es ist nicht nur unsere Beziehung zu der Sache, die unseren Erfolg bestimmt, sondern auch die Beziehung zu uns selbst. Es kommen immer wieder Menschen in meine Beratung, die im Außen nicht vorankommen oder scheitern; nicht, weil sie die Sache, die sie tun, nicht lieben, sondern weil *sie sich selbst nicht lieben* oder sogar ablehnen. Sie »strampeln« sich in ihrem Leben ab, aber es gelingt ihnen nicht, zu ihrem vollen Potenzial zu finden. Entweder »leben sie trotz hoher Qualitäten von der Hand in den Mund«, oder ihre innere Realität führt sie immer wieder zu den Personen und Situationen, bei und in denen Blockaden und häufig ein Scheitern zu finden sind.

Unsere Beziehung zu uns selbst bestimmt, wie wir mit unserer Umwelt und dem Leben in Beziehung treten. Sie entscheidet am Ende darüber, ob wir gesund und glücklich oder aber das Gegenteil davon sind.

Das Dialogprinzip sagt: Die Beziehung zu uns selbst entscheidet darüber, wie wir mit der Welt in Beziehung treten. *Wer sich selbst ablehnt, hält sich auch im Außen in einem Zustand der Ablehnung*! Entweder sorgt er dafür, dass er nicht auf einen grünen Zweig kommt, um den Schmerz einer erneuten Ablehnung nicht zu erfahren, oder aber er vertritt aus dem Mangel heraus die Überzeugung, dass er den Superlativ verdient, und verhält sich so unverhältnismäßig, dass er wieder im Mangel landet.

Selbstreflexion

Notieren Sie sich, wo Sie in Ihrem Leben nicht vorankommen. Fragen Sie sich überall dort, wo Ihnen Störungen und Blockaden begegnen, worin die eigentliche Störung oder Blockade liegt. Liegt sie in der Sache, in einer Person oder in einer Situation an sich? Wie sieht Ihre innere Haltung und Ihr Umgang damit aus? Sind Sie mit dem, was Sie tun, im inneren und äußeren Dialog? Nehmen Sie an, was ist? Oder handeln Sie mit einem inneren Widerstand?

Lösen Sie Ihre Blockaden, indem Sie Ihre Beziehung dazu und zu sich selbst so verändern, dass Sie im Dialog sind.

Wie gehe ich mit inneren Realitäten anderer Personen um?

Ich werde immer wieder gefragt, wie man sich verhalten soll, wenn man erkennt, dass einem das Gegenüber auf der Grundlage von inneren Realitäten begegnet. Was können wir tun, um damit richtig umzugehen – und vor allem: Was bedeutet richtiger Umgang?

Sie werden die Antwort schon ahnen: die Augenhöhe halten.

Sobald wir uns den inneren Realitäten des anderen unterwerfen, werden wir zum Opfer. Das ist genauso wenig hilfreich wie zu beginnen, sie zu bekämpfen und zum Täter zu werden. Beides – Unterwerfung wie Kampf – führt nur zur Verstrickung, aber nicht zur Klärung.

Raus aus jedem Widerstand, annehmen, was ist, und dem auf Augenhöhe begegnen gilt also auch in diesem Fall. Doch wie sieht dies konkret aus? Wie gelingt uns dies?

So, wie unsere inneren Realitäten ein Sammelsurium aus Emotionen sind, gilt dies auch für die inneren Realitäten der anderen. Wir müssen also wissen: Wenn die innere Realität unseres Gegenübers am Wirken ist, treten uns, abhängig von ihrer Ausprägung, massive Emotionen entgegen. Emotionen, die ihren Ursprung in tiefer Verletzung haben – das heißt, uns schlägt mit aller Gewalt die Macht der vernichtenden Ohnmacht des anderen entgegen. Sei es in Form von Kälte, Arroganz, Ignoranz, Verachtung, Hass, blinder Wut, blankem Neid, rücksichtsloser Gier – wir müssen mit allem rechnen.

Je mehr wir dazu in der Lage sind, unseren eigenen Gefühlen auf Augenhöhe zu begegnen, je mehr wir unsere inneren Realitäten aufgelöst haben, umso selbstverständlicher wird die Augenhöhe im Außen.

Dies betrifft nicht nur den privaten, sondern auch den beruflichen Bereich. Je näher uns der andere ist – je größer möglicherweise sogar ein bestehendes Abhängigkeitsverhältnis, zum Beispiel zwischen Vorgesetzten oder Angestellten oder auf der emotionalen Ebene zwischen Partnern –, umso größer die Herausforderung.

Was also bedeutet hier Augenhöhe? Wie ist es möglich, diesen massiven Emotionen auf Augenhöhe zu begegnen und sich nicht vernichten zu lassen? Indem wir beginnen, die Emotionen, die uns im Außen im wahrsten Sinne des Wortes entgegenschlagen, *in uns* zu verarbeiten und in uns aufzulösen.

Eine Klientin berichtete in einer Sitzung, dass sie sehr unter dem Hass leiden würde, der ihr von ihrem Expartner entgegenschlug. Sie hatte mehrfach versucht, ein klärendes Gespräch zu führen mit dem Ziel, reinen Tisch zu machen und geklärt auseinanderzugehen. Das war nicht möglich. Das letzte Gespräch endete erneut mit einem wütenden Abbruch vonseiten des Expartners. »Ich komme nicht zur Ruhe«, sagte sie erschöpft in einer darauffolgenden Sitzung, »ich leide unendlich unter diesem Hass, der mir entgegenschlägt.«

Ich hörte mir ihre Bemühungen in Ruhe an und konnte sehr verstehen, wie sie unter der zerstörerischen Energie litt, die sie in ihrem Empfinden regelrecht verfolgte – gleichzeitig wusste ich natürlich, dass eine Klärung nur in Freiheit geschehen und niemand dazu gezwungen werden kann.

Ich fragte die Klientin nach einer Weile, ob sie das Gefühl des Hasses kennen würde. Die Frau schwieg einen Moment und antwortete schließlich: »›Hass‹ ist ein hartes Wort. Ich glaube nicht – aber wer gibt auch schon gerne zu, dass er hasst?«

In der folgenden Stunde machte sie sich auf die Spur ihres eigenen Hasses. Gab es in ihr etwa auch diese Art von Gefühl? Wem gegenüber hatte sie Hass aufgebaut? In welchen Situationen hatte sie ihn entwickelt? Sie begann, vorsichtig in sich hineinzuschauen, und je mehr sie sich öffnete, umso mehr erkannte sie auch in sich das Gefühl von Hass. Ich gab ihr folgende Aufgabe mit: »Lassen Sie von dem Hass Ihres Expartners ab und konzentrieren sich auf den Hass, den Sie in sich verspüren. Hören Sie auf, ihn weiter zu unterdrücken oder gegen ihn anzukämpfen – im Gegenteil, lassen Sie ihn zu und begegnen Sie ihm. Auf wen ist er gerichtet und warum?«

In der nächsten Sitzung war die Klientin voll mit sich beschäftigt und der Hass des Expartners war gar kein Thema mehr. Sie berichtete, wie erstaunt sie war, wie viel Hass sie selbst in sich aufgestaut hatte, ihrer Mutter und ihrer Schwester gegenüber, die sie aus der Verbindung zueinander von Anfang an ausgeschlossen und sie durch verbale Erniedrigungen immer wieder gequält hatten. Bis heute war der Kontakt gestört und eine Aussprache hatte nie stattgefunden.

»Ich hätte nie gedacht«, sagte die Frau, »wie voller Hass ich bin. Und wenn ich ehrlich bin, macht mir dieser Hass richtig Angst. Er stürzt sich einfach auf mich. Ich habe das Gefühl, er überfällt mich und ich kann überhaupt nichts tun; ich bin plötzlich nur noch ein einziger Hass.« Sie berichtete, wie sie während einer Autofahrt so »von ihrem Hass überfallen wurde«, dass sie an die Seite fahren und sich beruhigen musste. »Ich glaube, dass dies der Grund ist, warum ich ihn verdrängt habe. Weil ich damit nicht umgehen kann. In dem Moment, in dem ich mich meinem Hass gegenüber öffne, bin ich verloren – er überrollt mich. Ich stand auf dem Rastplatz und hätte die ganze Welt umbringen können«, sagte sie und weinte.

Ich bat sie, ganz bewusst in den inneren Dialog zu gehen und sich im ersten Schritt darauf zu konzentrieren, die

Augenhöhe zu halten – den Hass also ganz bewusst anzuschauen und ihn in sich zu fühlen, ohne jedoch das Gefühl für sich selbst zu verlieren. »Bitte üben Sie, Ihrem Gefühl ein Gegenüber zu bleiben«, sagte ich, »seien Sie sich in jedem Moment bewusst, dass *Sie* diejenige sind, die fühlt – und nicht diejenige, die gefühlt wird.« Ich gab ihr zur Erinnerung das Bild des Strudels mit an die Hand und bat sie, sich an den Unterschied zu erinnern, was es bedeutet, aktiv dem Sog entgegenzuschwimmen oder sich passiv von ihm in die Tiefe ziehen zu lassen.

»Bleiben Sie in jedem Moment die aktive Gestalterin der Situation«, sagte ich. »Nicht der Hass tritt Ihnen entgegen, sondern Sie ihm. Er stürzt nicht auf Sie ein, sondern Sie schauen ihm in die Augen. Seien Sie das Auge im Sturm des Orkans.« In der nächsten Stunde berichtete die Frau, dass sie sich freier zu fühlen beginne. »Es ist tatsächlich so«, berichtete sie. »Wenn ich mir bewusst mache, dass *ich* es ja bin, die fühlt, werde ich nicht mehr überfallen. Ich fühle den Hass, aber er stürzt nicht mehr auf mich ein; es ist, als wäre ein Abstand zwischen ihm und mir – so, als würden wir uns in mir gegenüberstehen.«

Auf dieser Grundlage begann die Frau, mit ihrem Hass in den Dialog zu treten. Zusätzlich stärkte sie sich selbst durch den inneren Dialog, den Sie jeweils morgens und abends bewusst für zehn Minuten übte. Sie machte sich auf die Suche, was hinter ihm steckte, welche Gefühle damit verbunden waren und wodurch er entstanden war. Sie fühlte die tiefe Verletzung dahinter, die wütende Hilflosigkeit und die tiefe Traurigkeit – und anstatt diese Gefühle zu verdrängen, verlieh sie ihnen Ausdruck. Je mehr es ihr gelang, ihrem eigenen Hass zu begegnen, ihn zu verstehen – und am Ende auch zu lösen –, umso unbedeutender wurde der Hass ihres Expartners. Die Frau empfand zwar ein tiefes Bedauern über die ungeklärte Situation, aber sie war nicht mehr von der Klärung abhängig. Im Gegenteil. Sie konnte es so belassen, wie es war, und mehr noch: Ihr Leid und ihre Angst wandelten sich in Mitgefühl um. »Nachdem ich für mich erkannt habe, was hinter meinem Hass steckt, die tiefe Verzweiflung und Verletzung gesehen und die eigentliche Aussichtslosigkeit von Hass gespürt habe«, sagte sie, »empfinde ich Mitgefühl für meinen Expartner. Aber die Situation betrifft mich nicht mehr.«

Wer im Außen sucht, der träumt, wer nach innen schaut, der erwacht – je mehr wir erkennen, dass *wir* der Schlüssel für unsere Freiheit sind und tatsächliche Freiheit nicht durch Veränderung des anderen, sondern durch die eigene Veränderung entsteht, können wir unsere Kraft und Energie dorthin richten, wo sie auf fruchtbaren Boden fällt: auf uns selbst.

Leitfaden für den Umgang mit fremden inneren Realitäten

In meinem Buch *Burnout kommt nicht nur von Stress* habe ich das Phänomen der projektiven Identifizierung beschrieben, die ganze Teams, aber auch Partnerschaften lähmen und zerstören kann. Es beschreibt, wie eine Person Emotionen ihrer inneren Realität in sich so weit verdrängt, dass sie sie abspaltet, unbewusst auf das Umfeld projiziert und das Umfeld sich mit dieser Emotion unbewusst identifiziert.

Dies kann nur so lange geschehen, wie beiden Parteien die Augenhöhe fehlt. Eine Identifikation kann nur dort stattfinden, wo es eine Übereinstimmung gibt. Wenn die Übereinstimmung fehlt, gibt es für die Projektion keinen Angriffspunkt. Je bewusster wir unseren eigenen Gefühlen und inneren Realitäten begegnen, umso weniger laufen wir Gefahr, uns mit Gefühlen und inneren Realitäten anderer zu identifizieren; je mehr Augenhöhe wir unseren Emotionen gegenüber besitzen, umso weniger Macht werden fremde Emotionen haben, oder umgekehrt: Je ohnmächtiger wir uns selbst gegenüberstehen, umso mehr Macht haben fremde Emotionen über uns.

Selbstreflexion

Wenn Sie spüren, dass Ihnen Ihr Gegenüber in seiner inneren Realität begegnet, und Sie beginnen, die Augenhöhe zu verlieren, dann stellen Sie sich folgende Fragen: Welches Gefühl »schlägt« mir entgegen? Besitze ich diese Emotion ebenfalls in mir? Welches Gefühl löst die innere Realität der anderen Person in mir aus? Ist es Angst, Wut, Ohnmacht? Berührt sie meine eigene innere Realität? Wenn ja, welche? Notieren Sie sich die Antworten und begegnen Sie den jeweiligen Emotionen nach dem Dialogprinzip und auf Grundlage der fünf Elemente des Dialogs (siehe ab Seite 217). Vermeiden Sie jeden Widerstand und lassen Sie sich im Außen auf keinen Kampf ein. Nehmen Sie die innere Realität des anderen wahr, ohne sie anzunehmen. Das heißt, belassen Sie ihn darin und begeben Sie sich nicht auf diese Ebene. Die Welt, die Ihnen begegnet, ist nicht Ihre Welt. Halten Sie die Augenhöhe.

Vor diesem Hintergrund können wir folgenden Leitsatz als Hilfe nehmen, wenn wir uns fremden inneren Realitäten gegenübersehen: Wenn mir Wut im Außen begegnet, mache ich mich auf die Spur nach meiner eigenen Wut, wenn ich Verachtung erlebe, suche ich die Verachtung in mir, wenn mich Neid trifft, stelle ich mich meinem eigenen Neid, wenn Angst und Panik auf mich eindreschen, suche ich die Angst und Panik in mir – eine fremde Emotion kann mich nur so lange bedrohen oder gar vernichten, wie ich dieselbe Emotion in mir unbewältigt verdrängt habe. Je weniger mir meine eigenen Gefühle Angst machen und ich sie nicht verdrängen muss, sondern im Gegenteil ich jeder Emotion in mir auf Augenhöhe begegnen kann, umso freier ist mein Umgang mit jeder Emotion, die mir im Außen begegnet.

Der Dialog mit der inneren Wahrheit

Während meiner Arbeit in der Klinik bot ich unter anderem auch Gruppen für Burn-out-Betroffene an. In einer Gruppenstunde ging es um die Frage, wann der Weg in den Burnout begonnen hatte, und das Interessante war, dass sich jeder daran erinnern konnte. Bei einigen lag es drei Jahre zurück, bei anderen ein Jahr und bei manchen waren es wenige Monate. Gleich war bei allen, dass sie sich an den Moment erinnerten, an dem sie den verhängnisvollen Weg eingeschlagen hatten. »Das ist jetzt nicht richtig, was ich tue«, »Das, was jetzt geschieht, fühlt sich nicht gut an«, »Lass das, was du tust« – so oder ähnlich beschrieben alle das Gefühl, das sie hatten und das von ihnen gleich wieder zur Seite geschoben und verdrängt wurde.

Den inneren Dialog aufzunehmen heißt gleichzeitig auch, zur Intuition zurückzufinden und sich ihr zu öffnen. Sich ihr zu öffnen und ihrer inneren Führung anzuvertrauen. Das innere Wissen von dem, *was ist*, trägt jeder von uns in sich – es ist unsere größte Kraft und Orientierungsquelle, die wir haben. Das Problem ist nur, dass die meisten von uns sie verdrängt haben oder verdrängen, weil sie nicht wollen, *dass es so ist, wie es ist*. Je stärker unsere innere Realität ist, umso mehr wehren wir uns gegen unser Wissen und bekämpfen unsere innere Stimme, weil wir Angst davor haben. Wir sind so mit der inneren Realität identifiziert, dass uns das Vertrauen fehlt, dass es so, wie es ist, gut ist. Dadurch nehmen wir uns nicht nur die Möglichkeit, rechtzeitig, sondern auch richtig zu handeln.

Der Weg des inneren Dialogs beinhaltet immer die Freilegung der Intuition – und das Zwiegespräch mit ihr. Dort werden wir alle Antworten auf unsere Fragen finden.

Den inneren Dialog aufzunehmen bedeutet, wieder in Kontakt zu unserer inneren Stimme zu kommen und die Verbindung zu unserem inneren Wissen aufzunehmen. Dort finden wir nicht nur unsere Wahrheit, sondern erkennen auch die Wahrheit der Welt. Wir spüren nicht nur, was für uns richtig ist, sondern auch, was um uns herum wahr und was Illusion ist.

Selbstreflexion

Der letzte Schritt des inneren Dialogs ist, sich der inneren Führung des eigenen Wesens anzuvertrauen, das wir jederzeit um Hilfe und Rat fragen können. Es wird uns an die richtigen Orte führen und von den falschen Orten fernhalten, es wird uns Impulse für richtiges Handeln in Situationen und bei Entscheidungen geben. Aus dem Wesen heraus zu handeln bedeutet, auf der Ebene der Gewissheit zu leben.

Auch wenn sich das Ganze für Sie erst einmal theoretisch anhört: Sie tragen jede Antwort in sich. Sie sind Ihr eigenes Wissen – Ihre Antwort auf Ihre Fragen. Sie müssen nur lernen, auf diese innere Fähigkeit wieder zugreifen zu können. Nehmen Sie Kontakt zu Ihrer »inneren Stimme« auf, indem Sie beginnen, ihr Fragen zu stellen – »fragen Sie in sich hinein«, alles, was Sie wissen wollen, und notieren Sie sich die Antwort. Das kann die Frage sein, was Sie tun sollten, was für Sie jetzt richtig wäre oder einfach wie eine Situation einzuschätzen ist, in der Sie sich befinden. Lassen Sie sich nicht entmutigen, wenn Sie zunächst keine Antwort erhalten oder feststellen, dass entweder Ihre innere Realität oder einfach Ihr Verstand Ihnen »geantwortet« hat. Das Ganze ist ein Prozess, der sich Schritt für Schritt entwickelt. Fragen Sie unermüdlich weiter – irgendwann werden Sie Antwort erhalten. Erinnern Sie sich daran, wie es sich anfühlt, mit sich im Dialog zu sein – so fühlt sich die Antwort Ihrer inneren Stimme an. Es ist ein Wissen fernab von Verstand und Emotion. Je mehr Sie den inneren Dialog praktizieren, umso näher sind Sie Ihrer Intuition – so lange, bis Sie diese jederzeit und unmittelbar »abrufen« können.

Losgehen

Selbstwert und Selbstbewusstsein entstehen nicht durch Vermeidung – sie entstehen dann, wenn wir dem auf Augenhöhe begegnen, wovor wir uns fürchten.

Kennen Sie die Geschichte *Momo* von Michael Ende? Es ist die Geschichte über ein kleines Mädchen, das auf der Suche nach der Zeit ist, die in einer schnelllebigen Welt von grauen Herren in Stundenblumen gestohlen und eingefroren worden ist. Sie begegnet auf ihrer Suche Beppo, einem Straßenkehrer – der jeden Tag seine Arbeit ruhig verrichtet. Als sie ihn fragte, wie ihm dies gelingt, während alle anderen um ihn herum hetzen und hinter der Zeit herjagen, antwortete er: »Wenn ich die lange Straße vor mir sehen würde und mir sagen würde, was ich noch alles schaffen muss und noch nicht geschafft habe, dann würde ich aufgeben. Ich konzentriere mich auf den nächsten Besenstrich, der vor mir liegt. Schritt für Schritt. Und am Ende des Tages blicke ich auf den Weg zurück, den ich bereits geschafft habe, und freue mich. Ich freue mich über den heutigen Tag und auf den morgigen, an dem ich einen Schritt weiter kommen werde. Irgendwann werde ich dann eines Abends meinen Blick heben, nach vorne sehen und erkennen: Ich bin angekommen!«

Seien wir ehrlich: Auch wenn ich Ihnen gerne etwas anderes vermitteln würde: Innere Realitäten aufzulösen, das ist an vielen Stellen Schwerstarbeit. Gerade wenn es sich um die inneren Realitäten handelt, die wir von Beginn an in uns entwickelt haben und mehr als unser halbes Leben schon mit uns tragen. Wir müssen uns dafür Situationen stellen, für die wir damals keine Lösung hatten und für die es auch heute keine Lösung geben wird – außer die, anzuerkennen, was gewesen ist. Es ist an vielen Stellen Schwerstarbeit, weil wir fühlen werden, was bislang für uns zu schmerzhaft gewesen ist zu fühlen, und weil wir Dinge akzeptieren werden müssen, die an sich nicht zu akzeptieren sind. Manche von uns werden erkennen, dass es Bereiche in ihnen gibt, die nicht ausgebildet sind und sie bei null oder sogar im Minusbereich anfangen werden, ihr Leben aufzubauen. Egal, wie alt sie sind. Schwerstarbeit, weil wir die Kontrolle über uns selbst aufgeben und uns das ansehen müssen, was tatsächlich ist, und nicht das, was wir gerne hätten. Und je älter wir sind, umso schmerzhafter wird diese Erkenntnis sein.

Aber ich will Ihnen noch etwas sagen: Mir ist noch nie jemand begegnet, der diesen Weg am Ende bereut hat. Niemand, der zurückblickt und sagt: Wäre ich doch bloß in dem Gefängnis meiner inneren Realität geblieben – hätte ich doch an meiner kaputten Beziehung oder meiner eingefahrenen Jobsituation festgehalten – wie bedauerlich, dass ich nicht in meiner Isolation geblieben bin! Mir ist noch kein Mensch begegnet, der rückblickend seine Antriebslosigkeit und Panik oder seine Erschöpfung vermisst hätte oder der gesagt hätte: Wie schade, dass ich jetzt ein freies und für mich erfülltes Leben führe. Mir sind jedoch unendlich viele begegnet, die sich über ihr Leben innerhalb ihrer inneren Realität beschwert haben.

Auch wenn nicht jeder von Ihnen eine Geburt miterlebt oder sogar selbst erlebt hat, möchte ich diesen Vergleich an dieser Stelle nutzen. Diejenigen von Ihnen, die ein Kind geboren haben, werden wissen, dass der Schmerz der Geburt unmenschlich ist und dass sich nicht wenige in diesem Moment sagen: Das mache ich nie wieder! Doch als Sie Ihr Kind dann in den Armen gehalten haben, da war der Schmerz schon am Verblassen und nach wenigen Tagen ganz vergessen. Wenn Sie nun Ihre Tochter oder Ihren Sohn ansehen, dann werden Sie sich sagen: Natürlich – ich würde es immer wieder tun!

So wird es auch auf dem Weg Ihrer eigenen »Geburt« sein. Manchmal werden Sie bei einer »Wehe« nur noch hoffen können, das Atmen nicht zu vergessen – und das Gefühl haben, dass es Sie zerreißt. Und dann werden Sie genauso spüren, dass in dem Moment, in dem Sie nicht mehr können und aufgeben wollen, der Schmerz wieder nachlässt. Die »Wehe« ist vorbei, der Schmerz ist vorbei und es gibt Zeit, sich zu erholen. Es ist nur der Moment, der unerträglich erscheint und den es durchzustehen gilt. Dann geht es weiter, so lange, bis das Kind da ist. Bis *Sie* da sind.

Das Einzige, was wir nicht tun dürfen in diesem Prozess, ist, stehen zu bleiben.

Heilung braucht Zeit

Ehrliche Heilungsprozesse finden weder über Nacht noch an einem Wochenende statt, sondern sind zum Teil schmerzhafte Phasen, in denen wir erst einmal durch das Dunkel gehen müssen, um das Licht zu erreichen. Heilung braucht Zeit, und wir sollten uns die Zeit nehmen, die wir dafür brauchen. Jedes künstliche Pushen oder gar Versprechungen, durch irgendwelche Methoden schnell zu seinem Ziel zu kommen, führen nicht zur Heilung, sondern meist zum Gegenteil: Werden Wunden aufgerissen anstatt sorgsam und gezielt geöffnet, kommt es nicht nur zu einer Ohnmacht, sondern sie können – um im Beispiel der körperlichen Wunde zu bleiben – auch schlechter genäht werden. Wir sollten bei unserem Prozess auf eine richtige Säuberung achten – jedoch dabei auch sehen: Sind Wunden zu lange offen, können sie nicht heilen und wir werden irgendwann verbluten.

Wie viel Zeit wir jeweils brauchen, wie lange die einzelnen Phasen der Wundversorgung sind, ist individuell verschieden. Bei manchen handelt es sich nur um eine innere Realität, die einen bestimmten Lebensbereich betrifft und erst im Laufe des Lebens entstanden ist, bei anderen ist die innere Realität Bestandteil der eigenen Person. Wir alle sollten uns immer die Zeit geben, die wir persönlich brauchen; *so viel wie nötig, aber nicht so viel wie möglich* – dieser Grundsatz ist eine gute Leitlinie, in dem Wissen, dass unser Leben endlich ist und innere Stärke und Persönlichkeit nicht durch rationales Wissen entstehen, sondern ein Bewusstseinszustand sind, den es zu entwickeln gilt.

Was wir für einen Spurwechsel in uns lösen müssen, wie dieser Weg aussehen wird, ist bei jedem anders. Die junge Frau, deren innere Realität sie zu einem ständigen Ja trieb (»Wenn du nichts leistest, lehne ich dich ab«) und die selbst um Mitternacht ihre Spätschicht vor dem Computer nicht beenden konnte, lernte Schritt für Schritt, beim Nein zu bleiben, wenn sie das Nein in sich fühlte. Sie gab der Angst vor Ablehnung in sich nicht mehr nach, sondern hörte auf ihre innere

Stimme und folgte ihr. Gleichzeitig begann sie, in sich »aufzuräumen« und dem Ursprung ihrer Angst auf die Spur zu gehen. Sie öffnete sich dem alten Schmerz der mütterlichen Ablehnung, ließ ihn zu und durchlebte ihn mit aller Wut und Trauer – so lange, bis sie ihrer Mutter vergeben konnte.

Der Klient, der bei jedem drohenden Streit den Raum verließ, entschied sich, nicht mehr wegzulaufen, sondern dazubleiben. Von Angst und Hilflosigkeit bestürmt lernte er, seinen Gefühlen zu begegnen, Konflikte zuzulassen und sich mithilfe der Dialogelemente zu vertreten. Innerlich begann er, an seiner Ohnmacht und Wut auf seinen cholerischen Vater lösend zu arbeiten.

Der Klient, der von seiner inneren Realität zur Harmonie gezwungen wurde, entschied sich, Meinungsverschiedenheiten nicht mehr zu unterbinden, sondern zuzulassen und auszuhalten. Er gab seiner inneren Realität nicht mehr nach, die ihn bei Verschiedenheit mit Wut und Enttäuschung bombardierte. Anstatt gekränkt zu reagieren und die Verschiedenheit persönlich zu nehmen, lernte er, offen zu bleiben und die Augenhöhe zu behalten. Dafür musste er den verdrängten Schmerz über die fehlende Harmonie in seinem Elternhaus zulassen und die tiefe Kränkung über die damit verbundene Ignoranz der eigenen Person verarbeiten. Je mehr er mit seinen Eltern wütend abrechnete, all seiner Kränkung darüber Ausdruck verlieh und schließlich Frieden fand, umso mehr Verschiedenheit konnte er beruflich wie privat ruhig annehmen.

Bei einer Frau, die zur Perfektion getrieben wurde, hieß es zu lernen, das »Gute« zu akzeptieren – und die Aussichtslosigkeit in der Beziehung zu ihrem Vater zu verarbeiten.

Und der Mann, dessen innere Realität ihn nicht von der Expartnerin loskommen und diese immer wieder auf Facebook kontrollieren ließ, hatte in mühsamen Schritten den Schmerz über den frühen Verlust seiner Mutter zu verarbeiten.

Sie alle befanden sich in ihrem Leben an einem Punkt, an dem es galt, eine Entscheidung zu treffen – und sie alle haben sich entschieden, die Spur ihrer inneren Realität zu verlassen und einen neuen Weg einzuschlagen. Jeder in seinem Tempo. Auf seine Art und Weise. Aber alle in der festen Überzeugung: Egal, was es verlangt – ich will mich von dem Leid befreien und endlich leben!

Die Studentin, deren Freund bei einem Autounfall ums Leben kam, lernte zwei Jahre nachdem Sie sich von ihrer inneren Realität »Das Leben nimmt dir den Mann, den du liebst – liebe nie wieder« verabschiedet hatte, ihren heutigen Mann kennen.

Das Ehepaar, das gemeinsam den Weg nach Hamburg gesucht hatte, fand wieder zueinander und beschloss, die verlorenen Jahre, in denen sich ihre beiden inneren Realitäten bekämpft hatten, aufzuholen. Sie nahmen sich eine viermonatige Auszeit und bereisten die Länder, die sie schon immer hatten sehen wollen.

Der Mann mit dem misslungenen Bootskauf wurde am Ende doch nicht Kellner. Er löste sich von seiner inneren Lähmung und ist im Moment Projektleiter eines Umweltprojekts in den USA.

Es werden nicht der Schmerz, nicht die Anstrengungen und auch nicht die Krise sein, die wir am Ende unseres Lebens bereuen werden, durchlebt zu haben – wir werden bereuen, es *nicht* getan zu haben. Wir werden bereuen, für das, was uns in unserem Wesen entspricht, für das, wer wir tatsächlich sind, *nicht* eingestanden zu haben.

Schlusswort

Wenn wir uns die Frage nach einem wesentlichen Leben stellen, dann kommen wir nicht umhin anzuerkennen, dass die ersten Jahre in unserem Leben dafür entscheidend sind.

Leben ist gelingende Beziehung. Gelingende Beziehung ist Begegnung. Begegnung heißt Dialog. Damit uns dies gelingt, brauchen wir von Beginn an die Erfahrung von Eltern, die uns in unserem Wesen erkennen und liebevoll annehmen und uns darin unterstützen, zu dem zu werden, wer wir tatsächlich sind. Wenn wir dies erfahren, können wir unsere Wahrheit leben und der Wahrheit der Welt begegnen.

Als ich dieses Buch geschrieben habe, habe ich mich oft gefragt, ob die Worte das Ausmaß und die Tiefe vermitteln können, die der Dialog für unser Leben hat, und was es für unser Leben bedeutet, wenn wir diesen nicht gelernt haben – was es für uns und unser Leben bedeutet, wenn wir in den ersten Jahren keine Begegnung erfahren haben.

In meinen Seminaren bitte ich die Teilnehmer manchmal in einer kurzen Einheit, ihre innere Realität in einem Drehbuch für ein Theaterstück zusammenzufassen, allen Elementen, die sie enthält, Rollen zuzuschreiben und dem Ganzen einen Titel zu geben. Dann bitte ich sie, das eigene Leben zu betrachten.

Die Erkenntnis, dass dieses meist nur ein Theaterstück der inneren Realität ist und die Betroffenen selbst in ihrem Leben gar nicht vorkommen, ist für viele ein tiefer Einschnitt. Mir war es in diesem Buch ein Anliegen, Bewusstsein zu vermitteln, was innere Realitäten eigentlich sind und wie selbstverständlich wir auf ihrer Grundlage unser Leben führen – ohne es lange Zeit zu bemerken. Es reicht nicht aus, ihren Inhalt zu erkennen, sondern wir müssen die innere Realität in ihrem Mechanismus verstehen. Je mehr uns dies gelingt, umso weniger werden wir ihren Inhalten Beachtung schenken und uns darin verlieren, sondern können eine andere Bewusstseinsebene in unserem Denken, Fühlen und Handeln einnehmen.

Ob Sie die innere Realität nun Neurose oder Ego nennen, ist am Ende unerheblich – ich habe mich für den Begriff der inneren Realität entschieden, um zu verdeutlichen, was sie ist: ein »eingefrorener oder festgefahrener« innerer Bewusstseinszustand, der aus fehlender Begegnung entstanden ist und Begegnung verhindert. An einigen Stellen habe ich persönliche Zitate von Betroffenen verwendet, mit denen diese ihre innere Realität beschreiben. Darunter taucht unter anderem der Begriff »toxischer Freund« auf. Der Begriff »toxisch« wird häufig im Zusammenhang mit Narzissmus verwendet. Die innere Realität beginnt dort, wo wir nicht mehr mit unserem Wesen, unserer Seele in Verbindung stehen und »fern von uns selbst« fühlen, denken und handeln. Dies kann sich narzisstisch äußern wie auch in jedem anderen neurotischen

Störungsbild. Es gibt verschiedene Wege und Blickwinkel, das, was Leben ausmacht und was uns daran hindert, zu beschreiben. Am Ende treffen sie sich alle in demselben Ursprung wieder und finden dieselbe Essenz. Der Schriftsteller Michael Ende würde die innere Realität vielleicht als »das Nichts« beschreiben, was »Phantasien« bedroht, während Goethe in seinem Faust »den Geist, der stets verneint«, Mephisto nennt. Schamanen sprechen von dem »Parasiten« und die Yogis vom »hidden self«. Ein Physiker würde das Phänomen der inneren Realität vielleicht mit einem schwarzen Loch vergleichen.

Lassen Sie uns die innere Realität also nicht nur innerhalb eines psychischen Diagnosesystems klassifizieren, sondern sie als ein menschliches Phänomen erkennen, das fast jeden von uns in unterschiedlicher Ausprägung betrifft – es ist die Suche nach dem, was Leben ausmacht und gleichzeitig die Verhinderung dessen.

Ich hoffe, dass es mir in diesem Buch gelungen ist, Impulse zu geben, die Ihnen helfen, sich über Ihr Leben bewusst zu werden und über das, was Sie in Ihrem Wesen tatsächlich ausmacht.

Innere Realitäten sind meist so selbstverständlich, dass sie uns erst dann bewusst werden, wenn wir scheitern. Wir sollten die Chance solcher Krisen nutzen – denn dort liegt die Möglichkeit, zu unserer eigentlichen Kraft zu finden.

Kürzlich sagte ein Seminarteilnehmer, als es um die Frage nach dem eigenen Wesen ging: »Aber was ist denn so schlimm, wenn ich in meiner inneren Realität lebe, es nicht merke und das Gefühl habe, dass ich zufrieden bin?«

Ein anderer sagte: »Manchmal wünschte ich mir, ich wäre wie die Kuh auf der Wiese, dann wäre ich sicherlich glücklicher.«

Ich bin der Überzeugung, dass wir in unserem Leben in sehr vielem die Wahl haben – in einer Frage jedoch nicht. Die Wahl zwischen Wahrheit und Lüge. Früher oder später bricht das ein, was nicht ist. Die Wahrheit – und damit schließe ich die Wahrheit unseres Wesens und unserer Seele ein – wird sich am Ende durchsetzen – und sei es bestenfalls nur in dem Gefühl, in seinem Leben nicht angekommen zu sein.

Ich habe mich in diesem Buch darauf beschränkt zu beschreiben, wie innere Realitäten uns in unserem persönlichen Leben hindern – der Mechanismus innerer Realitäten gilt jedoch auf allen Ebenen.

Wenn wir uns das aktuelle Geschehen – ob im politischen, wirtschaftlichen oder sozialen Bereich anschauen, dann wird es höchste Zeit, auch dort einen Spurwechsel einzufordern – beginnend mit der Frage: Welcher Spur sind wir dort bisher eigentlich gefolgt? Welches Theaterstück führen wir hier auf und welchen Titel trägt es?

Wollen wir die Welt ein Stück wesentlicher werden lassen, dann kann uns dies nur gelingen, wenn wir auf allen Ebenen fähig zur Begegnung werden. Fähig zu einem identischen Ich, zu einem Du und auf dieser Grundlage zu einem Wir.

Der Spurwechsel beginnt immer beim Ich – aber nur, um fähig zum Du zu werden und auf dieser Grundlage ein starkes und gesundes Wir zu leben. Die Frage nach einem wesentlichen Leben endet nicht bei uns selbst, sie beginnt dort.

Und so möchte ich Sie am Ende dieses Buches nicht nur zu Ihrem persönlichen Spurwechsel ermutigen, sondern auch dazu, weiter zu denken:

Stellen Sie sich einmal vor, was es für unsere Welt bedeuten würde, wenn wir uns gemeinsam entscheiden würden, wesentlich zu werden und wenn jeder von uns fähig zur Begegnung wäre. Wenn Interesse, Offenheit, Empathie, Augenhöhe und Wertschätzung zum Selbstverständnis werden würden – sich selbst gegenüber und der Welt, in der wir leben?

Was würde es für unsere Welt bedeuten, wenn diejenigen, die wirtschaftliche, politische, soziale Entscheidungen treffen, dies auf dieser Grundlage täten? Auf Grundlage ihres Wesens – fähig zum Dialog?

Wie sähen unsere Umwelt und Wirtschaft aus, wenn in den Führungsetagen innere Realitäten als Ausschlusskriterium gelten würden und auf Grundlage von Augenhöhe gehandelt wird?

Wie würden sich Empathie und Respekt auf umweltpolitische Fragen auswirken? Wenn wir von Beginn an in unserem Elternhaus Begegnung erfahren – was würde dies für unser privates und soziales Leben bedeuten?

Leben ist Begegnung. Begegnung ist Dialog. Dort liegt die Kraft der Veränderung. Stellen Sie sich einmal vor, wir wären dazu fähig.

Wir könnten viel bewegen.

Wann wollen wir damit beginnen?

Anhang

So verlieren wir die Beziehung zu uns selbst

Sosehr sich jeder auf der einen Seite wünscht, in sich zu ruhen und in seinem Leben er selbst zu sein, so selbstverständlich ist es für die meisten von uns, dies *nicht* zu sein und zu tun – und zwar so selbstverständlich, dass wir dies lange Zeit entweder gar nicht registrieren oder aber verdrängen.

Im folgenden Abschnitt möchte ich Ihnen anhand eines von mir entwickelten Modells einen Überblick geben, wie die innere Realität in Alltagssituationen Begegnung verhindert.

Wenn wir die Beziehung zu uns selbst verlieren und auf dieser Grundlage den äußeren Dialog, so verläuft dies immer nach dem gleichen Muster und in denselben Schritten. Es gibt vier Phasen, die wir dabei durchlaufen: die Alarmphase, die Widerstandsphase, die Erschöpfung und den Rückzug. Auch wenn diese Phasen für die meisten von uns unbewusst verlaufen – wir meistens gar nicht spüren, dass wir uns von uns entfernen oder fern von uns selbst sind –, so stellen wir den Verlust des inneren Dialogs spätestens an den Symptomen fest, die sich auf der Körperebene, auf der gedanklichen Ebene, auf der emotionalen Ebene und auf der Ebene des Verhaltens entwickeln.

Damit das Ganze nicht theoretisch bleibt, möchte ich Sie bitten, dass Sie kurz innehalten und sich überlegen, wann Sie in der letzten Zeit – beruflich oder privat – den Dialog verloren haben. In welcher Situation haben Sie die Augenhöhe verloren? Wo haben Sie begonnen, Ihre innere Stimme zu ignorieren? Wo haben Sie am Ende Ja gesagt, obwohl Sie zu Beginn Nein gemeint haben? Dies kann eine berufliche Situation gewesen sein, Ihre Partnerschaft, Freundschaften, eine Situation, in der es vielleicht darum ging, sich zu trennen oder für etwas zu entscheiden. Eine Situation im Umgang mit sich selbst. Wo haben Sie gegen Ihr Wissen gehandelt?

Ich nehme ein einfaches Beispiel, das mir eine Frau kürzlich in meiner Praxis erzählte. Es ging um eine berufliche Situation und die Frage, ob sie ein Projekt annehmen sollte, das ihr Chef ihr ans Herz gelegt hatte.

Obwohl sich das Ganze im Außen verlockend anhörte, hatte sie innerlich kein gutes Gefühl. Eigentlich war ihr klar, dass das Projekt nicht das Richtige für sie war.

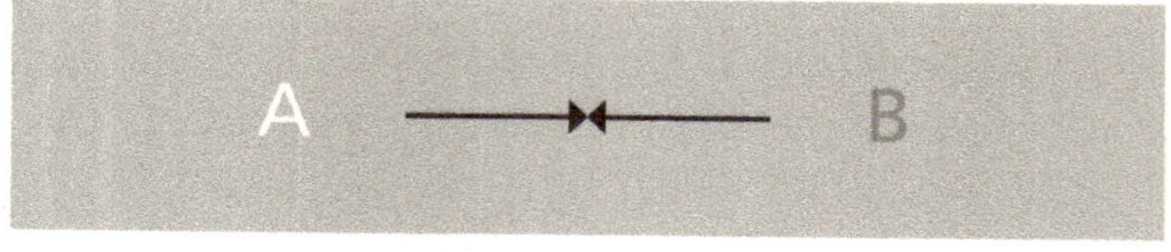

Erste Bewertung der Situation in der Alarmphase:
Das Gegenüber wird als (existenziell) bedrohlich wahrgenommen.

Phase 1: Alarm

Anstatt auf ihre innere Stimme zu hören und ihrem Chef eine Absage mitzuteilen, begann die Frau plötzlich Zweifel zu spüren. Ihre innere Realität »Wenn ich Nein sage, dann werde ich abgelehnt« regte sich in ihr. Sie wurde unsicher.

War das Projekt vielleicht doch das Richtige? Sollte sie es nicht doch annehmen?

Wir treten in dem Moment in die Alarmphase ein, wenn wir begonnen haben, unsere innere Stimme infrage zu stellen. Häufig fühlen wir die innere Realität gar nicht, sondern wir spüren nur unseren Zweifel an unserer ursprünglichen Meinung.

Die eigene Haltung »Nimm das Projekt nicht an« steht nun einer weiteren Haltung gegenüber: »Projekt annehmen«.

Auf der emotionalen Ebene fühlen wir eine innere Unruhe und Anspannung, es entstehen Angstgefühle. Wir sind aufgeregt, rast- und ruhelos.

Auf der körperlichen Ebene spüren wir in dieser Phase die typischen Reaktionen der Stressreaktion, das Herz schlägt schneller, wir fangen an zu schwitzen, der Magen-Darm-Trakt reagiert.

Gedanklich beginnen wir zu zweifeln – wir fangen an, die eigentlich klare Lösung zu hinterfragen, wir wiegen ab, wir grübeln und überlegen.

Auf der Verhaltensebene geben einige von uns bereits in der Alarmphase im Außen nach und sagen Ja, obwohl sie innerlich Nein meinen – einige beginnen ihre beginnende Unsicherheit in einem extra dominanten Auftreten zu überspielen – andere von uns ziehen sich zurück. Je nachdem, wie schnell wir unserer inneren Realität den Platz überlassen, hören wir auf, uns im Außen zu vertreten, und verlieren die Augenhöhe.

Die Alarmphase dauert eine gewisse Zeit, irgendwann stehen wir vor der Entscheidung, entweder zum inneren Dialog zurückzukehren – oder wir folgen der inneren Realität. Dann beginnen wir, gegen unsere innere Stimme Widerstand aufzubauen und sie zu unterdrücken.

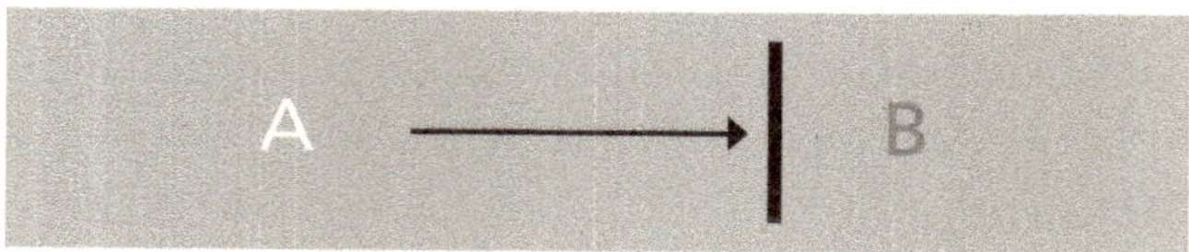

Zweite Bewertung der Situation: Es gibt keine Möglichkeiten der Auflösung. Es fehlen Kompetenzen zur Situationsbewältigung, ein Verlassen der Situation ist ebenfalls nicht möglich. Die Widerstandsphase beginnt.

Phase 2: Widerstand

Haben wir uns in der ersten Phase noch gehört, schalten wir nun unsere Wahrnehmung für uns selbst ab. Wir folgen nun der Stimme der inneren Realität, beginnen, aktiv gegen uns selbst anzuarbeiten. Gedrängt von ihrer inneren Realität »Wenn du ablehnst, dann wirst du abgelehnt!« begann die Frau, sich das Projekt schönzureden.

Auf der emotionalen Ebene sind wir aufgeregt, unzufrieden, gereizt, aggressiv, unsicher und empfinden eine beginnende Traurigkeit. Für kurze Momente beginnen wir, eine unbestimmte innere Leere zu fühlen, die wir aber schnell wieder beiseiteschieben. Irgendwann beginnen wir, unsere Wahrnehmung für unsere Gefühle abzustellen und diese zu verdrängen. Gedanklich grübeln wir, unsere Konzentration beginnt, schwächer zu werden, wir haben wiederkehrende Gedanken.

Haben wir in der ersten Phase, wenn überhaupt, nur leichte körperliche Reaktionen gefühlt, so verstärken diese sich in dieser zweiten Phase – je nach genetischer Disposition und körperlicher Schwachstelle entwickeln wir Symptome auf tieferen Ebenen, und zwar spiegelbildlich.

Je mehr wir gegen uns selbst ankämpfen und uns selbst »abwehren«, umso schwächer werden unser Immunsystem und unsere Abwehr. Dies äußert sich zunächst durch wachsende Infektanfälligkeit – wir haben einen Infekt nach dem nächsten oder brauchen länger als gewöhnlich, um gesund zu werden. Allergien treten auf – so, wie wir gegen uns selbst vorgehen, beginnt der Körper, gegen sich vorzugehen.

Je mehr wir das innere Gleichgewicht aufgeben, bricht auch das körperliche Gleichgewicht zusammen – unser Herz-Kreislauf-System reagiert durch hohen Blutdruck oder Blutdruckschwankungen oder unser Gleichgewichtssystem durch Ohrgeräusche und Schwindel.

Je mehr wir die Verbindung zu uns selbst verlieren, verlieren wir unseren inneren Halt – und damit auch die äußere Haltung. In dieser Phase treten wachsende Verspannungen und Rückenschmerzen auf. Je mehr wir gegen uns vorgehen, umso mehr wirkt sich das auch auf die Nacht aus – entweder verlieren wir die Fähigkeit zu träumen oder aber die Fähigkeit zu schlafen und wir beginnen, unter Schlaflosigkeit zu leiden.

Auf der Verhaltensebene beginnen wir immer mehr, die Kompensation zu suchen. Der Kampf gegen uns selbst führt dazu, dass wir beginnen, den Halt im Außen zu suchen und die aufsteigende emotionale Leere, die durch Kontaktverlust mit uns selbst entsteht, zu kompensieren. Wir beginnen,

Abhängigkeiten und Süchte zu entwickeln – unser Verhalten ist nicht mehr frei, sondern durch Kompensation bestimmt.

In der Erschöpfungsphase wird die Belastung als hoch, dauerhaft oder unausweichlich erlebt. Sie wird weder durch Bewältigung noch durch Erholungszeiten gemildert oder ausgeglichen. Es kann weder eine Korrektur der Außenwelt noch ein Ausgleich der Innenwelt vorgenommen werden.

Phase 3: Erschöpfung

Je länger wir gegen uns selbst ankämpfen, umso schwächer wird die Verbindung zu uns selbst. In der Erschöpfungsphase haben wir meist kaum noch ein Gefühl für uns und für das, was wir wollten – wir erinnern uns rational noch daran, wer wir »waren« –, uns fehlt meist aber schon die emotionale Verbindung dazu. »Rückblickend kann ich sagen«, so berichtete die Frau, »dass ich in dieser Phase immer mehr begonnen habe, ›mich abzustellen‹.«

Je mehr wir uns unterdrücken, umso kraftloser werden wir und umso mehr verspüren wir Symptome wie Leere, Antriebslosigkeit, Traurigkeit, Niedergeschlagenheit, Hoffnungslosigkeit – wir betrauern emotional den Verlust unseres eigenen Wesens, ohne uns im Moment dessen bewusst zu sein.

Auf der körperlichen Ebene verstärken sich die Symptome und beginnen, chronisch zu werden. Es treten Bandscheibenvorfälle auf, Allergien »explodieren« und Autoimmunprozesse beginnen, sich ihren Weg zu bahnen. Die Verspannungen werden chronisch. Die immer schwächer werdende Verbindung zu uns selbst und der fehlende innere Halt führen zu äußeren Fehlhaltungen, die wiederum irgendwann das Skelettsystem schädigen. Wir haben Schmerzen, die nicht immer einen organischen Befund haben, oder wir reagieren auf organische Befunde mit stärkeren Schmerzen als angemessen. Uns schmerzt nicht nur emotional der Verlust von uns selbst, sondern auch körperlich.

Je mehr wir den Kontakt zu uns verlieren, umso mehr spüren wir das auch in der Nacht. Wir finden nicht mehr die Ruhe in uns. Die Ein- und Durchschlafstörungen werden zur Regel.

Auf der Verhaltensebene sind wir immer blockierter und im Kompensationsmodus.

In der Rückzugsphase erscheint der eigene Rückzug die einzige Lösung.

Phase 4: Rückzug

Die Phase des Rückzugs ist die Phase, in der wir uns endgültig von uns abwenden und den Kontakt zu uns abbrechen. Wir haben nicht nur das Gefühl für uns verloren, sondern auch das Bewusstsein für uns. Wir haben uns so weit von uns entfernt, dass wir nicht mehr für uns existieren. Wir sind nun unsere innere Realität.

Haben wir den Kontakt endgültig verloren, sind wir emotional »abgestellt«, teilnahmslos und gleichgültig uns selbst gegenüber. Empfinden wir Emotionen, so sind es vor allem Angst und Panik, die wir verspüren, eine ausgeprägte innere Leere und Ablehnung uns selbst gegenüber.

Gedanklich haben wir die Freiheit verloren – wir befinden uns in Gedankensystemen, die wir nicht mehr verlassen können, wir leiden unter Gedankenabbrüchen, schwerfälligen Gedanken, Grübeln.

Im Außen befinden wir uns endgültig im Funktionsmodus. Wir sagen spätestens hier Ja, obwohl wir innerlich Nein meinen, und zwar deswegen, weil wir unser Nein mit der verlorenen Verbindung zu uns selbst verloren haben. Die Gleichgültigkeit uns selbst gegenüber ermöglicht uns auszuhalten, was eigentlich nicht aushaltbar ist.

Wir haben Kreativität und Inspiration verloren. Süchte steuern häufig das Verhalten, um das gefühlte Nichts in uns aushaltbar zu machen.

Auswirkungen auf unsere äußeren Beziehungen

Der innere Dialog ist die Voraussetzung für einen äußeren Dialog. Wenn wir die Verbindung zu uns selbst verlieren, verlieren wir durch die fehlende innere Haltung Stück für Stück unsere Identität und auf dieser Grundlage auch Stärke und Augenhöhe im Außen.

Die vier Phasen, die wir innerlich durchlaufen, durchlaufen wir ebenfalls in unseren Beziehungen – entweder kompensieren wir unsere fehlende Identität durch äußere Dominanz oder wir unterwerfen uns.

Phase 1: Alarm

In dem Moment, in dem wir den inneren Dialog beenden, verlieren wir auch die Fähigkeit, im Außen einen Dialog auf Augenhöhe zu führen. Durch die fehlende innere Haltung werden wir unsicher, begeben uns in einen Reaktionsmodus und passen uns entweder sofort unserem Umfeld an und geben auf, oder wir begeben uns – meist unbewusst – in eine Verteidigungshaltung. Anstatt uns ruhig zu vertreten, beginnen wir »zu kämpfen« – und treten in die Alarmphase ein.

Phase 2: Widerstand

Je mehr wir gegen uns selbst ankämpfen, umso mehr verlieren wir die Augenhöhe unserer Umwelt gegenüber. Entweder fügen wir uns oder wir verhärten im äußeren Widerstand und Kampf und kompensieren unsere Unsicherheit durch den Wunsch nach Kontrolle und Dominanz.

Phase 3: Erschöpfung

Je schwächer unsere Verbindung zu uns selbst wird, umso schwächer werden wir im äußeren Dialog. Entweder erleben wir uns als Opfer der Umwelt, fühlen uns sofort angegriffen oder wir beginnen aus Angst vor Angriff und Unterdrückung, andere anzugreifen und zu unterdrücken. Je nachdem nehmen wir die Position A oder die Position B unserer Umwelt gegenüber ein.

Phase 4: Rückzug

Je weiter wir uns der Phase des Rückzugs nähern, umso mehr müssen wir die innere Haltlosigkeit im Außen kompensieren.

Entweder treten wir auch dort in den Rückzug ein und übernehmen die Position B und erleben uns als Opfer. Oder wir übernehmen die Position A und werden immer dominanter, herrischer und machtvoller auftreten. Unser äußerer Spielraum wird immer geringer und wir müssen immer mehr kontrollieren. Hier zwingen wir dann unser Umfeld in die Position B des Rückzugs und erschöpfen unsere Beziehungen, so wie wir die Beziehung zu uns selbst erschöpft haben. Unsere Beziehungen werden entweder immer oberflächlicher oder sie sind von Abbrüchen und wachsenden Konflikten gekennzeichnet. Wir sind unzufrieden, teilnahmslos, gleichgültig und ziehen uns auch im Außen immer mehr zurück – oder wir suchen vermehrt »Beziehung«, um die innere Leere und Einsamkeit nicht fühlen zu müssen.

Am Ende stehen wir auch unserer Umwelt gegenüber, wo wir im Inneren längst sind: in der Phase der Erschöpfung und des Rückzugs.

Der Frau aus meinem Beispiel ging es ähnlich. Sie verlor ihrem Chef gegenüber die Fähigkeit, ihm auf Augenhöhe zu begegnen, in dem Moment, als ihre innere Alarmphase begann. Sie berichtete, dass sie sich schließlich für das Projekt entschieden hatte. Als ihr Chef ihr noch einmal die Vorzüge deutlich machte, brach ihr äußerer Widerstand am Ende der Widerstandsphase sich selbst gegenüber ein. Je länger sie gegen sich angekämpft hatte, umso schwerer fiel es ihr, sich im Außen zu vertreten, und so stimmte sie dem Chef schließlich zu. Die Entscheidung für das Projekt und die Entscheidung gegen sich selbst konnte sie jedoch nur umsetzen, indem sie weiter gegen sich vorging. Um das Projekt führen zu können, musste sie weiter gegen sich ankämpfen und den Kontakt zu sich abbrechen. »Ich hätte es sonst nicht machen können«, sagte sie später. Der beginnende Tinnitus, den sie kurz nach der Übernahme des Projekts bekam, versuchte sie zu ignorieren, ebenfalls die Schlafstörungen – erst als sie immer mehr in körperliche Erschöpfung rutschte und sie eines Nachts mit Herzrhythmusstörungen in die Klinik musste, hielt sie inne. Sie ließ sich krankschreiben, so vom Projekt entbinden und kam in die Beratung.

Ein Mann berichtete Ähnliches – in seinem Fall war es die Entscheidung, sich trotz inneren Wissens nicht zu trennen und an seiner Partnerschaft festzuhalten. Bei ihm brach irgendwann die Panik mit massiver Herzsymptomatik aus, die ihn beruflich scheitern – und ihn erst dann auf sich hören ließ.

Eine Frau berichtete, dass sie jahrelang in einer beruflichen Situation verharrte, obwohl »alles in ihr« gegen dieses System rebellierte – erst als sie unerklärliche Schmerzen entwickelte, entschied sie sich für einen Spurwechsel.

Nutzen Sie dieses Modell, um für sich zu erkennen, wann und wodurch Ihre innere Realität dazu führt, dass Sie Ihre innere Stimme verleugnen und die Augenhöhe im Außen verlieren.

Register

WERDE, WER DU BIST!

Stehen Sie an einem Wendepunkt in Ihrem Leben? Möchten Sie sich persönlich weiterentwickeln?

- Einzelcoaching
- Seminare und Seminarreisen
- Seminare für Führungskräfte
- Vorträge
- Ausbildung

Die Autorin hält regelmäßig in ganz Deutschland, Österreich und der Schweiz Vorträge, Seminare und Workshops zu den Themen Resilienz, Burnout und Persönlichkeitsentwicklung. Sie bildet zum Burnout-Coach nach dem Dialogprinzip aus, bietet Einzelcoaching für Privatpersonen in ihrer Praxis in Hamburg an und coacht Führungskräfte und Teams in Unternehmen.

Weitere Informationen finden Sie unter **mirriampriess.de.**

UNSER ZIEL

Junge Menschen dabei zu unterstützen, sich zu dialogfähigen Persönlichkeiten zu entwickeln – das ist die Aufgabe der Stiftung.
In einer Zeit, in der psychische Erkrankungen zunehmen und wir erst reagieren, wenn Krankheit bereits da ist, möchte Dialogstark! ein rechtzeitiges Bewusstsein für die eigene mentale Gesundheit vermitteln. Wir wollen ein neues Selbstverständnis fördern, dass seelische Stärke ebenso entscheidend für die Gesundheit ist, wie die körperliche Stärke.
Dabei vertreten wir einen spezifischen Ansatz: Unsere Gesundheit wird maßgeblich durch gelingende Beziehung und ein authentisches Leben bestimmt.

dialogstark.org